犬ぞり隊、南極大陸横断す

舟津圭三

三十周年記念
復刻版

南極半島モービルオイル湾の氷河上の巨大なクレバス

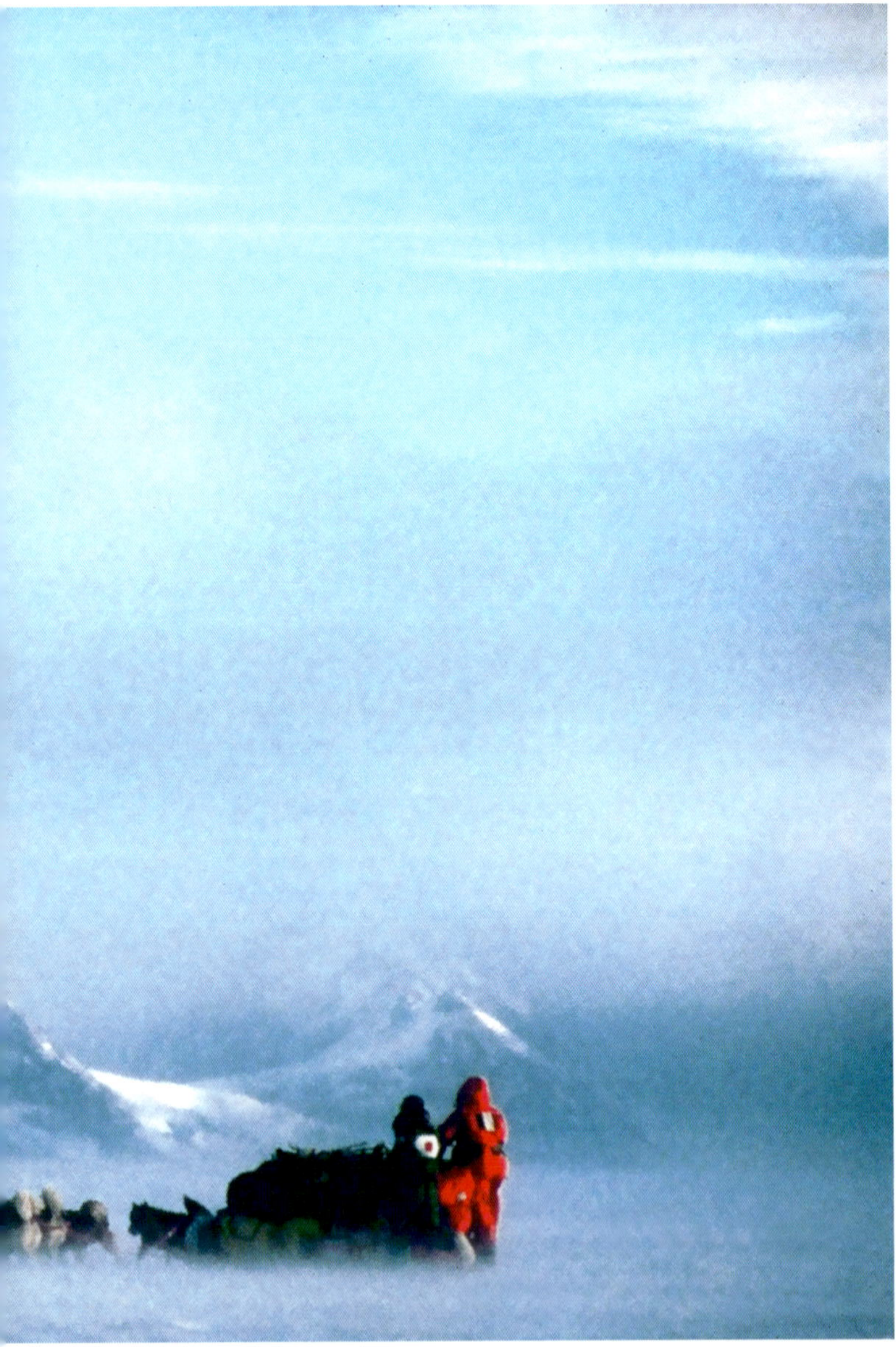

南極半島を行く。ソーラス山

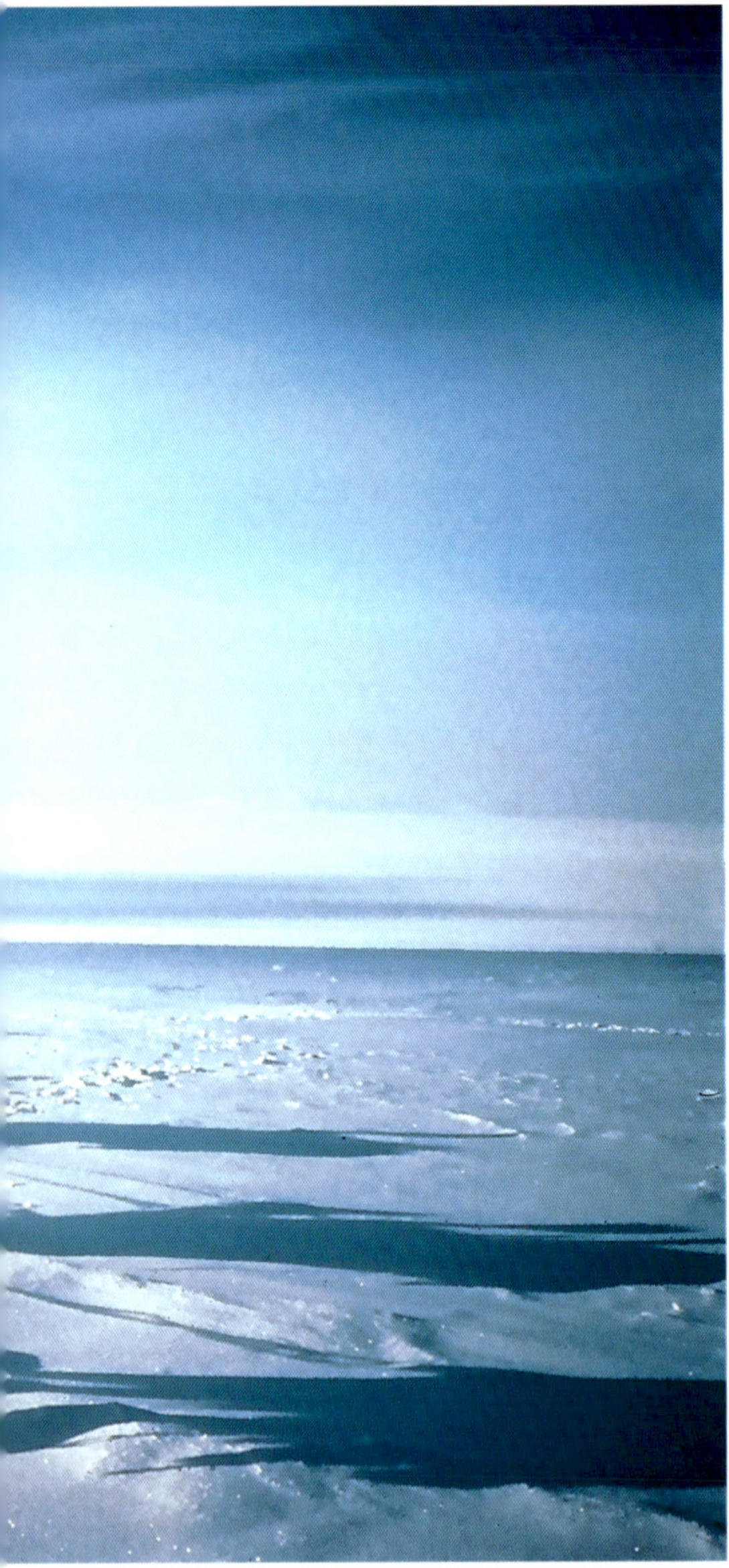

舟津チームのクータンとクカ

サイエンスダイエットが特別に開発したドッグフード「エンデュアランス」

犬たちは雪の下で風と寒さをしのぐ

屈強の舟津チームの
４番バッター、モンティーと

南極点からヴォストーク基地（ロシア）までは3.2キロごとに雪のケルンを作って緊急の際の目印とする

スノーシャワー

向かい風で吐く息がツララとなる

空は青空、地上付近は地吹雪

南極半島の日没時の美しい夕焼け（まだ夜があった）

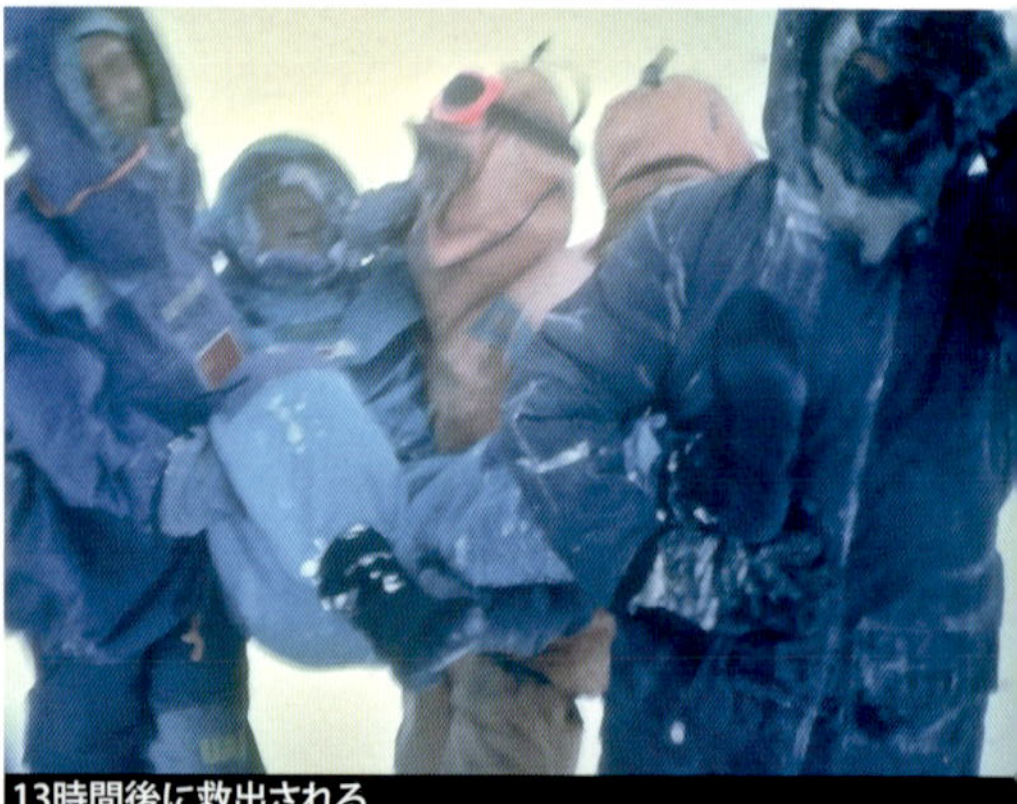

13時間後に救出される

◀レスキューの後にスティーガーとエチエンヌに抱えられながら自力で歩く

クレバスの内部から上を見上げる

犬ぞり南極単独横断実施を断念した植村直己氏の写真を胸に南極点に到達。
標識にその写真を掲げた。

横断後の６人
後列左から　ジェフ・サマーズ、チン・ダホ、舟津圭三、ジャンルイ・エチエンヌ、
前列　左からヴィクター・ボヤルスキー、ゴーディ（犬）ウィル・スティーガー、サム（犬）

米国ブッシュ大統領とホワイトハウスで会談した後のアメリカ国会議事堂前での６人
向かって左より上段　ジェフ・サマーズ　ジャンルイ・エチエンヌ　舟津圭三
下段　ヴィクター・ボヤルスキー、ウィル・スティーガー　チン・ダホ

横断完遂20年後の同窓会　アメリカミネソタ州ミネアポリスにて
向かって左より
ヴィクター・ボヤルスキー（ロシア北極・南極博物館館長、極地探検家・ガイド）
舟津圭三（現NIKIHillsヴィレッジ総支配人、極地探検家・ガイド）
チン・ダホ（中国科学院院士、IPCC元議長）
ジャンルイ・エチエンヌ（医者、極地探検家）
ジェフ・サマーズ（極地探検家・ガイド　）
ウィル・スティーガー（極地探検家、環境教育専門家）

犬ぞり隊、南極大陸横断す

犬ぞり隊、南極大陸横断す　目次

第四章　極点到達

第五章　地球を感じる大陸

第六章　六〇四〇キロのゴール

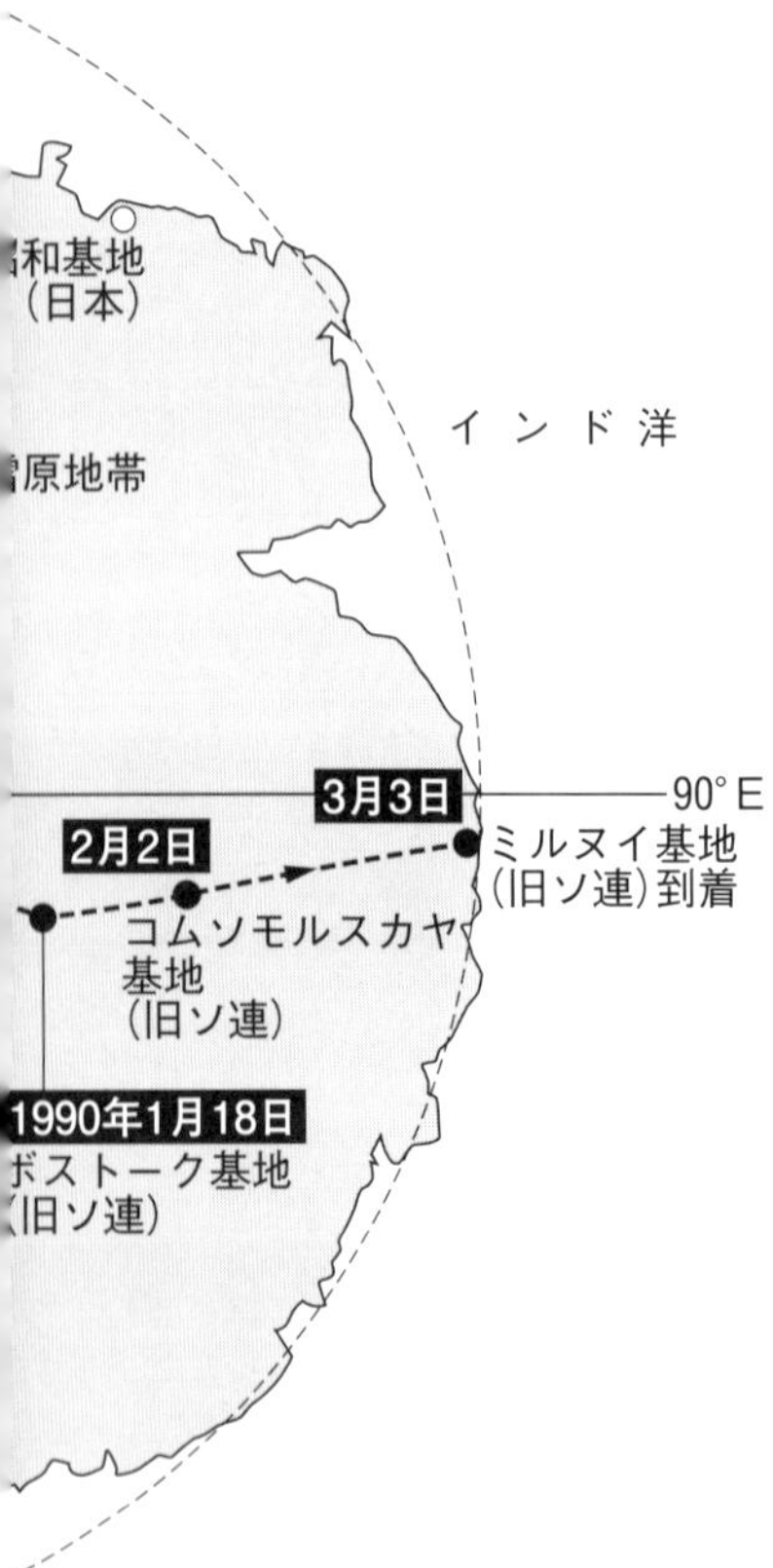
和基地
（日本）
原地帯
インド洋
3月3日
90°E
2月2日
ミルヌイ基地
（旧ソ連）到着
コムソモルスカヤ
基地
（旧ソ連）
1990年1月18日
ボストーク基地
（旧ソ連）

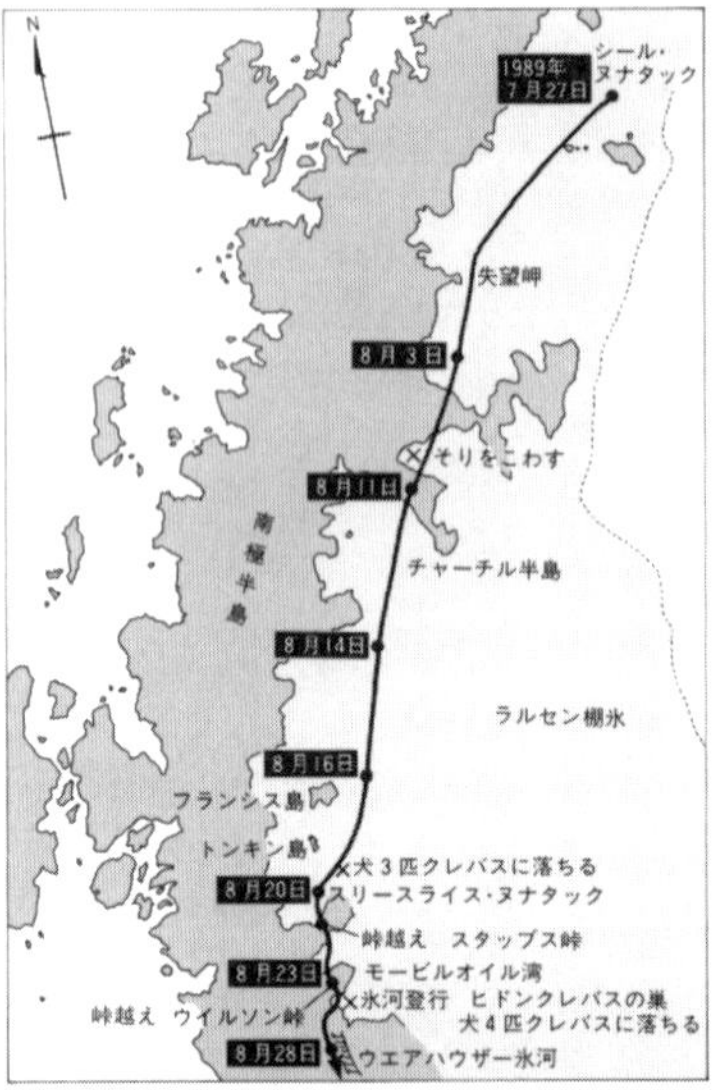
N
1989年
7月27日
シール・
ヌナタック
失望岬
8月3日
そりをこわす
8月11日
南極半島
チャーチル半島
8月14日
ラルセン棚氷
8月16日
フランシス島
トンキン島
犬3匹クレバスに落ちる
8月20日
スリースライス・ヌナタック
峠越え スタップス峠
モービルオイル湾
8月23日
氷河登行 ヒドンクレバスの巣
峠越え ウイルソン峠
犬4匹クレバスに落ちる
8月28日
ウエアハウザー氷河

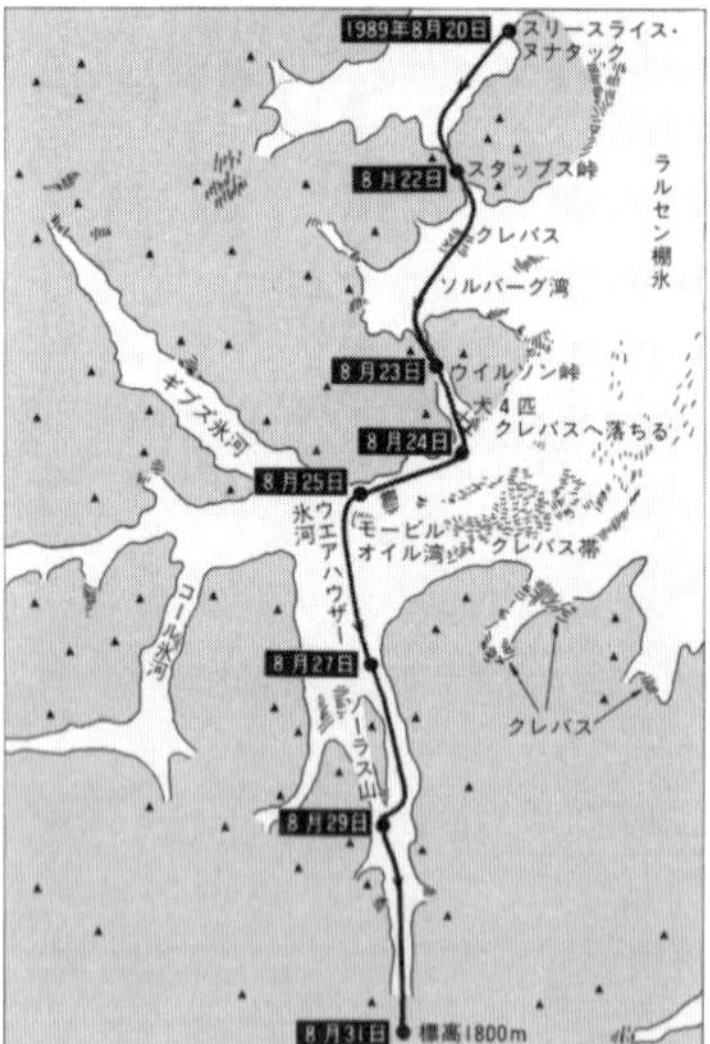
1989年8月20日
スリースライス・
ヌナタック
8月22日
スタップス峠
ラルセン棚氷
クレバス
ソルバーグ湾
8月23日
ウイルソン峠
ギブス氷河
犬4匹
クレバスへ落ちる
8月24日
8月25日
ウエアハウザー氷河
モービルオイル湾
クレバス帯
コール氷河
8月27日
クレバス
ソーラス山
8月29日
8月31日
標高1800m

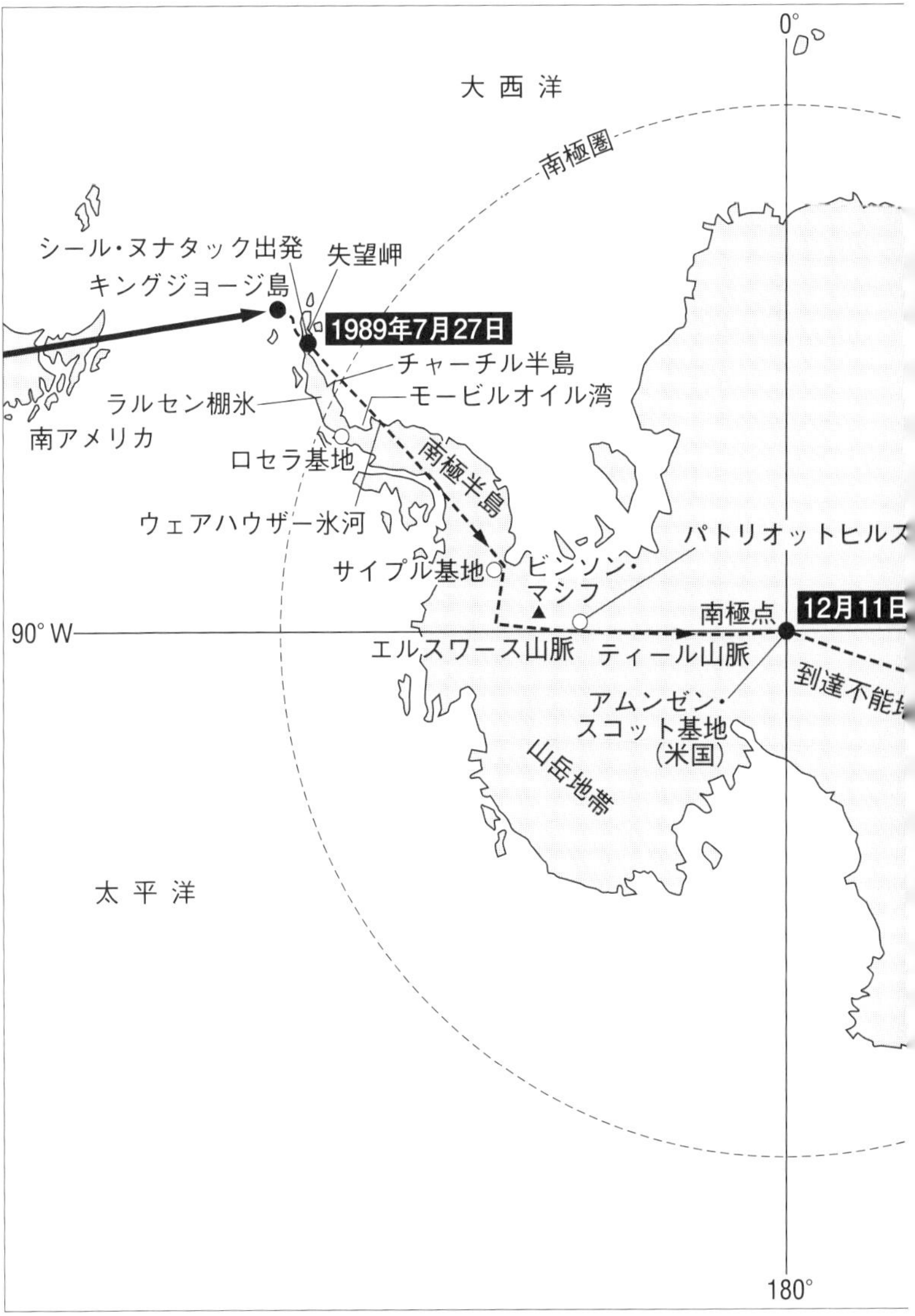
0°
大西洋
南極圏
シール・ヌナタック出発
失望岬
キングジョージ島
1989年7月27日
チャーチル半島
ラルセン棚氷
モービルオイル湾
南アメリカ
ロセラ基地
南極半島
ウェアハウザー氷河
サイプル基地
ビンソン・マシフ
パトリオットヒルズ
南極点
12月11日
90° W
エルスワース山脈
ティール山脈
到達不能
アムンゼン・スコット基地（米国）
山岳地帯
太平洋
180°

はじめに

犬ぞり隊で南極大陸横断の最後の局面に差しかかったときのことです。

〝ドクッドクッ〟という心臓の鼓動に、自分の「命」を感じ、その音が聞こえなくなったら、そこには「凍死」があるという意識がありました。

「生きるぞ。絶対に生き延びるぞ」と、自分に言い聞かせたあの夜の十三時間の体験は、南極大陸に降り積もる純白の雪と同じように、三十年近くが経過した今でも決して消えることはありません。

凄まじい南極の自然の猛威が、ゴールまであと一日のところで、牙を剥《む》いて自分に襲いかかったわけですが、生きるために掘った深さ七〇センチの穴の中で、自分が氷と化していくことへの恐怖が、昨日のことのように、ふと鮮明に蘇ることがあります。

その一方で、翌朝の救出された瞬間の喜び、南極の自然と一体になれた嬉しさ、そして六ヵ国の六人が実の兄弟のように思えたことで、自然に溢れ出た涙のことも、恐怖の体験と一対となって蘇ります。

美しくもあり過酷でもある、国境のない大陸「南極」が与えてくれた大切な体験であり、その後の人生でも、苦しい時、悩んだ時には、いつも自分を励ましてくれるありがたい思い出であり、自分の心の財産にもなってくれています。

犬ぞりとスキーによる南極横断後は、夢に描いていたアラスカ内陸での開墾生活の始まりで、居を構え、犬を育て、長距離犬ぞりレースへの挑戦が次なる目標でした。

シラカバやアスペン、スプルースといった木々の間でのテント生活から始まり、冬にはマイナス四十五度にもなる人里離れた森の中での暮らしを、妻の恭江と多い時には四十五匹いた愛犬たちと共に送ることができました。

四万八〇〇〇坪の土地の一部を開墾し、家を建て、井戸を掘り、電気を通し、畑を作り、ドッグヤードを整備し、サウナ小屋を建て……と、自分たちの住処を自分たちの手で作り上げていく作業は、大変でしたがとても楽しい作業でした。

二十四時間明るいアラスカの夏は忙しく、いつもあっという間に過ぎ去ります。厳冬のアラスカ、カナダに広がるウィルダネスの中を一六〇〇キロを走りぬく犬ぞりレースでは、南極横断の体験はとても役立ちました。ただ、キャンプするわけでもなく、二週間近く、一日の睡眠時間が一時間から二時間という過酷さは、別の意味で南極以上だったかもしれません。

夏の北極圏のブルックス山脈越えの四〇〇キロの徒歩とカヌーによる道なき道を行く旅も、無数の蚊の猛襲や、グリズリーやカリブー、北極オオカミとの出会いを楽しみながら、地図とコンパスを頼りに、後半は川を下り、北極海まで旅することができました。

アラスカの大自然はとてもワイルドで、一歩間違えば死を覚悟しないといけない、手つかずの自然がいたるところにあります。三十年前にも書いたように、自然になりきる、自然と調和できることが、本当の「力」になるということを常に意識しながら自然と接してきた私にとれば、アラスカの自然はその「力」を磨くにはとてもいい環境だったと思います。

アラスカはオーロラで有名ですが、厳寒の冬にはオーロラ観光の一般の人たちを相手に、犬ぞりを自分で操ってアラスカの原野を駆け巡ってもらう犬ぞりスクールを展開しました。多くの人に犬ぞりの楽しさ、アラスカの自然を楽しんでもらえたことは、多くの人たちと自然の中での喜びを共有できた、とても嬉しく楽しいひとときでした。二〇一四年六月には、念願だった北米最高峰のデナリにDACグループ代表の石川和則氏とアウトドア仲間のイーライ・ポッターと共に登頂しました。自らのヒーローだった植村直己の「デナリ」という巨大な墓標の中で、同氏を近くに感じることができました。

南極で使用した自作の犬ぞりにも〝UEMURA〟と名づけたのですが、同氏が眠るデナリをいつも見るだけだったのが、懐の中に入れさせてもらい、その頂上に立てた瞬間は、言葉には表現できない喜びを感じました。三十年前の拙著の最後に、南極に「またいつか戻ってくるかもしれない。いや必ず戻ってくる」と書きましたが、アラスカ在住期間に、南極には、南極点や南極半島も含めて、十回以上は訪れる機会に恵まれました。

また、北極点にも夏は砕氷船、冬はスキーで到達する機会にも恵まれました。

拙著に書いた通り、南極点は母の誕生日に到達しましたが、八月に砕氷船で父の誕生日に偶然北極点に到達できて、船から誕生日のメッセージを送ったのですが、両極から誕生日のメッセージを両親に送れたという偶然には自分のことながら驚きました。

極地域のその自然の美しさは厳しさがあるがゆえに格別なものがあり、何回行っても飽きることはありません。そして、気づけば、アラスカでの生活は、二十二年の歳月が流れていました。

二〇一四年のデナリ登山中のテントの中で、北海道仁木町での新規ワイナリー事業「ＮＩＫＩ Ｈｉｌｌｓプロジェクト」への参加を石川氏から打診されたのがきっかけで、二〇一五年五月より、舞台はアラスカ暮らしから北海道仁木町暮らしに変化することになりました。

そして、仁木町に来て四年が経過し、ＮＩＫＩ Ｈｉｌｌｓはオープンの日を迎えるところまできました。

オーナーで社長の石川氏に、南極横断から三十年にあたる今年に六人の同窓会をＮＩＫＩ Ｈｉｌｌｓでやらないかとの提案をいただき、今年十一月に六ヵ国の六人が日本に集結することになりました。

そんな折、拙著『犬ぞり隊、南極大陸横断す』を石川社長に偶然読んいただく機会を得て、「三十年前の冒険の記録は色あせることなく、今の若い世代に読んでもらう価値が十分ある」と言っていただき、ＮＩＫＩ Ｈｉｌｌｓオープンの日に出版されるという、記念すべき復刻版の実現と相成った次第です。石川和則氏、並びにＤＡＣグループ、同未来サポート文化事業団には、感謝の言葉もありません。ありがとうございました。

二十七歳の時、何のツテもなく単身アメリカに渡るところから始まった冒険人生、ミネソタの幾千もの湖に囲まれた生活、コロラドやモンタナでのロッキー山脈の中での暮らし、南極横断の完遂以降アラスカでの犬ぞりを中心としたアウトドア生活、そして、北海道仁木町にやってきた人生ですが、思えばいつも自然の中でのフロンティア・ライフと呼ばれるようなことばかりしてきました。自分の好奇心が原動力となり、一歩踏み出す冒険心を持つことで、さまざまなことにチャレンジしてこられましたし、自然との関わりを常に持ちながら人生を楽しんでこれたと思います。

今回、この南極横断の復刻版を読んでいただくにあたり、三十年の間に世の中は大きく変化したと感じられる読者も多いと思います。地球の気候変動による極地域の環境の変化はもちろんのこと（南極半島の我々が通過した棚氷の一部は、すでに消失しています）、それとは別に、インターネットの普及で、世界はグローバル化し、地球は狭くなり、便利さの追求により、自然との関わりは減る一方、人々の心も視野も狭くなってしまったのではないでしょうか。スマホやパソコンで情報は簡単に入手でき、ＳＮＳを通じて誰とでも瞬時につながることができます。便利な世の中になるのは進歩なのでしょうが、失ったものもいろいろあります。ひと昔前は、未知なる自分にとっての夢や希望を胸に、自分の好奇心を満たすために、時には命をかける思いで世界へ飛び出したものでしたが、その根底には冒険心という、未知への憧れが誰にも存在したと思います。その誰もが持っていた冒険心も失ったものの一つかもしれません。三十年前の南極横断は、まだ人々に冒険心が沸々と存在していた時代だったからこそ、未知ともいうべき、東西の壁を超えての六ヵ国の六人による、世界初の南極大陸の最長横断ルートを犬ぞりとスキーで走破するという行為を実現することができたのだと思います。

冒険心は、いつの時代にも、どんな人にでも備わってきたもので、それはおそらく人間のDNAの中に組み込まれているものだと思います。それが、急速なテクノロジーの発達に伴い、便利さを追求しすぎたあまり、現代社会ではその遺伝子がオフになってしまった。若い世代の「スマホ依存症」などという言葉は、三十年前は存在しませんでした。四六時中、スマホが与えてくれる情報を頼りに生きていれば、自分の好奇心を自分で満たそう、探求しようとする冒険心のスイッチがオンには当然ならないと思います。でももし、デジタル社会の便利な世の中から一歩離れて、自分にとっての未知なる所に好奇心を持って、自分の五感で、自分の心と体で見てみよう、確かめてみようという行為につながれば、その人の冒険心のスイッチはオンになり、目標の達成のためにチャレンジ精神で困難を乗り越え、達成感が得られるという冒険の醍醐味を味わえるのだと思います。

これからの時代、デジタル社会とは対極の自然の中の環境で、自分の五感や心と体を使っての直接体験の機会を増やすことが大切だと思います。自然の中での困難をチャレンジ精神で克服すれば、痛みや苦しみのわかる、自分にも人にも優しくなれる人が増え、他人を思いやる利他の精神に満ちた社会の構築につながるのではないでしょうか。そういう意味で、自然の中でのアナログ的体験、地球を知る地球体験という体験教育は、これからの社会においてとても重要だと思います。私は、自分にとっての未知への好奇心のおかげで、冒険心の遺伝子がオンになった部類の人間であると思いますが、そのおかげで、これまでのさまざまな自然との関わり、直接体験を通じて人生をより豊かなものにすることができたと思っています。

ＮＩＫＩ　Ｈｉｌｌｓ　Ｗｉｎｅｒｙは、北海道の素晴らしい自然に囲まれた施設です。今後は、この環境を利用して、来ていただく人たちの冒険心の遺伝子をオンにするようなアクティビティープログラムを企画したく思っています。自然になりきる「力」、調和できる「力」は、自然の中でしか磨けないと思います。「眼張る」ことなく、心を開き、五感を通じての自然との対話の中で、自分という人間を見つめ直す時間を持てれば、現代のデジタル社会、情報化社会の中で見失っているものを、自分の中に見つけることができるかもしれません。そのことが、この世に生まれたことへの感謝であったり、自然に対する畏怖の念、謙虚な気持ちであったり、他人を思いやる気持ちにつながっていくように思います。

今回、この復刻版『犬ぞり隊、南極大陸横断す』を読んでいただき、三十年前の犬ぞりとスキーによる南極大陸横断行というレトロな冒険譚の中で、ワクワクドキドキしながら、少しでも自然回帰の気分に浸っていただければ嬉しいですし、冒険心のスイッチがオンになっていただければ、望外の喜びです。

最後になりましたが、今回の復刻版発刊にあたり、時間のない中、多くの方々のご支援ご協力をいただきました。本当に感謝の言葉もありません。この場を借りてお礼申し上げます。心からありがとうございました。

二〇一九年六月

舟津圭三

第一章

犬ぞり冒険家との出会い

ミネソタの電気も水道もない森の中

アメリカ・ミネソタ州は、一万以上の湖があることで有名だ。五大湖のひとつ、スペリオル湖西岸に広がるこの州の北部はカナダに接しており、森と湖の大森林地帯が広がっている。そのミネソタ州の北部にあるイーリーという村から車で三十分、そのあと森の小径を歩くこと二十分のところに、南極横断隊の隊長、ウィル・スティーガーの家がある。三十万坪の敷地のほとんどが森の中にあり、電気も水道もない、二十年前に彼がタダ同然で手に入れたウィルダネス（大自然がそのまま残っているところ）そのものである。そこに、横断隊のトレーニングキャンプが設けられた。一九八七年九月のことである。

一九八五年に、ミネソタ州ボエジャー・アウトワードバウンド・スクールで、アメリカの野外学校について学んでいた私は、その十月、イーリーの村で開かれたハロウィン・パーティーに参加した。そこに第二次大戦に使用されたガスマスクをつけて、犬用のチェーンを腕に巻きつけ、ラメ入りの帽子をかぶり、ドッグフードの袋を身にまとい、海賊のごとく現れたのがウィル・スティーガーだった。

ウィル・スティーガーの異様な雰囲気に圧倒された私は、一体何者かと思ったが、友人のジャック・ウィリスに聞けば、北極点を目指す犬ぞり冒険家だという。

興味をもった私は、北極を目指している人間なら植村直己《うえむらなおみ》さんのことも知っているに違いないと思い、話しかけるのにちょうどいいと思って「植村さんのことは知ってるか」と話しかけた。すると、何と彼と植村さんは旧知の仲で、植村さんがマッキンリーへ旅立つ前に、ボエジャー・アウトワードバウンド・スクールにいた頃に知り合ったとのことだった。しきりにマッキンリー行きを止めたが、彼はそのまま行ってしまったと、当時を述懐し残念がる。北極の話を、心の奥底でわかり合えた仲であったそうだ。

植村さんは、私にとってはあくまでヒーロー的な存在で面識はなかったが、彼の冒険行にはいつも魅きつけられていた一人であった。私がアメリカへ来たのは、野外教育の本場であるアメリカで、野外学校について学びたいと思ったからだったが、植村さんも最終的には北海道の帯広かどこかで野外学校をやろうと夢みておられたようだ。私はアメリカを自転車で横断した時、アメリカ人のアウトドアとの接し方や自然の中で自由に楽しく遊んでいるその姿を見て、日本人もこういうふうにならんかなあと思った。日本の若者たちが、自然の中でアウトドア・スポーツを通じてさまざまな体験ができる場所作りはできないかと思いはじめた。その後、植村さんが自分と同じような考えを持っておられることを雑誌で読み、感激したのだが、そういうこともあって、大学卒業後三年間勤めた会社を辞め、単身アメリカのアウトワードバウンド・スクールに押しかけたわけだった。

本当なら手紙を書いて相手と連絡をとってから行くべきであるのに、手紙のやりとりは時間もかかるので、手っ取り早く行って直《じか》に交渉したほうが気持ちが伝わると思い、英語もたいしてできないのに無謀にもアメリカへ直接乗りこんだのである。最初はデンバーに事務所があるコロラド・アウトワードバウンドに行ったが、九月に行ったので、ちょうど夏のプログラムが終了し冬のプログラムまでにはまだ時間があるという端境期《はざかい》でもあり、みごと門前払い。がっくりきたが、ここであきらめたら終わりと、全米に五ヵ所あるこのスクールの住所をたよりに、またグレイハウンドバスに乗りこんだ。外国での貧乏旅行は自転車で一人アメリカを横断した経験もあり、全く苦にならない。つたない英語を駆使しながら悪戦苦闘の末、次の目的地ミネソタへ向かった。

犬ぞり使いの名人

ミネソタ州ミネアポリスのボエジャー・アウトワードバウンドのオフィスを捜し出す。建物の前でしばらくウロウロするが、肝をすえて飛びこんでゆく。勇気を出して「日本から野外学校を研修するためにやってきた。何でもするからおいてくれ」と頼みこむ。もう熱意だけが私のセールスポイントであった。このスクールで植村直己さんは犬ぞりのアシスタント・インストラクターをやられたそうだが、彼の評判はすばらしく、みなが彼のことを尊敬していた。

彼と同じ日本からはるばるやってきたということで、当時校長であったランディ・クロフォード氏から、スクールの活動拠点のあるイーリーへ行ってスクールの敷地内の整備をやりながら各コースのプログラムを学べばいい、というありがたい返事をもらう。これは本当に植村さんのおかげと感謝しながら喜び勇んでボエジャー・アウトワードバウンドのベースキャンプのあるイーリーへ向かった。

アウトワードバウンド・スクールは世界的なアウトドア教育の組織である。一般の人がウィルダネスの中へ入って行き、カヌーやロッククライミング、バックパッキング（リュックサック＝バックパックを背負って山野を歩くスポーツ）、あるいは冬ならクロスカントリースキーや犬ぞり、といったさまざまなアウトドア・スポーツを手段とし、自然の中の冒険や野外活動を通じて自分を見つめ、他人を思いやり、そして自然の美しさや厳しさ、人間のすばらしさを身をもって体験する。大自然が教室であり、先生でもあるそういうスクールだ。ここミネソタ州ボエジャー・アウトワードバウンドでは、森と湖の広大なフィールドを利用した活動が展開されていた。

そのアウトワードバウンドの活動拠点のあるイーリーの町の郊外にウィル・スティーガーの家（ホームステッド＝開拓村）もあったのである。これが私とイーリーという村の出会いだったのだが、そのイーリーでの村のハロウィン・パーティーの数日後、ウィル・スティーガーのホームステッドを訪問した。彼は、北極点行のため五十匹の大型エスキモー犬を飼っており、そこで私は初めてエスキモー犬を目のあたりにした。エスキモー犬は大きく、表情が野性的、しかし人なつっこく従順だ。力がべらぼうに強い。私のいたボエジャー・アウトワードバウンド・スクールにもそり犬はいたが、ここのエスキモー犬に比べるとひと回りかふた回り小さく、レース犬に近い犬たちであったため、このエスキモー犬の重量感のある力強さに圧倒された。

ウィルは十数年かかってうっそうとした森の中にこのホームステッドを整備してきたようで、昔の苦労を思い出すように広い敷地内を案内してくれた。そこには北極点を目指す十人ほどの人間が共同生活を送っていた。森の奥深く、湖に面したすばらしいところである。犬ぞりはここで生活してゆくのに必要な物資の冬の運送手段であったわけで、こういうところで犬ぞりができればおもしろいだろうな、とその時思った。何しろ冬には湖が凍るので、犬ぞりを使えば遠く六〇〇〇～七〇〇〇キロ離れたアラスカまで行こうと思えば行けるのである。犬ぞり冒険家としてミネソタでは有名なウィル・スティーガーを目の前にして、緊張してあまりこちらからはしゃべれなかったが、北極点到達が成功することを祈ってます、と告げて彼と別れた。

その後私は、アラスカの二〇〇〇キロを走りぬく、世界最大の犬ぞりレース〝アイディタロッド〟に参加するイーリーの犬ぞりレーサー、デーブ・オルソンについてアラスカへ向かうことになった。

このレースはアラスカのアンカレッジからベーリング海峡の近くのノームという村まで、山越え谷越え、凍結したユーコン川や海を二週間ほどで走りぬく、犬と人間が一体となって気力と体力の限界に挑むレースで、毎年三月の第一土曜日がスタートとなっているビッグレースである。犬ぞりレースに使う犬は荷役犬《にやくけん》の半分ほどの大きさで、ほっそりとした犬である。そのかわりスピードは非常に速く、昼も夜も一日で一六〇キロは走ってしまう。マッシャー（犬ぞりを扱う人間）も犬の世話をするため、一日二時間眠れるかどうかという状態が二週間続き、厳冬のアラスカでこのレースを完走するというのは非常に名誉なことなのであった。

それだけにこのレースに参加するデーブからハンドラー（訓練の際のアシスタント）として手伝ってくれないかと言われた時は、喜んで引き受けたのであった。彼と植村さんも親友の間柄であったようで、ミネソタで開かれるベアグリースというレースで一九八四年に植村さんが彼を手伝った時の写真を誇らしげに見せてくれたのだが、写真の中の元気そうな植村さんの笑顔を見ながら、なぜマッキンリーへ行ってしまったのかと、デーブも当時を振り返り、残念がっていた。

ボエジャー・アウトワードバウンド・スクールでは犬ぞりのプログラムがあるため、そり曳き犬が三十匹ほどいた。私は昔から極地に興味があったので、犬ぞりをやりたいと思っていたのだが、このスクールの犬の世話をやっていたところ、このデーブと知り合い、犬ぞりの盛んなアラスカへ連れていってもらえるチャンスを得たのだった。ウィルもそうなのだが、デーブも以前このスクールで働いていたことがあったのだった。

犬ぞりのスピードは自転車によく似ており、速すぎず遅すぎずで、自然の中で自然を楽しむためにはそのスピードがちょうどいい。自転車で旅するのが好きな私にとって、自転車に代わるものが犬ぞりであったわけだ。自転車では日本各地、アメリカ、アフリカのサハラ砂漠へ行ったが、自転車も犬ぞりもアウトドアを楽しむためのひとつの道具としてすばらしい道具である。歩いて行動するよりもずっと行動半径が広がる。それに犬ぞりは犬という仲間もいるし、犬好きの人間にとっては、犬と人間が一体となってやるスポーツなので非常におもしろい。私にとってはこのデーブと行ったアラスカ行が、犬ぞりに本格的に取り組みはじめた最初であった。

犬とのコミュニケーション

この年デーブ・オルソンは初めてのアイディタロッド挑戦であったが、彼の犬に対する取り組み方を見ていて、犬と人間の間にコミュニケーションが成り立ってゆくその過程に、非常に興味がわいた。

彼の犬たちへの細やかな愛情はすごい。アラスカのトラッパークリークというところでトレーニングのためキャンプ生活をしていた時も、彼はマイナス四〇度の中、犬たちと一緒に寝袋で外で寝る。足の裏が傷ついていないかを絶えずチェックし、一日中休む暇もなく、犬たちのために彼の一日があると言っていいくらい世話をする。本当の子どものように親身になって世話をする。犬たちも走る時は自分の本能で走り、またデーブのためにも走る。犬たちもデーブのことを尊敬し、デーブも犬たちを尊敬しているのだ。だから私が彼の犬たちを走らせても、デーブが走らせる時に比べスピードも違うし、また表情も違う。厳しい条件の中でお互いが信頼し合って生きている、家族のような関係がすばらしかった。彼こそ、私の犬ぞりの師匠と言っても過言ではない。彼は何も教えてくれなかったが、彼のやり方をマネし、自分なりに技術を盗んだ。犬ぞりを操作するのは、体力はいるが、さほどむずかしくない。ただ、自分の思う通りに犬を操れるようになるには、このデーブのように犬と共に生活をし、犬の心をつかみ、犬とのコミュニケーション、信頼関係を確立させなければならない。そうなるにはやはり年季がいる。

この年デーブの成績は三十一位だったが、スポーツマンシップある行動をとった人に贈られるスポーツマンシップ賞を受賞、彼はその他数々のレースで最も犬の面倒をみた人に獣医から贈られる賞を受賞しており（この賞はマッシャーにとっては最も名誉ある賞）、人間的にもすばらしい人であった。彼からマッシャーとしての姿勢を学べたことは、私にとっては非常にラッキーなことであった。

三〇〇匹のハスキー犬と

翌一九八六年の冬、私はコロラド州スノーマスにあるそり犬養犬場〝クラブルーニック〟というところで働くことになる。そして犬ぞりを使って、周辺の山中をガイドする仕事についた。そこのオーナーはダン・マッキーチンといって、やはりアイディタロッドを走った人で、前の年、デーブとアラスカへ行った時に知り合ったマッシャーの一人だった。私が働きたい旨を手紙に書いて説明すると、快く承諾してくれた。

クラブルーニックには三〇〇匹近いそり犬がいた。こんなにたくさんの犬を一度に見たのは生まれて初めて、びっくり仰天であった。糞そうじを一人でやれば丸一日かかってしまう。三〇〇匹の犬にはそれぞれ名前がついており、三日で三〇〇匹の名前を覚える。犬と出会った時、まず名前を覚えるのが初めての仕事で、名前が区別できなければ話にならない。最初はどの犬もよく似ているので、名前を覚えるのはひと苦労だ。なかなか見わけがつかないが、一緒に暮らしていくと、しぐさや顔のちょっとした表情、性格の違い、大きさや骨格の違いなどが、少しずつ見えてくるものだ。

半年間犬のすぐそばで寝起きし、三〇〇匹の犬との生活が続いた。ロッキー山脈の山中での生活、夜の三〇〇匹のハスキー犬の遠吠えは圧巻だ。特に満月の夜は月の引力の影響からか、一匹が鳴きだすと一斉に三〇〇匹が吠える。そり曳き犬としてのハスキー犬の血の奥深くには、野生の狼の血も流れていると言われている。深い針葉樹の緑に囲まれ、私は犬ぞりざんまいにあけくれた。

南極からやってきたならず者たち

そんな生活が三ヵ月続いた一九八七年の二月のある日、南極ニュージランド・スコット基地から、十五匹の南極犬がこのクラブルーニックにやってきた。この犬の所有者が、なんとウィル・スティーガーだったのである。スコット基地で犬ぞりの廃止が決まり、これらの犬が処分される運命にあったのを、当時北極点行に成功した直後のウィル・スティーガーが引き取ったとのことである。あのハロウィン・パーティーで会ったイーリーの探検家ウィル・スティーガーの犬が、このクラブルーニックに来るなんて、その偶然に驚いてしまった。

ミネソタ州イーリーのスティーガーのホームステッドでは、当時、受け入れ準備が整っていなかったので、いったんこのクラブルーニックが預かることになったのだ。殺し合いにもなりかねないけんかばかりする十五匹の犬たちは、南極からやってきたならず者、やくざな顔をした犬ばかりであった。耳はちぎれ、顔にはぬい傷があちこちにある。野性味あふれる体重四〇〜五〇キロの力の強い犬たちだ。ニュージーランドから犬たちと一緒にやってきた、南極で彼らの世話をしていたニュージーランド人のグラントという男に、各犬の特徴を聞いて頭に入れる。

この犬たちの何匹かがウィル・スティーガーの南極横断隊の犬として使われることをグラントから聞き、興奮する。ウィルが北極点行に成功したのはニュースか何かで知っていた。彼が今度は南極へ行く。南極は、私が小学四年生の頃、大阪港に南極観測船〝ふじ〟を見学にいって以来のあこがれの場所。いつか行ってみたいと夢見ているところ。その南極へ、私が面倒をみる犬たちが行くのだと思うと、この南極から来た犬たちに私の夢を託するような気持ちで接した（この時、私がこの犬たちのうち五匹を連れて南極へ行くなどとは、夢にも思わなかった）。

「おい、お前たちの何匹かは、また南極へ戻れるかもしれんぞ。けんかなどやめて、やくざから足を洗え」と一匹一匹説教してやる。そう言ってるはたから、モンティーとハービーが兄弟げんかを始める。それにオディン、キャスパーが加わり、収拾がつかなくなる。棍棒《こんぼう》をふりかざして制止する。全く言うことをきかない奴らである。棍棒なんて手荒なことを、と思われがちだが、これはあくまでもけんかを分ける時に使うものだ。元来この犬たちはおとなしく、人間には従順なのだが、このけんかの時だけは興奮してわけもなくかみつき合うので、人間にとってもこのけんかの仲裁にあたる時が、一番かまれやすく注意しなければならない。

この南極から来た犬たちは、木のないところで生まれ育ったため、木を見たのは生まれて初めてで、周囲の木々にどういう反応を示すか興味があった。小便をかけるか否か……。じっと見ていると、まず鼻でクンクン、奇妙な様子で木の周囲をうろついた後、ふつうの犬と同じくうしろ足を上げて小便をした。やはりあれは犬の本能なのだ。

さて二月から三月、私と南極犬たちの格闘が始まる。とにかくけんかをやらせてはならない。ケガをさせてはならないからだ。この犬たちは、慣れたグラントの前ではあまりやらないが、新顔の私の前ではいつもけんかをやる。私を試しているのだ。ここでなめられてはならない。私の言うことには絶対服従だと悟らさねばならない。とにかく、けんかした際には厳罰に処し、目を見て鼻をつき合わせて言いきかせる。そして、ふだんは愛情をもって優しく接し、こまめに面倒をみてやる。忍耐強く接してやらないと、むやみやたらに怒っても犬たちには意味がわからない。二週間ぐらいで私にもようやく慣れて、けんかの回数もぐっと減り、そりを曳くことに専念するようになる。

ホームステッド（開拓村）の一員に

グラントはその後三月に十五匹のうち一匹の犬を連れてミネソタのウィルのもとへ向かった。ウィルから電話があったのは、それから数日後のことである。グラントが私のことをウィルに話したらしい。「ケイゾー、よかったら九月からこっちに来て、南極のための準備を手伝ってくれないか」とのことだった。来シーズンもこのクラブルーニックに残ってくれと言われていたので私は少し迷った。給料はこちらの方がはるかにいい。食事も言うことなし、ロッキーの美しい山々に囲まれ、スキー場も近くにある。居心地は最高の場所であった。しかし私は南極に興味があった。「南極横断という、かつて植村直己さんが夢見ていたことをやる人間たちの中で、自分も微力ながら参加し、いろいろ学びたい」と思った。またホームステッドという、水道も電気もないウィルダネスの中での生活にも魅力を感じ、ＯＫの返事をウィルに送る。

さて、話はようやく南極横断への道に近づいてきた。このホームステッドに行くまでに、本当に人との出会い、人とのつながりの不思議さをしみじみと感じた。アウトワードバウンド・スクール、ウィル・スティーガー、ナオミ・ウエムラ、デーブ・オルソン、ダン・マッキーチン、グラント、この他にもいろんな人と出会っているが、すべての人がどこかでつながっている。まるで私が最初から南極へ行くことが決まっていたかのように、出会った人、働いた場所が、つねに私を南極への道へ押しやってくれたかのように思える。偶然の出会いだったのに。今でも不思議に思えてならない。

フルートの音色が

ホームステッドへ向かう九月まで間があったので、再びアウトワードバウンド・スクールに戻り、夏の間モンタナ州のベアトゥース山系でのバックパッキングのプログラムを担当した。私はそこでの仕事を終え、一九八七年九月、バックパックに所帯道具一式をつめこんでミネソタへ向かい、そしてイーリーへ。ホームステッドまでの二十分の森の道を歩く。ホームステッドへのアクセスは車道がないので歩くしかない。ミネソタの広大で深い森の中、緑が美しい。小鳥のさえずり、小川のせせらぎ、ウィルダネスの中を行く。新天地に向かうこの興奮というか緊張は、いつも私を新鮮な気持ちにさせてくれる。移動はいつもバックパック。気楽にどこへでも行けるのがいい。その当時、ホームステッドには手作りの木造家屋が五軒、それと大工の仕事場が一軒あった。木造住宅の一軒はウィル・スティーガーの丸太小屋、一軒は私の部屋があったダイニングホールのある小屋、もう二軒は常駐スタッフの小屋、一軒は食料や各種アウトドア装備の入った倉庫だった。

ホームステッドに到着した時、その倉庫からフルートの音色が聞こえてきた。「一体何じゃ」この田舎の森の中でフルートのようなハイカラな音色は奇妙に感じる。〝ハロー〟と叫ぶと、フルートの美しい音色はピタッと止まり、小屋からブロンドのカーリーヘアー、眉間に二本縦しわのある少し神経質そうだががっちりした体格、身長は一七八センチぐらいの男がかけ足で現れた。この時が、私とジェフ・サマーズの初めての出会いだった。

「How do you do?（はじめまして）」「日本の舟津圭三、三十二歳」とお決まりのあいさつ。

ジェフは南極横断隊のメンバーの一人で、はるばるイギリス・スコットランドの近く湖水地方のケズウィックというところから来たそうだ。故郷では大工をやっているとのこと。南極半島で、イギリス南極探検隊の一員として、犬ぞりを使って科学者をフィールド調査に連れてゆく仕事をしていたそうだ。イギリスの典型的な紳士で、人のことをいつも気にかけ、面倒をみてくれ、そして自分の意見はしっかりもったがんこ者、コーヒーとお茶は沸騰したお湯でしか飲まない人でもあった。ジェフはその倉庫の片隅でねずみと一緒に生活していた。私も三畳ぐらいの屋根裏部屋に寝ることになる。さっそく廃材で簡易ベッドを作り、部屋に置く。夜中にはねずみをいたちが追っかけ、いたちを猫が追っかけ、騒々しい。時には顔や身体の上を走りまわるのでびっくりさせられる。夜、窓から外を見ると森の木々が、クリスマスツリーのように光を点滅させている。何とホタルの群れだ。あちこちに散在する湖の水は、そのまま飲めるほどきれいだ。空気も澄んで、きっとホタルには居心地のいいところなのだろう。

十匹の子犬たち

昼間は、十匹ほどの子犬があちこちで走りまわっている。かわいいことこの上ない。しかし、手袋やくつ下やくつを放ったらかしにしておくと、いつの間にかなくなってしまう。子犬たちがさっと盗み、原形をとどめない姿で返してくれる。頭にくるが、顔を見ると「まあ、いいか」と、全く憎めない奴らである。

このホームステッドでは、トイレはドラム缶でする。毎朝鳥のさえずりを聞きながら、ブルッと震えてドラム缶に爆弾を落とす爽快感は格別だ。そのドラム缶を、二週間に一度掃除する。それはいいのだが、犬たちは人間の糞が大好物で、このドラム缶のを引っくり返した際、十匹の子犬たちがどこからともなく集まってきて、鼻をつっこんでムシャムシャやるのだ。そしてその信じられないおやつに満足すると、今度は上機嫌で黄色くなった口のまま「遊んでくれ」と言わんばかりに人間様の方へ走ってくるのである。あの口でペロペロやられてはたまったものではない。あわてて逃げまくるが、子犬たちはそれをおもしろがってよけいに追いかけてくる。恐怖の鬼ごっこだ。

黙々と一人で働く毎日

さっそく、ホームステッドの生活が始まる。九月には当然雪はない。従って犬ぞりはできないが、冬の準備でやることは山ほどある。犬ぞり用トレイル（小道）の整備、ストーブ用のまき割り、南極トレーニング用家屋の整備、さまざまなことがあるが、これもいいトレーニングとなる。

〝カチン、カチン〟鉄のハンマーをふりかざして岩をたたく。そしてひびがはいったところを、先のとがった二メートルほどの鉄棒でたたく。ツボにはいると巨大な岩もスパッと割れる。ダイナマイトである程度破壊し、あとは手作業で岩を砕く。沼地の水はけをよくするための排水溝を作ることが私のまず第一の作業であった。三週間、毎日十時間、スレッジハンマーで岩をたたきつけた。無言で黙々とたたきつけた。

それが終わると、チェーンソーで大木を伐り、まき用の丸太を作る。チェーンソーなど扱ったことはない。誰もやり方など教えてくれない。すべてが体験から学べというやり方である。ケガした人の話だけしてくれ、安全にだけは注意しろとチェーンソーを渡される。マニュアルを読んでいざ挑戦。五〇センチぐらいの直径の大木は、なかなか自分の思う方向に倒れてくれない。危険な作業だ。しかし、誰かがやらねばならない。

四キロほどにわたって幅三メートルの犬ぞり用トレイルを開拓した時も大変な作業であった。チェーンソーワークは少しは上達していたが、うっそうとした森の中に、一筋のトレイルを素人が一人で作るのはかなりの重労働だ。毎日少しずつ、そりを走らせやすいようにコースを考えながら開拓する。

町からの資材搬入もひと苦労だ。冬は犬ぞりが使え、凍った湖の上をどこでも走れるのだが、氷がない時は、ボートにセメントや材木を積み、湖をひとつ渡り、そして人間の肩にかついでひとつ丘を越え、そしてカヌーに積みかえ、もうひとつ湖を渡り、ホームステッドまで運んだ。こういった肉体労働の日々が十一月の終わりまで続く。苦しいと思ったことはなく、仕事の合間にひょっこり出会う野生動物の姿に心が和《やわ》らぎ、都会育ちの私にとっては、毎日何らかの発見があり、感動があり、充実した日々を送っていた。

思いがけない言葉、「南極へ行く気はないか？」

そんなある日、十月の中旬であったと思う。突然ウィルが犬ぞり用のトレイルを整備していた私のところへやってくる。

「ケイゾー、南極へ行く気はないか？　よければ一緒に行こう」

思いがけない言葉に、あいた口がふさがらない。

気がついた時には「イエス、ザッツグレイト」と答えていた。「ノー」という言葉や「考えさせてくれ」という言葉など、頭には全く浮かばなかった。ウィルとは、まだ犬ぞりも一緒にやったことはないし、南極行については話したこともなかったし、一体どういうつもりでこんなことを言っているのかとそのあと思ったが、答えた瞬間には何も深い考えは頭になかった。ただ「イエス」と答えてしまったのだ。

南極は私にとっても小さい頃からのあこがれの場所、そういう気持ちがあと先のことを考えずに「イエス」と答えさせてしまった原因となったに違いない。これもひとつのチャンスだったのかもしれない。その日の夜「大変なことをいともあっさり引き受けてしまった」と少し不安な気持ちになったが、不安な気持ちを抑え、チャレンジ精神でそのチャンスを自分のものにしてゆくこともひとつの冒険だと、自分がこれまで歩んできた人生を振り返っては、こういうこともたまにはあるさと案外あっさりとその時の状況を納得してしまった。この時こそが、私が南極横断隊のメンバーに加えられた瞬間なのであった。

ウィルは、南極へ行く直前、なぜ私を選んだかについてマスコミに答えたことがある。「肉体的、精神的にきつい、人のいやがる岩割りやチェーンソーの仕事を、禅僧のごとく黙々と献身的にこなしていったその忍耐力、その誠実さに、彼なら国際隊の一員としてやってゆけると信じることができた。今まで彼があちこちで働いてきたところの人々からも、異口同音に、〝ケイゾーならベスト〟という答えが返ってきた」とのこと。なんともこそばゆい話だ。日本人である私にとってはふつうに働いていたつもりで、そして自分なりに、ミネソタでもアラスカでもどこでも大自然を満喫して楽しみながらやっていたわけであるが、アメリカ人にはそれが非常に誠実、勤勉というふうに見えたようである。南極隊のメンバー全員で行く、一九八八年四月からのグリーンランド縦断のトレーニングに参加することも、この時決定した。トレーニングといっても本格的な遠征である。

青天の霹靂《へきれき》というか、ラッキーというか、アメリカに渡ってからこんなふうに道が展開されるなんて夢にも思っていなかった。いつも打算ぬきに、その日その日を悔いなきよう、何かを学ぶ姿勢で一生懸命取り組んできた姿勢が、知らぬ間に評価される形となったわけで、この姿勢は、忘れずずっと持ち続けたいものだ。

雪の中、七十匹の犬と毎日四〇キロを走り

さて十一月、いよいよ犬のトレーニングが始まる。ジェフと私とニュージーランドから戻ってきたグラントとで七十匹の犬を管理し、トレーニングを行なう。毎日朝七時から夕方六時まで、昼の一時間だけが休憩で、とにかく犬を走らせる。四キロ離れた資材置場に、セメント、材木、砂利などを取りにいく。それを一日四～五往復こなす。毎日犬と一緒に三〇～四〇キロ雪の中を走り、犬と人間が一緒にトレーニングする。犬を扱うことは、肉体トレーニングにも精神トレーニングにもなる。忍耐強く犬に接しなければならない。感情的に犬に怒っても、犬はついてきてくれない。怒ってはダメで叱らないといけないのだ。このへんは人間の子どもと同じだ。叱る時もつねに冷静に、犬に愛情をもって接してやらねばならない。

さて、コロラドのクラブルーニックからやってきた南極犬のうち、グリーンランド縦断用にモンティー&ハービーの兄弟、オディン&キャスパーの兄弟、そして一番年寄りで五歳のビヨルンを私が担当することになった。その他、クラブルーニックから南極横断隊がリースしたクータン、クカ、ロダン、そしてウィルの犬でアロー、そして彼と北極点まで行ったイエガー、これら十匹が、グリーンランドを私と一緒に歩く仲間として選ばれた。ほとんどがコロラドで一緒に生活していた犬なので、気心は知れたもの。リード（先頭を行く犬）はクータンに決める。

南極横断隊六人が決まる

そして一九八八年一月、ソ連（現ロシア）からビクター・ボヤルスキー、フランスからジャン＝ルイ・エチエンヌがホームステッドにやってきた。これでグリーンランドへ行く五人のメンバーが勢ぞろいしたわけだ。

ビクターはこの時英語があまりしゃべれず、通訳を連れてきた。数ヵ月の英語特訓コースを受けてきたそうだが、ロシア語訛《なま》りの強い英語がなかなか聞きとれなかった。彼はこの時三十八歳、ソ連の北極南極研究所の主任研究員という科学者で、レニングラード（現サンクトペテルブルク）出身、妻と息子が一人いる。専門は雪氷学で、南極の氷の厚さを放射線を使って測ることだそうだ。南極観測には四回、北極でも二回の越冬経験がある。ジャン＝ルイがソ連とコンタクトをとり、彼が選ばれたそうである。丸太のような腕っぷし、ユーモアあふれる彼の性格からは、この人が優秀な科学者なんて信じられなかった。詩を作るのが好きなロマンチストでもあり、みんなによく詩をプレゼントしていた。

ジャン＝ルイは当時四十二歳で独身、一九八六年にスキーで単独北極点到達を成功した際、北極海の真ん中で偶然、ウィル・スティーガーの犬ぞり隊に出会った。そしてその夜、次の夢を語り合い、この南極横断の話が北極で生まれたのであった。小柄だががっちりした体格のジャン＝ルイは医者で、ピアノの名手であり、いつも陽気なフランス人である。これまでにも医者という特殊技術を生かして、ヒマラヤ遠征やヨットの世界一周レース、あるいはグリーンランド航海等、数々の探検を行なっている人だ。

南極横断隊の六人目のメンバー中国のチン・ダホ（秦大河）は、この時南極キングジョージ島で、中国の南極観測隊越冬隊長をやっていた。

ダホを除く五人が、来るべきグリーンランド遠征に向けて、犬ぞりを使ってのトレーニングを開始した。ウィルとジャン＝ルイは二人で一チームを担当し、ジェフとビクターと私が組んで二チームを担当した。ジャン＝ルイもビクターも初めての犬ぞりで、犬はなかなか言うことを聞かない。ビクターはロシア語で怒鳴るが、犬にロシア語はわからないのか、しらんふりをしている。

ジャン＝ルイは犬ぞりにたくさんのバケツをのせ、砂置場から砂を運んだ。また、秋の間に私がたき割った岩あるいはまき用の丸太を運んだ。夜はグリーンランド行のためのミーティング、朝六時から夜十時まで、みっちりスケジュールがつまっていた。

犬ぞりでまず、グリーンランド縦断

ミネソタ北部の冬は厳しい。マイナス三〇～マイナス四〇度にもなる。そんな中で五人が一緒に生活し、お互いに理解を深めていった。

一方、犬たちの調整具合も順調で、湖の上でだが、十匹の犬で一トン以上の荷を曳く力がついた。犬たちのチームワークも大切である。一匹一匹に個性がある。また、犬同士の相性があるので、犬ぞりを扱う人（マッシャー）は、犬たち一匹一匹を理解し、うまくポジションを決めてやらねばならない。もし相性の悪い者同士を隣あわせにすると、お互い牽制《けんせい》し合い、そり曳きに集中できないということになる。あるいは仲の良い者同士でも、特に若い犬だと遊びたがって、これもまたそり曳きに集中できない。ベテランの犬は貴重な存在だ。若い犬の横につけて走らせるとしっかり若い犬を鍛えてくれる。こういうベテランの勤勉な犬には若い犬も一目置いているのか、そのベテランの犬を見習う。というわけで、効率よく犬ぞりを走らせるには、どの犬をどこに配置するかが、重要な要素となる。また、犬たちの仕事ぶりも一匹一匹異なる。一生懸命いつもそりを曳き続ける犬、さぼる犬、ずるがしこく、そりを曳いているようで実は曳いていない犬もいる。人間と同じなのだ。そういうことも考慮に入れながら、スタミナ、スピード、力、気力、これらをかねそなえたベストメンバーを選んでいった。

そして我々五人は、一九八八年四月十六日から六月十六日にかけて、五人にジャン＝ルイの友人でフランス人登山家ベルナール・プルドーンを加えた六人と三台の犬ぞり、三十匹の犬たちでグリーンランドを南から北へと縦断することに成功する。

グリーンランドは、その地形が南極とよく似ており、トレーニングにはもってこいの場所だ。厚さ二〇〇〇メートルの氷が岩盤にどっかり載っている。私たちはこの大氷床の上を南から北へ約二〇〇〇キロ縦断したのだが、目的は、南極隊のメンバー間のチームワークの養成、各種装備（テント、そり、ストーブ、衣服、寝袋、食料等）のチェック、ドッグフードの量、質のチェック、犬の能力の把握等、さまざまなことがあった。

南極は各大陸から非常に遠く離れていて、物資輸送に驚くほど金がかかり、南極でトレーニングを行なうことは金銭的に不可能。しかしグリーンランドはカナダやヨーロッパから近く、南極よりは安く行くことができ、また、南極よりは自然条件も厳しくないので、私たちのトレーニング場所に選んだ。結果的には大成功であったといえる。

人間も犬もやせ細って

犬たちにとっては、ドッグフードの量が限られていたため、空腹の旅となったに違いない。再補給は、出発してから三二〇〇キロの地点で一回受け、残り一七〇〇キロを無補給で走りぬいた。今まで犬ぞりで一七〇〇キロという長距離を無補給で走った記録はない。食料、ドッグフードを一ヵ月半分すべて積みこみ、犬たちがその五〇〇キロをこえる重い荷を曳くことができたのは、犬の能力を知る上でとてもよかった。南極では、そりの積荷はこれほどは重くならないので、犬にとってはずっと楽であろう。またドッグフードも、一日五〇〇グラムぐらいしか与えなかったため、犬たちはやせ細った。従って、南極では倍近い量を与える必要があることがわかった。

人間も体重はかなり落ちた。二〇〇〇キロをこえるスキーの旅で太ももが太くなるに違いないと思っていたのが、その逆で細くなる一方であった。身体は筋肉までエネルギー源として使ったようである。こういったことも参考にし、南極での食事に関しても一日四〇〇〇～五〇〇〇キロカロリーの栄養のバランスのとれた食事を考えた。

テントや寝袋、服にしても、デザインの改良、材質の改良を行なう。そして何といっても、メンバー間のチームワークがうまくいき、お互い気心の知れた仲になれたことは、大きな成果のひとつである。国際隊の分裂の話はよく聞く。特に登山隊にありがちだが、我々は登山隊と違って、頂上をきわめるというわけではないし、みんなで仲良く縦断できればいいと、リラックスした感覚が全員の中にあるので、分裂など考えられないことだった。地吹雪の中でお互いはぐれないようにする連携プレー、コンパス・リーディング（磁石の読み方）等の極地の気象条件の中での基本技術の見直しも大切なことであった。そして厳寒、耐乏生活の中での自分自身を知る意味においても、仲間、犬を知るという意味においても、南極横断のためのグリーンランド縦断の旅は、得ることが多々あり、有意義なものであった。

南極への準備はすべて整った

その後一九八八年から八九年にかけての冬のトレーニングは、二月に行なわれた。犬のトレーニングはすでに十二月から始まっており、私が日本にいる間、ジョン・ピアスという私のアウトワードバウンド時代の友人が代わってやってくれた。二月に全員が集まった。今回は、新たに中国のチン・ダホが加わった。外交家のジャン＝ルイが中国南極考察委員会の方へコンタクトをとり、今回の国際隊への参加を打診したところ、国際協調という観点から、中国もぜひ参加したいという意向が返ってきたのだった。

当初は三十七歳のエンジニアが選ばれていたのが急に腰を痛めて不参加となってしまい、再度、数多くの候補者の中から、中国サイドの選考の結果、このチン・ダホが選ばれたそうである。身長一八二センチでメンバーの中で一番背が高く、いつも笑顔の優しい人だ。専門は雪氷学で四十二歳、奥さんと息子が一人いる。中国ではスキーというスポーツがほとんどないため、ダホはこのミネソタで初めて挑戦した。凍った氷の上で、ジャン＝ルイがコーチする。全身に力が入り、足が前に出ない。不安な様子がありありとわかる。ひっくり返ると、今度は起きるのにひと苦労、あまり好きにはなれない様子だ。しかし、ダホは「そのうちうまくなるさ」とあわてる様子は全然ない。

「足の大きさが一メートル九〇センチに伸びたと思えばいい。南極横断が終われば、俺は中国では初のプロスキーヤーさ」と、いったんスキーを脱げば意気揚々としている。

六ヵ国の人間が集まり、六種類の英語でコミュニケーションを図る。感情的なことはなかなか英語では表現できず、イライラしてはみな自国語で言い合う。そのほうがよく通じるものだ。いろいろな文化、習慣の違いは当然出てくるが、全員がそういうことをふまえて、南極という厳しい自然環境に入っていく。

準備はすべて整った。人間の食料やドッグフードはすでにアメリカからフランスの港町ル・アーブルへ運ばれ、そこから南極へ向かうソ連の原子力砕氷船アカデミック・フェデロフ号で、出発の際のベースとなるキングジョージ島とゴールのミルヌイ基地にそれぞれ運ばれたわけで、食料は、それぞれのデポ（食料貯蔵地）ごとに区別されていた。極点までの三三一〇キロの間の十ヵ所のデポのうち八ヵ所までは、イギリスのジェフが一九八九年一月（南極の真夏）に南極へ向かい、ツインオッター機ですべて設置。あと二ヵ所はツインオッター機のチャーター先であるアドベンチャー・ネットワーク社が南緯七九度五八分にある同社のベースキャンプ、パトリオットヒルズから我々が移動中に南緯八五度のティール山脈と南極点に、設置してくれることになっている。

極点からボストークまでの一三〇〇キロ間は、我々が横断中にツインオッター機が二回補給してくれる予定になっている。ボストークからミルヌイまでの一四三〇キロは、この区間ソ連がボストーク基地の維持のため雪上車による物資輸送を行なっているので、その雪上車がデポを運んでくれることになっている。南極横断が成功するか否かは、この物資輸送がうまくいくか否かにかかっていた。

犬の方も、グリーンランドを走った犬たちに加え、新たにカナダ北部のイグルーリックというイヌイット（エスキモー族のこと。現地での呼称）の村からの六匹のエスキモー犬の他、もう六匹、この冬トレーニングした若い二歳の犬が加わり、四十二匹（うち六匹は予備）を南極へ連れてゆくことが決定した。あとは、七月十六日の出発の日を待つばかりとなる。

この南極大陸国際横断隊は、単に南極を横断することだけが目的ではない。

今、この南極は、地球上で唯一国境のない大陸で、どこの国にも属していない。

南極条約で領土権の凍結、軍事利用の禁止、国際協調による科学調査の推進といったことが取り決められているが、この条約は効力を発して三十年目の一九九一年に、何か問題があればもう一度見直すということになっていた。

南極は、さまざまな天然資源の宝庫と言われており、そういう利権をめぐって各国の領有権の主張もでてきている。一九九一年に、もし南極条約が変更され、開発という道をたどれば、太古の自然がそのままの形で残っている南極の将来の姿は目に見える。北極を見れば一目瞭然だ。幸い、一九九一年の南極条約に関する国際会議では、今後も南極の鉱産物資源開発は行なわないという意思統一がなされたようである。南極条約も今まで通りの形で存続している。

我々は、地球上に残された最後の聖地とも言えるこの平和な大陸を、今の形のまま次の世代へ残してゆく義務があるのである。

国籍や言葉や文化、社会体制の異なる国から集まった六人が、この平和な大陸で力を合わせ、困難を克服してゆくことで、人類が争うことなく協力し合い、何ものにも属さない平和な大陸として南極大陸を守っていくことができるのだということをアピールしよう、ということも、この南極横断の大きな目的だった。

前例のない特別ルート

七月十六日　晴　二六度
ようやく南極に向けて出発の日がやってきた。ミネソタ州の州都は、ミネアポリスとセント・ポールの双子都市（ツインシティ）、そのセント・ポールのハムリン大学が、広いホールを貸してくれ、そこで我々は荷物の仕分けやそりの点検等、最後の準備を行なった。犬たちはこの時、まだ涼しいミネソタ北部のイーリーのホームステッドにいた。

この横断隊の特徴だが、どこへ行ってもたくさんのボランティアが協力してくれ、荷物の搬入や整理、市内の案内を手伝ってくれ（自家用車で我々の足となってくれる）、我々の作業もずいぶんはかどった。南極を横断するという夢を分かち合いたい人たちの多さに驚き、またその協力に感謝の気持ちでいっぱいだ。それにしても、大量の荷物である。食料はすでにソ連船で輸送済みだが、そり、テント、衣服、各種装備類でもこれほどあるのかと、その荷物の多さに驚いてしまう。

当初の計画では、南極へは、ジャン＝ルイがフランスで建造した機帆船UAP号でアメリカから南米を経由して向かうという昔ながらの方法でやる予定であった。しかし、急にソ連が大型ジェット輸送機を出してくれることとなり、犬の体力維持の面、輸送の便利さを考え、飛行機で南極入りすることに変更した。このUAP号は、ノルウェーの探検家ナンセンの建造したフラム号のように氷にはさまれても押しつぶされることなく押し上げられ、氷の上にあがってしまうように船体が工夫されており、我々の南極横断中の通信中継基地の役割を果たすことになる。またサウジアラビアから二人の海洋学者が乗りこみ、南極海の海洋調査も行なうことになっていた。

ソ連の大型ジェット輸送機イリューシン76機は、すでにミネアポリス空港に到着していた。ソ連機がアメリカ本土内陸上空を飛び、そして着陸したのは初めてのことだそうだ。これからキューバ（ハバナ）、ペルー（リマ）、アルゼンチン（ブエノスアイレス）、チリ（プンタアレナス）そして南極半島の先端近くのキングジョージ島へ向かうのだが、ミネアポリスから同行した朝日新聞の近藤幸夫記者が、アルゼンチンのブエノスアイレスの日本大使館の外交官の人から聞いた話によると、この飛行ルートは、通常の外交上の常識では考えられないルートだったそうだ。まず、ソ連機がアメリカ本土の内陸へ飛んだこと、そしてそのままキューバへ向かったこと、それにブエノスアイレスからチリの首都サンチアゴに寄港することなくプンタアレナスへ直行できたことなど、どれもこの南極横断隊のためにとられた特別措置だったようだ。それも東西緊張緩和が進む国際情勢があったからこそ可能になったことで、平和のありがたさを感じる。

ミネアポリス出発前の式典には、ボランティアの人たちをはじめ、数千人の人たちが集まった。アメリカを除く五ヵ国の領事にも参列していただいた。司会はミネソタのデュランバーガ上院議員、みなさんから励ましの言葉をちょうだいする。そして歓声の中ミネアポリス空港へ向かい、荷物を機内につめこむ。やがてイーリーから四十二匹の犬たちが到着、いったん外へ出し飛行場の金網につなぐ。寒いところで生まれ育った犬にとっては真夏の太陽は厳しい。ハーハーと舌を出している。この荷物の積みこみの際も、多くのボランティアの人たちが手伝ってくれる。この横断隊は、自分たち六人だけのものではなく、六ヵ国で手伝ってくれたボランティアの人々、あるいはスポンサーの人たち、さまざまな人々の支援で成り立っている。私たちは、そういったのべにすると何万もの人たちの代表で南極へ行くのだ。

多くの人々に感謝しつつ、みなに別れを告げる。最後に犬たちを一匹ずつ、機内に積みこんだ犬小屋の中に入れてゆく。イリューシン76は、最後部胴体のハッチが地上まで降りるのだが、そこからすべての荷物の積みこみを終える。各人が見送りの人たちと抱き合って別れを告げる。〝グッドラック〟〝ステイウォーム〟この人たちに次に会えるのは来年の三月下旬、そう思うとこれから始まる旅の長さを感じてしまう。涙を浮かべる人も多くいた。別れはやはりつらいものだ。

私の当時のガールフレンドだった秋本恭江さんも日本から見送りに来てくれていた。公衆の面前でがっちり抱きしめ、無言の別れを告げる。日本だとこんなことできないが、こちらでは自然にこういうふうになってしまった。彼女はこのあと日本へ戻る予定だったが、私たちが出発したあと、アメリカの南極横断隊事務局でボランティアで雑務を手伝うことを決心し、八ヵ月間アメリカの地で私の帰りを待っていてくれた。二十人ほどの報道陣も乗りこむ。客席が私たち南極横断隊関係者の分しかなく、彼らは荷物室へ放りこまれる。かわいそうな報道陣、こんな待遇は予想もしていなかっただろう。午後九時三十五分離陸、ミネアポリス空港をあとにして、マイアミ経由キューバの首都ハバナに向かった。

予期せぬ事態が

七月十七日　晴　三三度

社会主義国キューバ。熱帯の高温多湿の気候で、犬たちが心配だ。ソ連側が、飛行機のエンジンが不調で、エンジンのひとつを新しいものと交換したいと言い出す。機内はエアコンがきいているので安心だが、この気候は極地犬にとっては一番きつい気候だ。できるだけ早く冬の南半球へ向かいたい。

ビザなしで入国を許された我々は、バスでハバナ市内のホテルへ向かう。うだるような暑さで、体感気温三五度はあるだろう。高層ホテルの一室でシャワーを浴びると、ここ一週間の準備の疲れもあり、ベッドの上でバッタリ眠ってしまう。

午後六時三十分、突然リーンというウィルからの電話に目が覚める。飛行機のエアコンが故障、ビクターとジェフが空港へ向かったという。これは大変なことになった。この炎天下、機内はエアコンなしでは五十度にはなるであろう。四十二匹の犬たちは、機内の犬小屋にいる。すでにジェフとビクターが犬たちを、市内の動物園に収容したという知らせで、空港へ行く準備をしていた私は、急いで動物園に向かう。汗だくになりながらタクシーに乗りこむ。空を見上げると、夕方というのに大空にギラギラ輝く太陽、雲ひとつない。「大丈夫だろうか」と不安がつのる。動物園の中の木陰につながれている犬たちを見つける。ビクターとジェフがドロまみれになって突っ立っている。「すまなかった。つい眠りこんでしまって……。犬たちはどう」と聞くと、エスキモー犬の一匹が機内で死んでしまったと聞かされる。がっくり力がぬける。しかし気落ちしている場合ではない。残された四十一匹の犬を、この暑さから守りぬくのが私の仕事。その夜は一人動物園に残る。夜になると少し涼しい。赤土に近い黄土色の土の色と、うっそうと茂る木々の姿に熱帯の夜を感じる。暗やみの中に時折光る犬たちの目を見ては、「もう少し辛抱してくれ」とその目に向かってつぶやく。

ソ連側からは今後のスケジュールについての説明は一切なく、報道関係者を含めて不満が続出。エンジントラブルのある危険な飛行機には乗れないという者も出てくる。ウィルとジャン＝ルイは、犬が暑さでやられる、一刻も早く修理を終え、南半球へ向かうようにとしきりに訴えた。ソ連側への不信感は飛行機に搭乗するすべての人の間に広がる一方であった。

七月十八日　晴　三五度

動物園の人たちは、初めて見る極地犬の姿にびっくりしている様子だった。獣医を含めて数人の職員の人たちが、親身に犬の水やりや散水を手伝ってくれる。太陽が空高く昇りはじめると、犬たちのハーハーという息づかいもいちだんと激しくなってくる。太陽の移動とともに日なたになった犬を日陰に移動してやったりする。日中は、とにかく犬たちを静かにさせておくのが一番、自分も木陰のハンモックで寝ころがっては、平和な一時を楽しむ。時折飛んでくる蚊をパチッとたたき落としては、コックリコックリしながら時を過ごす。

飛行機の方は、まだエンジン交換に手間どっているようで、あと一日はかかるであろう。

最初の事故、ジェフのチームの最強の犬の死

七月十九日　晴　三七度

事故が起こった。午後一時すぎであった。上半身裸になり、犬に水をやりにいくと、興奮したゴジラ（犬の名）がワンワン吠えたてる。興奮しては、暑さで煮えたぎった血が脳にまわって危険なので、おとなしくさせようとそばへとんでいく。すると急に五〇キロの巨大な身体がバタリと倒れる。頭だけ持ち上げ、舌を長く出しハーハーしている。そのうち今度は、頭もダラリと地面に倒れ、これはいかんと思った私は、バケツの水を首筋にかけてやる。身体にもかけてやる。目は開いて意識もあるが苦しそう。大声で近くにいた動物園の職員フリオとサポートのジョン・ステッツンを呼ぶ。首輪をナイフで切り、はずしてやる。フリオが来ると突然けいれんが起こった。「一体どうしたっていうんだ」ゴジラがこの時点で危篤状態に陥ったということは、誰の目にも明らかであった。獣医もかけつける。そして強心剤の注射を打つ。二度目のけいれんが起こる。まだ心臓は停まっていないが、呼吸に力がない。私は何とかしようと思い、ゴジラの口に自分の口をあてがい鼻をおさえ、マウス・ツゥ・マウスをやる。「がんばれ、ゴジラ」と心で叫ぶ。フリオが心臓マッサージを始める。心臓の鼓動が弱まった。三度目のけいれん。このあと心臓停止。

そして瞳孔をチェック。ダメだ。信じられない。この間二十分ぐらいだったであろうか。さっきまでワンワン吠えていたゴジラが死んでしまった。自分の目の前に起こったことが、夢を見ているようで信じられない。ただポカンと口をあいたままゴジラの巨体を眺める。ムダとわかっていても、もう一度心臓マッサージをやってみる。「生き返ってくれ」との悲痛な叫びも、ゴジラにはもう届かない。ドクターが血液をチェックすると、沸騰しているように泡がたっていた。よだれだらけの口をぬぐいながら、憎き太陽を見上げる。「クソ、もう二時間で太陽は西へ傾くというのに……」

ゴジラは、ジェフのチームの四番バッターともいうべき存在。五〇キロの巨体でそりをぐいぐい曳いてくれる屈強の犬だった。小さな子犬の時から知っており、名前も私がつけた犬だっただけに残念でならない。片目が青く片目が茶色のゴジラ。オスライオンのような構え、美しい犬だった。三年間一緒にやってきて、南極を前に死んでしまったその無念さを思うと、涙があふれてくる。私があの時水さえやらなければこういうことにはならなかったかもしれないと思うと、後悔ばかり先に立つ。四十匹になってしまった。六〇四〇キロを走りぬくのに、予備の犬が四匹。しかしやるしかない。

ジェフにゴジラの死を告げる。「みんなベストを尽くしたのだし、仕方ない」と逆に慰めてくれる。出発が翌日早朝と決まった。もう一刻も早く、このキューバを立ち去りたかった。私は動物園に残る。動物園の人たちも、早朝三時までつき合ってくれる。スペイン語はわからないが、英語を交じえ、身ぶり手ぶりで話をする。八月は四〇度をこす暑さとなるそうだ。この人たちは一生外国へ行くことはないだろうと言っていた。あの何もない社会主義の熱帯の島で暮らす。「それでも、ここが好きだ」と彼らは胸をはる。

午前三時、真っ暗な中トラックで犬たちを二回に分けて空港まで運ぶ。本当に動物園の人たちには、何とお礼を言っていいのやら。何から何まで世話になってしまった。「さようならケイゾー、マイ・フレンド」とフリオが言う。「グラーシアス（ありがとう）、マニヤーナ（また会おう）」と肩を抱き合う。出国手続きも何もせず、動物園から直接空港の裏口へ来た私は、そのまま飛行機に乗りこんだ。

午前七時十五分、犬たちをすべて飛行機に乗せ離陸。赤道直下のペルーのリマは燃料補給だけで、そのまま冬のアルゼンチンのブエノスアイレスへと向かった。もう安心だ。

＊アメリカ大陸最高峰「マッキンリー」は、二〇一五年より正式な呼称が「デナリ」になりました。

第二章

国際隊、南極へ

危機一髪の着陸

七月二十日　晴　五度

涼しい、寒いくらいだ。ブエノスアイレスはまだ冬、キューバから無事ブエノスアイレスに到着した。報道陣にも手伝ってもらい、犬たちを滑走路脇のフェンスにつなぐ。犬たちは涼しい気候に元気を取りもどしたようでぐいぐい前に引っぱる。報道陣は犬たちに引っぱりまわされている。みんなあらためてこれらの犬の力の強さを認識したようであった。夜の間、犬たちは元気よく空港の中のフェンスの前で吠えたてる。空港の滑走路で寝袋で横たわりながら、「静かにしろ」と怒鳴っても、犬たちは心地よい気温にはしゃぎ回っている。ビクターと一緒に南半球の星空を見上げながら、キューバの思い出を話す。「暑かったなー。ゴジラは今どこにいるのだろう。もう二時間生きていれば、今このブエノスアイレスでゆっくりできたのに」と私が話すと、ビクターは「ゴジラはみんなの心の中にいるよ。もういやな思い出は忘れよう。南極のことを考えよう」と励ましてくれる。

七月二十三日　晴　〇度

チリ最南端の町プンタアレナスから、南極半島の先端キングジョージ島まで一三〇〇キロ、これをイリューシン76で飛ぶかどうかが当面の問題となった。というのは、キングジョージ島の滑走路は一一五〇メートル、イリューシン76が通常離着陸に必要とする滑走路は二三〇〇メートルで、半分しかない。しかし、ソビエトナンバー1と言われるイリューシン76のパイロットは、急ブレーキと逆噴射で何とか着陸できると言う。そうであれば、我々にとっては願ってもないことだ。イリューシン76だとジェットなので、一時間半ほどの飛行ですみ、何より一回で荷物の空輸が完了する。ツインオッター機という小型飛行機で飛べば、時間も四時間半はかかるし、荷物も数回に分けて空輸しなければならない。イリューシン76のパイロットは、ロシア人特有の「俺がやってやるんだ」という、半分危険なチャレンジ精神の旺盛な人で、結局我々は彼の腕と経験、そして自信を信頼した。南極というところは、いつ天候が急変するかわからない。従って、現地との気象情報の密な交換が必要となり、ソ連の乗組員はせわしなく動き回っている。

七月二十四日　晴　◯～五度

いよいよキングジョージ島へ飛び立つ日が来た。ソ連の乗組員は、若干緊張しているように見える。二時間後には、キングジョージ島に到着する。この日は、ミネアポリスから同行している朝日新聞近藤幸夫記者の誕生日。空港までのバスの中で、みんなでハッピーバースデーの大合唱。各国から来ている報道陣も、ここまで来るのは大変だった。犬の飛行機への積みおろしは手伝わされるわ、自国へは情報を流さねばならないわ、飛行機内では荷物室に放りこまれるわで、ようやく南極入りできることで、みんなイキイキとしていた。

イリューシン76機は輸送機で窓がないため、現在外がどういう状況か全くわからない。ソ連乗組員がシートベルト着用を命令する。初めてのことだ。今まで離着陸の時さえ、乗組員はシートベルトもせず、機内をうろついていた。それが今回は、全員に義務づける。緊張感が機内にみなぎる。二回のタッチ・アンド・ゴーの低空飛行で滑走路をチェックしたあと、三回目に着陸することが報告された。周囲を見渡すと、ウィルはテープに実況中継を吹きこんでいる。ジェフはしきりにメモをとって記録をつけている。ビクターは前部座席にふんぞり返って高度計を読んでいるようだ。ジャン＝ルイはウォークマンを聞いている。ダホは腕組みをしてじっと前方を見つめている。しばらくして、私はなんだか眠くなり、コックリコックリしていると、急にガーンという強い衝撃、それと同時に飛行機前部の両側の扉が開き、急ブレーキがかかる。機内に強い風が吹きこみ、機内にあった紙が舞い上がる。着陸したのだ。止まれ、早く止まれと一心に祈る。すごい音と振動である。やがて停止、「やったー」全員が拍手喝采。ビクターは感激、興奮のあまり涙を浮かべている。午後二時二十五分無事着陸。

ガーンという強い衝撃は、滑走路のギリギリ端に着陸しないとダメなので、滑走路の一番端の海との境界で段差になっているところに車輪が当たったことによるものだったのである。後で聞いた話だが、もう二、三〇センチ低く着地していれば衝撃で主翼が前方へ吹きとび、爆発炎上していたとのこと。

「この飛行機は、主翼の付根の部分がチタンか何か非常に強力な金属で作られているに違いない。ふつうの飛行機ならあの着陸でも翼が吹っとんでいただろう」とキングジョージ島にいるチリのハーキュリーC－130機のパイロットは度胆をぬかれたそうだ。危なかった。考えれば、この横断隊が全滅の危機に直面したわけで、遠征の期間中、最も危険な状況であったと言っても過言ではない。

とうとうやってきたキングジョージ島、南極なのだ。タラップを降りて第一歩をしるす。さっそく荷物を飛行機から降ろす。ここキングジョージ島は小さな島にもかかわらず、八ヵ国の観測基地がある。空港にいたソ連、中国、チリ、いろんな国の基地の人々が、我々の荷降ろしを手伝ってくれる。犬たちは小屋のまま降ろす。ダホは半年ぶりの里帰りのようなもので、中国長城基地の人々と、久しぶりの中国語を楽しんでいた。初めてキングジョージ島にジェット機が着陸するというので、ソ連のベリングハウゼン基地、チリのマルシュ基地からもたくさんの人が見学に来ていた。

このキングジョージ島は毎夏、多くの観光客が訪れるところでもあり、チリのマルシュ基地はホテルを持っている。そのホテル内で、無事ここまでやってこられたことをみんなで祝う。そのあと雪上車でまず長城基地に向かう。その夜は、ソ連のベリングハウゼン基地と長城基地で歓迎パーティー、ロシア料理と本場中華料理に感激する。国の違いをこえて、みながうちとけ合う。真っ暗な空に銀河が美しい。南半球の星空だ。長城基地の中では最初のテントパートナーとなるジャン＝ルイと同部屋。あさっていよいよ、ツインオッター機でスタート地点のシール・ヌナタック（ヌナタックは氷の上につき出た岩峰。シールはあざらしのこと）へと飛ぶのだが、個人の装備等を夜の間に整理する。

七月二十五日　くもり　マイナス五〜マイナス七度

きのうアクロバット着陸に成功し、我々を南極まで運んでくれた怪鳥イリューシン76機が帰国の途につくというので、早朝空港へ行く。離陸に関してもエンジン全開で急加速しないと、離陸がまにあわなくなる危険がある。一同かたずをのんで見守る。すごい金属音でスタート、雪煙で何も見えない。すると前方にあの巨体がふわりと大空を飛んでゆく姿を認めることができた。一同拍手喝采。「さようなら、モスクワまで無事で帰ってくれ」この飛行機は、数日後無事モスクワまで戻ったそうだが、その後廃棄処分となったそうである。よほど離着陸の際の衝撃ダメージが大きかったのであろう。

このあとトレーニングもかねて、飛行場からきのう降ろした荷物を犬ぞりで長城基地まで運ぼうと十二匹の犬をすべてそりにつなぎスタートさせたのだが、これはとんでもないアイデアだった。犬たちは長旅のストレスを爆発させ、暴走族に変身。もうめちゃくちゃ。だいたいなぜ十二匹もつないでしまったのか、自分でもわからない。ウィルのチームもジェフのチームも止まることを知らない。滑走路は氷のような硬い雪面で、猛スピードでそりは走り、止めることなど不可能。滑走路のわきにある凹地につっこむと、そこにはジェフのチームが先に落ちており、二チームが入り乱れて曳き綱はもつれるし、もう何が何やらわからなくなる。この騒ぎを報道陣がパチパチカメラに収めるので、犬たちは余計に興奮、思わず「カメラを向けるな」と怒鳴ってしまう。十二匹を一度につなぐなんて何とバカなことを、と自分に腹を立てていたのが報道陣の方に向いてしまった。

このハプニングのあと、犬ぞりでの荷物の運搬はあきらめ、スノーモービルに変える。無事基地に戻り、いつゴーのサインが出るかわからないので、いつでも出発できるように荷物をまとめようとするが、これはいる、あれはいらないといろいろ迷ってしまい。荷造りがはかどらない。とにかく荷物は極力軽くしたいが、万が一のことを考えると予備の装備も持っていきたくなり、荷造りはどこへ行く時も頭痛のタネである。

やっと、スタート地点に

七月二十六日　晴　マイナス五～マイナス一八度

南極の天気は、いったん荒れはじめるといつ回復するかわからない。したがって晴れた日があれば、そのチャンスを逃がさず荷物、犬、人間を輸送しなければならない。ツインオッター機で三回に分けて運ぶ予定で、午前九時、ダホとジェフがまず出発。午後一時にウィルとジャン＝ルイ、午後五時が私とビクターとなった。昼からは天気がくずれるとの予報は全くはずれ、順調に空輸が進む。午後四時が日没なのでもうあたりは暗い。十四匹の犬を第三便に乗せるのだが、犬たちは南極の気温に元気いっぱい。すごい力で引っぱる。個人の荷物はよく整理されないまま「もう行くしかない」という気持ちで飛行機に載せる。ビクターと十四匹の犬たち、狭い飛行機内はそり、犬、人間、装備類でぎゅうぎゅうづめ。それで犬同士が鼻をつき合わせて牙をむき、「ウーッ」とうなり合っている。「ノー、ノー・ファイト」とけんかが起こらないよう制止する。この狭い機内でけんかが始まれば、とんでもないことになる。ここに来てケガでもされれば、とてもやっかいなことになるからだ。

外は暗やみで何も見えない。昼間であれば南極半島のすばらしい景色が一望できるはずであるのに残念であった。一時間十五分で、雪面にランプで囲まれた手づくり滑走路が見える。パイロットの指示でジェフが作ったものらしい。灯油を缶に入れ燃やしている。京都の大文字焼の雰囲気だ。そして暗やみの中無事着陸。ミネアポリスから十一日目、やっとスタート地点まで来られた。南極の遠さをしみしみ感じた十日間であった。

六〇四〇キロの旅が始まった

七月二十七日　快晴微風　マイナス一八〜マイナス二〇度

いよいよ六〇四〇キロにおよぶ南極横断の旅が始まった。昨夜出発地点のシール・ヌナタックに着陸の際は暗やみで何も見えなかったのが、きょうは快晴の中、三六〇度雲ひとつない最高の出発日和となった。テント内は、無造作に食器やキッチン用具が散乱しており、どこに何があるのかさっぱりわからない。旅の初日というものはいつもこういうものだ。

七月十六日にミネアポリス空港を飛び立ち、すでに十二日が経過した。飛行機での長旅にうんざりしている犬たちも、もう早くそりを曳かせてくれと言わんばかりに遠吠えを繰り返す。朝十時、キングジョージ島にいた報道陣と長城基地に残るサポートスタッフのフランス人のクリケとアメリカ人のジョンがツインオッター機でやってきた。十一時頃、みなが見守る中〝ハップ（進め）〟のかけ声でまずジェフとダホのチームがスタート。そして次にウィルとビクター、興奮した犬たちは、快晴の中、猛然とスタート、ビクターがそりを固定していたロープをアンカーのアイスハーケンからはずす際、そりをつかみそこない、取り残され、そりのあとを必死に走っている。なんともこっけいな姿である。続いてジャン＝ルイと自分のチームがスタート。我々のチームは何を思ったのか報道陣のカメラに向かって突進、「そこをどけ」と大声で怒鳴る。あわや激突という場面であった。興奮した犬たちのおかげでてんやわんやのスタートで大変だったが、四五〇キロ近い荷物を軽々と引っぱる犬たちが頼もしく感じられた出発でもあった。

七月の南極はまだ冬だ。従って日が沈むのも早い。午後三時、太陽は南極半島の山並の中へと沈んでいった。夕焼けが混じりけのない赤紫色に空を染める。ほこりやちりの存在を感じさせない天然カラーだ。夕焼けの美しさに見とれながら、きょうの行動を終え、野営の準備をする。最初の二ヵ月間、私のテントパートナーはジャン＝ルイ（フランス）である。彼とはそりのパートナーでもある。

横断隊は三台のそりで行動するが、一台ごとに一張《ひとはり》のテント、それぞれの所帯道具が積まれている。万が一ひとつのそりがクレバス（氷の割れ目）のえじきになったとしても、他のそり二台分の食料、装備類で、六人は何とかやっていける。二十世紀初頭、オーストラリアのダグラス・モーソンは、三人で二台のそりで南極探検に出たが、食料やテントを積んだ一台のそりが一人の隊員と共にクレバスに落ち、結局食料やテントもないままモーソンだけが奇跡的に生き残って基地に戻ったという有名な話がある。私たちはこの話を教訓とし、各そりにそれぞれのテント、所帯道具を独立させて積みこんだ。二人でドームテントを張ったあと、ジャン＝ルイは無線のアンテナをセットし、中へ入る。

私は犬たちをそりから夜用のワイヤーロープ（ナイトライン）につなぎかえてやらねばならない。一匹一匹の独立した寝床を確保してやるため、ワイヤーロープに一メートル間隔につないでやる（カチカチの雪面にアイスハーケンを打ちこんで、ナイトラインをセットする）。「きょう一日御苦労さん」

と、必ず一匹ずつほめてやり、撫でてやる。えこひいきはいけない。みんな平等にあつかってやる。犬たちはやきもちやきなのだ。

夜、カンパイ、カンペイ、チアーズ、サンテ、ドトゥナ!! 五ヵ国語のカンパイの音頭で六人のメンバーがこれから始まる旅の門出を祝う。祝いの酒はロシアンウォッカのストレートである。ウォッカのきついアルコールがはらわたに浸み込んで、マイナス二〇度の気温に身体が思わずブルッとふるえる。

空には初めて見るサザンクロス（南十字星）を中心に無数の星。人工衛星がひっきりなしに大空を通過する。一体何個の人工衛星がこの地球上空には飛んでいるのであろうか。周囲はラルセン棚氷の大氷原と透きとおるようなブルーアイスを重たげに支えているシール・ヌナタックの岩峰があるだけである。チリひとつない。静寂の中のカンパイである。ビクターが得意気に杯をついで回る。ビクターと同じテントのウィルはもうすでにできあがって上機嫌。

アルコールに弱いジェフはさかんに咳こんでいる。マクラック（防寒ブーツ）をはかずにゴアテックスの防水くつ下一枚でテントから出てきたダホは、冷たそうに食料箱の上に立っている。何か中国語で氷河の講義を始めそうな雰囲気である。ジャン＝ルイはいつもリラックス。サザンクロスをじっと見つめている。そして私はまだ南極へ来たという実感などなく、ただあすの朝のそりへの積み方や犬の配置等をウォッカを片手に考えている。六人のゆかいな仲間たちでやってきた南極。〝エンジョイ・アンタークティカ〟を合言葉に、これから始まる七ヵ月の旅の無事を心から祈った。

最初のクレバス、背筋が凍る

七月二十八日　晴　マイナス八～マイナス二〇度

午前六時四十五分起床、あたりはまだ真っ暗、灯油ランプに火をともす。暖かくてやわらかな光が心をなごませてくれる。午前八時、外へ出る。ジェフとダホはすでに第一のデポのところまで行き、これから十日分の人間の食料とドッグフードを運んでくれていた。さすがイギリス南極探検隊の一員として南極半島で三年も生活していたジェフは、いつも用意周到。一時間ほどでテントの撤収、犬をそりにつなぎ、出発は午前九時すぎとなる。まだまだ作業が能率よくはかどらない。すべて要領を得るまでには、少々時間を要する。

我々は今、南極半島の東サイドに広がるラルセン棚氷のまっただ中にいる。数百メートル下は海である。そしてこの氷も動いている。進行方向は、南極半島に沿って南西。従って進行方向左サイドは大氷原、右サイドは南極半島の一〇〇〇～二〇〇〇メートルの大山脈の雄大な眺めが延々と続いている。ところどころ、大氷河が山脈をなめるように存在するのがはっきり見える。すぐ近くに感じられる山々の姿も、じつは六〇～一〇〇キロも離れている。南極での距離の目測は難しい。

撮影隊のロレン・シュバリエは精力的に我々の行動をフィルムに収めようとするのであるが、世界一広い遊び場に解放されたそり犬たちは、喜びいさんで、もう走り出すことだけしか頭になくて、なかなか言うことをきかない。やり直しの連続でうっとうしい。ジェフはもともと撮影だとか取材大嫌いな人間なので、ふてくされている。しかし撮っている方も必死なのであるから、協力してあげなくては。こういう外部への対応という面で、六人のチームワークはまだ少し足並が乱れている。地平線のかなたに見えるシール・ヌナタックはシール（あざらし）が泳いでいるように見える。どんどんそれが遠くなるにつれて、我々は一般世俗社会から遠く隔絶された世界に入っていくんだという気持ちがわきあがる。何しろ我々の目の前に広がる白い大陸は南極点のアムンゼン・スコット基地に到達するまで、人間を含めていかなる生命も存在しない無生物の氷の世界なのだ。

七月二十九日　くもりのち晴　マイナス二〜マイナス八度

〝ウォー〟の制止の合図で犬たちを止める。正午すぎ、前方に氷が少しくぼんだようなうすい影が見える。クレバスだ。このあたりは小さなクレバスはけっこうあるが、影が認められるような大きなクレバスはあまりない。ビクターがスキーで偵察に行く。クレバスを避けてぐるっと迂回するのを見届けて、我々もスタートする。一台のそりに十四の犬たちは旅の初めで止まることを知らず、あり余る力で進もうとするのでコントロールが自由にきかない。そりにロープを巻きつけてスピードをコントロールする。影の近くまで行くと、幅一〇メートルほどの深い溝がパクリと口を開けている。三チーム全体を十分飲みこんでしまうほどの大きなクレバスだ。視界が悪かった場合のことを考えると、思わず背筋がゾクッとする。しかし中をのぞくと氷の鮮やかな透きとおるようなブルー一色で、その美しさにため息が出てしまう。奥の方は真っ暗やみで何も見えなかった。

ここラルセン棚氷は、イギリス南極探検隊がラルセンマンクと呼ぶ悪天候で有名な所である。それにもかかわらず、初日から四日間、ずっと穏やかな日が続く。日の出は午前九時三十分、日没は午後三時三十分頃、それに合わせて我々も行動する。日の長さはこれから長くなる一方で、一ヵ月半もすれば太陽は沈まなくなる。

私とジャン＝ルイのテントは、ドーム形テント二メートル×三メートルの大きさで、二人がゆったり眠れる快適テントである。ジャン＝ルイの愛称は〝パピー〟日本語でいうと〝とっつぁん〟といったところだろうか。〝パピー〟はフランス人らしくいつも陽気で、リラックスしている。

彼は一九四六年にフランス南部のヴィエルミュールという小さな村に生まれ、医者になるためにパリに移り、医学学校でスポーツ・栄養医学を専攻した。学校を卒業し医者となったが、医者の技術を利用して、ヨットで世界一周をしたり、登山隊に参加したりして世界各地に探検に出かけたのだ。「自分がやりたい時にやりたいことを自由にやる」というのが彼のモットーで、いつも「自分だけの人生を作り出せ。いつもハッピーな気持ちで自分がやりたいことだけをやる」ということを私に人生の先輩としてアドバイスしてくれた。

テント内では別に役割分担するでもなく、けっこう二人が自由に好き勝手にやっている。年齢差による上下関係などみじんもない。初めてペアを組んだのでまだ遠慮がちなところもあるが、テントパートナーとしては非常にやりやすい。

外での作業を終え、一度テントに入ると、意地でも外に出たくないほどテント内は天国である。ケロシンランプの灯り。ストーブの暖かさ。熱いスープが全身に血となりゆきわたる快感……。テントこそ、これから七ヵ月間の唯一の休息の場、スイート・ホームである。

狭いテント内ではすべて動きやすいよう配置してある。初めの二日間ほどは、どこに何があるのか全く要領を得ないが、今では真っ暗やみでも平気である。

ジャン＝ルイは無線係なので、毎日午後六時、プンタアレナスとキングジョージ島のベースキャンプと交信している。彼はこの無線交信が大好きなようで、いつも交信がクリアーか否かで一喜一憂している。無線機はフランス製軍隊用双極アンテナ付トムソンで最大出力二〇ワット、バッテリーはリチウム・バッテリーである。

料理は手のあいている者がやることになっている。ジャン＝ルイは医学調査の立場から、隊員から集めた尿の解凍とサンプリング（毎日一人が二十四時間尿をため、その中の五CCをサンプルとして採取する）等で忙しいので、今のところ私がやっている。食事時には、犬の糞がついた手袋が目の前にぶらさがっているわ、尿の入ったボトルがコンロの上の茶びんの上に置かれているわで、通常では考えられない「清潔」さである。

この尿のサンプリングは、ヨーロッパ宇宙機関からジャン＝ルイに依頼があったもので、将来ヨーロッパ諸国が有人火星探査ロケットを打ち上げる際の宇宙飛行士を選ぶ資料として使われるそうである。火星に着くまで七ヵ月、火星に三ヵ月滞在し、七ヵ月で地球に戻る。その間、各国から選ばれた乗組員が狭い空間の中で、社会と隔絶されて生活するわけで、ちょうど我々の生活と似ているわけだ。というわけで、我々を実験材料に使おうということなのである。

私が料理する際、日本からダシの素、ふりかけ、ねりがらし等、スパイス系のものを数多くもってきたので、けっこう味に変化をつけられる。ペミカン（干し肉をラードでかためたもの）やきめし、ペミカン風和風パスタ等ジャン＝ルイにも好評である。ジャン＝ルイはどういうわけかゴマ塩が大好きでいろんな料理にゴマ塩をふりかける。テント内の生活は、全く気のむくまま、ケ・セラ・セラである。

母なる南極に魅入られて

七月三十日　晴　風速毎秒五メートル　マイナス八度

ダホが、南極へ来て初めてのスキー。アイスバーンのところが多かったので今まではスキーは脱いで走っていた。それでも今のうちに一人前になっておかないと、この先クレバス帯を行く場合、スキーなしで歩くわけにはいかない。スキーをはくことによって体重が分散されるので、ヒドンクレバス（表面に雪がかぶって割れ目がかくれているクレバス）を踏みぬく可能性が少なくなるからだ。きょうは一・六キロに挑戦。雪面はやはり硬くクラスト（積雪の表層が固結したもの）しており、そりも速く進み、そりのハンドルバーを握ってスキーを滑らせるのであるが、初心者には厳しい条件。四〜五回転倒。腰を多少ひねったようで苦しそう。しかし得意のダホ・スマイルで「これから六〇四〇キロ進めばきっとうまくなるさ」と、初のスキーに上機嫌である。

そして夜になるとジャン＝ルイのところにやってきて、「腰の具合がよくないのだけどこの膏薬《こうやく》を貼ってくれない」と持参の中国製特製膏薬を西洋医学のジャン＝ルイに頼んでいた。ダホは何種類か漢方薬も持参していた。私を除いて他の四人は珍しそうにダホのもっている薬を眺めていた。効力については半信半疑という様子であった。でもダホだけは信頼しきっている。

我がチームのリード犬の名はクータン。オス四歳で一歳の時からつき合ってきた犬だ。イーリーでのトレーニングでリード犬として育て上げ、ジー（右へ曲がれ）、ホー（左へ曲がれ）の命令を理解できる。しかしそれは、森の中のトレイル（小道）を行く時で、トレイルを行く場合は犬にも右、左がわかりやすい。一方南極には道はない。前に大氷原が延々と続くため、右、左の方向が犬にはわかりにくく不安がる。クータンはシャイな犬なので、いつもうしろを振り返っては私の顔を不安そうに眺める。「大丈夫、大丈夫」となだめながら命令を送る。

ジェフのリード犬チュリは三十六匹の中唯一のメス犬で、クータンより優秀な犬だ。ジェフの愛娘といった存在で、性格が明るい分あまり不安がらない。従って、ジェフ、ダホのチームが先頭を行き、私とジャン＝ルイのチームがナンバー2、ウィルとビクターのチームがナンバー3である。メス犬を先頭に置き、三十五匹と六人の男共がメス犬を追いかける。

午後一時、昼食時、我々のとるべき針路でナビゲーターのジェフが、ケープ・ディサポイントメント（失望岬）がどこにあるのかわからず、みなで相談。地図を見ながらコンパスの偏差を計算に入れて、その方向を知るのであるが、岬らしいものがたくさんあり、どれが失望岬なのかわからない。ジャン＝ルイは、自分のデザインしたコンパスウォッチで太陽の位置から方角を出そうとしている。これだと偏差は存在しないので、多少楽かもしれないが、少々正確さがない。ジェフは、この正確さのないコンパス時計をおもちゃといってバカにしている。状況によってはだいたいの針路がわかればいい時もあるのだし、そういう時はこのコンパスウォッチを使えばいいのだが、がんこ者のジェフは、あくまで自分のスタイルを変えようとはしない。それにしても失望岬なんて一体誰が名づけたのか。もっと明るい希望のある名前をつけてもらいたいものだ。午後三時三十分、予定通りストップ、もうあたりは暗い。

横なぐりの地吹雪、隊は停滞

八月一日　地吹雪　西風　毎秒二二メートル　マイナス五度

とうとう強風が吹き出した。毎朝六時四十五分、ビクターがその日の気象情報を各テントに報告して回るのだが、この日は毎秒二二メートルの西風。午前中の停滞を余儀なくされる。空は晴れているのに、地上付近は横なぐりの地吹雪である。犬たちは雪の下でうずくまり、じっと嵐のすぎるのを待っている。テント内は無風。バタつくのがうるさいが、自分の時間がもてるのでありがたい。午後からは視界がきいたので、強風下の中出発。テントの撤収に苦労する。いいトレーニングである。というのも気温がマイナス五度と寒くなく、トレーニングにはもってこいの風だからである。

出発以来一週間、撮影隊も同行したので、六人プラス四人の大部隊であったが、これから先は六人だけである。撮影等で拘束されることもないので、距離ものばせる。犬ぞりも三チームで、一チーム十二匹となる。この一週間は気温はマイナス二度～マイナス二〇度と、非常にしのぎやすかった。また風が強い日はマイナス五度前後、弱い日は気温が下がるというふうに、真夏の北半球から熱帯のキューバを通ってきた我々にとって、身体の調整にいい具合に天候が変化してくれた。今の気持ちはというと、一週間の行動でやっと南極の大自然の中へ入っていける準備、心づもりができたというところであろうか。母なる南極がそっと開けてくれた小さな扉を、六人のゆかいな小人たちがすっとうまく通りぬけられたという感じである。

景色の雄大さ、美しさ、特に夕暮時の光の変化は、言うまでもなくすばらしい。ただ目を丸くして見入ってしまうだけだ。しかし今の私はそこまでで、まだ母なる南極を肌で感じる用意はできていない。その一部に自分が同化してしまうくらいになりたいものだ。本当に入口にさしかかっただけなのである。これからどんどん奥地へ行くにつれて、南極を本当に感じられる感覚をみがいてゆきたいものだ。そして六人の小人たちが、六人の氷の小人たちに変化してゆくのが楽しみである。

八月五日　地吹雪　風速毎秒一二～一三メートル　マイナス二〇度～マイナス二二度　停滞

視界が悪く、この前のような大きなクレバスがあれば危険ということで停滞となる。撮影隊は飛行機が地吹雪のため飛んで来られないので、釘づけとなっている。ジャン＝ルイは暇つぶしに無線でフランス語の国際放送を聞いている。彼は世界の政治情勢にすごく興味があり、この国際放送を聞くのが彼の日課のようになっている。こんな人里離れた南極の氷の上で世界情勢を聞くなんて、私には必要ないことだったが、彼にとっては大切な日課だったようである。少し周波数を変えるとモスクワ放送も北京放送も英語の放送もはいった。しかし、どういうわけか日本語放送だけがはいらない。無線連絡でもウィルとジェフはサポートのアメリカ人ジョンと、ジャン＝ルイはクリケと、ダホは長城基地と、ビクターはベリングハウス基地と話ができるといったように、他のメンバーはみな自国語を話せるのに、私だけダメなのである。ジャン＝ルイが、お前だけかわいそう、というので昭和基地の周波数で昭和基地を呼び出そうとするが、昭和基地は今いるところとは極点をはさんで正反対の位置、あまりにも遠く離れすぎていてこれはちょっと無理、あー、日本語が話したい。犬たちだけが私の日本語に耳を傾けてくれる。日本のことを考える。

「今頃日本ではみんな風呂上がりにビールを飲んで、テレビの前で野球でも見てるのかなあ」

平和な日本がなつかしくもあるが、考えてみれば日本でのあわただしい生活より、この南極の生活のほうが大自然の懐に抱かれて暮らすことができるのであるから、こんな幸せなことはない。でも今ここに温泉とビールがあればもっといいのだが。人間の欲望は限りのないものである。

野口三千三《みちぞう》先生という体操の先生がいらっしゃる。先生から出発前にいただいた「野口三千三語録」を、風でバタつくテントの中で読む。これを読むと何だか心が落ちつくので不思議なのである。

「自分を形づくっているものは地球物質、地球の歴史全てがこめられている。いのち、からだ、こころは、この物質の変化、流動のひとつの断面である。目的を意識した時、感覚は汚染される。力とは本来の自然そのものになり切る能力のことである。筋肉の存在を忘れよ、意識の存在を忘れよ」

「自然になりきる」

南極にいる私にとって、一番インパクトのある言葉である。

南極式トイレさまざま

八月六日　地吹雪　南西の風　毎秒三〇〜二五メートル　マイナス一八〜マイナス二五度　停滞

〝すぐに戻ってくるよ〟とジャン＝ルイに声をかけてテントのファスナーを開ける。〝あまり遠くへ行くなよ。テントを見失うなよ〟とジャン＝ルイの声がかすかにうしろから聞こえた。ゴーグルとフェイスマスクで完璧に顔をおおい、奥の深いフードをすっぽりかぶり、外へ出る。犬の様子をチェックするためと、ドッグフードを与えるためだ。パウダースノーと横なぐりの風が吹きつける。身体を前に傾けないと、吹き飛ばされそうなすさまじい風だ。毎秒三二メートル、マイナス二五度の寒風が、これほどおそろしいものとは思いもしなかった。

テントを見つめながら、うしろ歩きで犬の方へ向かう。視界は五メートルほどだろうか。かすかにテントの灯りが認められる。テントこそ命綱のようなものである。午後四時、あたりはもううす暗い。過去にテントから二〜三メートルのところで命を落とした人の話はよく聞く。それほど南極の地吹雪はおそろしい。五分経った。ゴーグルの中はパウダースノーで埋まる。少しでもすき間があると、そこからどんどん雪が入ってくるのだ。ゴーグルがその役目を果たさなくなったのではずすと、今度はまつ毛からまぶたに雪があたり、それが溶け、そして凍る。その繰り返しで、みるみる氷のかたまりがまつ毛にぶらさがる。それを払いつつ犬に声をかける。「大丈夫か、おい」ポンポンとたたいてやっても〝放っといてくれ〟と言っているように、雪の下で鼻の頭を後足の間につっこむようにして丸くうずくまってじっと耐えている。えさを出してやると、もぞもぞと動きはじめ、起きはじめる。〝えさより眠ってるほうがいい〟と、無視して冬眠している犬もいる。

極地犬の厳しい寒さへの適応力はすばらしい。そんな中三十六匹の犬たちの中で、一匹だけ元気に飛びはねてしっぽを振っている犬がいた。モンティーだ。オス、五歳のロングへアーエスキモー犬である。体重は四〇キロである。実はこのモンティー、ミネソタ州イーリーでのトレーニングの際、いつもだらけて元気がなく、この南極へ連れてくるかどうか、最後まで迷っていた犬だ。力はめっぽう強く、グリーンランド縦断の時もよくそりを曳いてくれたのだが、今年の三月、気力に欠け、ドクターも背骨に少し異常があるので南極行きはやめたほうがいいと言っていたのである。しかしモンティーは私の気に入っている犬、けんかっ早いが力持ち。それに南極のニュージーランド・スコット基地で生まれ育った犬。南極はいわば生まれ故郷。南極へ行けば、きっと元気も回復するに違いないと連れてくる決心をした。そのモンティーが、この猛烈な嵐の中、ひとり平気でしっぽを振っている。やはり連れてきてよかった。きっとここが自分の故郷と知っているに違いない。モンティーは、この旅が始まってからも、ずっとそりのすぐ前で毎日元気にそりを曳いてくれている。

南緯六六度〇五分、西経六二度二〇分、この嵐で二日の停滞を強いられる。停滞日はいい休養になる。ストーブをつけっ放しにしたいところだが、燃料にも限りがあるので、そういうわけにもいかない。テント内はストーブなしではマイナス二〇度になる。一番いいのは寝袋の中でじっとしていること。燃料の節約、自分のエネルギーの節約にもなるわけだ。

しかし、たまには寝袋から出てお湯を沸かし、熱いコーヒーを飲む。そして嵐の日はきまってポップコーンを作る。ポッポッと鍋の中ではじけるポップコーンの音が非常にゆかいだ。ポップコーンを食べながら、ジャン＝ルイの過去の冒険談を聞くのは、ビデオで映画を見るよりずっと迫力がある。ヒマラヤ遠征、数々の航海、パタゴニアの話、アフリカの話、「インベント・ライフ、エンジョイ・ライフ」の彼のライフスタイルは自由奔放で、自分もそうありたく思う。

地吹雪の際、生活する上でやっかいなのはトイレである。小便のほうは、一リットルのプラスチックの水筒にするが、大便のほうがたいへんだ。これは各人それぞれやり方がある。ジャン＝ルイはビニール袋を尻にあて、うまくにおいをもらさずにやってしまう。もちろん、私はその間寝袋の中に避難する。このやり方は非常にテクニックが必要で、小便が同時にもれないよう、前にプラスチック水筒を片手で持ち、片手でビニール袋を尻にあてる。それでにおいをもらさずにやってしまうから驚きだ。私はこれができない。従って外でやる。

初めのうちは地吹雪の中、そりで風をさえぎるように壁を作り、そりの風下側に穴を掘り、雪の壁を作りそしてやっていた。それでもそりの両サイドから回りこんでくる風雪に尻はずぶぬれ、それが凍り、痛くて仕方がない。トイレをするにも重労働であったが、慣れてくるとできるだけ出そうになるまでテント内でがまんし、サッと外へ出て五～一〇秒ですませ、サッとテント内に戻る、という瞬間芸ができるようになった。ビクター、ウィルもこのスタイル。ジェフは、ピラミッドテントでグラウンドシートが取りはずせるので、出発前テントをたたむ直前に、テント内に穴を掘り、その中ですませていた。十月から私もピラミッドテントに転居した際、ジェフ方式を採用、快適なトイレを味わえた。しかしこの方式は、毎日定刻にもよおしてこないとダメ。そして停滞の日は所帯道具一式がすべてテントの中にあるので、グラウンドシートがめくれないので使えない。

ダホは時間がかかるので有名だ。十五分はかかる。彼はテントの中でやるか、雪の標本を採取するために一・二メートルほどの穴を毎晩掘るのだが、その穴の中でよくやっていたようである。ダホが行方不明騒ぎを起こすと、いつも穴からひょっこり頭だけ出して「ここにいるよ」と我々に告げる。ひょうきん者のダホ先生だ。

出した大便は犬たちが大好物なので喜んで食べてくれるのでリサイクルがきくが、三十六匹の犬たちのものは白い大陸の上に残してこざるを得なかった。

夜中の小便は寝袋の中でやる。寝袋の中にプラスチックの水筒を持って入り、夜中にもよおしてくると、横になったままもぞもぞと体勢を整えて水筒の中にやる。たまに水筒の口のところまで一リットル近い小便が出ることがあり、こぼさないようにソーッとキャップをしめなければならない。これには狭い寝袋の中だけに少しテクニックがいる。この水筒トイレ（我々はピーボトルと呼んだ）は非常に便利であった。

ようやく天気が回復、感動的な日の出

八月七日　晴　南風　毎秒五メートル　マイナス二三度

ようやく我々のいる場所とキングジョージ島両方の天気が回復し、ツインオッター機が飛んでこられることとなった。撮影隊の四人はもう帰りたくてうずうずしていたようであるが、これでやっと帰れることになり一同大喜び。我々もようやく六人になることができ、撮影等にもわずらわされることもなくなる。自分たちのペースで進んでゆけるのだ。

きょうの朝日は感動的な美しさであった。嵐のあとだったから余計にそう感じたのであろうが、朝日が南極半島の山脈に映え、すばらしい赤紫色をかもし出してくれる。静寂が我々を包みこみ、目の前に偉大なる太陽が顔を出しはじめると、心地よい暖かみを平等に投げかけてくれる。地平線に引っぱられるようにまっすぐのびる自分の影が後方にあり、前方は大山脈が南北に果てしなく続く。純白のカーペットにダイヤモンドをちりばめたように雪面は輝き、自分にこんな純粋無垢な景色を見る資格などあるのかと思ってしまう。午後零時十五分、ツインオッター機がやってくる。地吹雪の中、雪の下でずっと眠っていた犬たちは、元気よく吠えたてる。何とも頼もしい奴らだ。

やがてツインオッター機は去り、本当に六人だけになってしまった。前方に、地平線上に蜃気楼が見える。幻想的な景色、白い海に島が浮かんでいるようなそんな感じだ。これからが本番、六人が力合わせて、さまざまな困難を乗りこえてゆかねばならない。

三台のそりのうち二台が壊れ

八月八日　くもり　マイナス二〇度〜マイナス二五度

とんでもないことが起こった。我々は今、ラルセン棚氷の上を進んでいるのだが、途中、南極半島からつき出た半島を横切るところがある。そこは氷の下が陸地であり、そのため起伏もありクレバスも生じやすい。五センチほどの積雪で、その下はカチカチ、ブルーアイスである。風が強いところなので雪が飛ばされ、ブルーアイスがむき出しの箇所も多い。当然のことながらアイスバーン上では、そり、スキーは横滑りしやすいし、犬は足を滑らせる。下り坂ではスピードが出て制動がきかないので、危険この上ない。また氷も平らではなく、でこぼこしているので、そりへの衝撃も多大である。

この日は視界が悪いにもかかわらず、第二デポのチャーチル半島に近づいていたこともあり、みな、心はデポの方へデポの方へと向き、スピードが出ているのも気にせず突っ走っていた。毎時二〇〜二五キロは出ていたであろうか。突然、そりがブルーアイス上を横滑りし、そして雪面が風によって削られてできる凹凸のある地形、サスツルギの段差に当たり、そのまま三五〇キロの荷物ごと横倒しとなった。何が起きたのか、そりから一〇メートルもふっとばされた私はそりのところへ戻り、ジャン＝ルイと二人、力を合わせてそりを起こす。すると、何ということか、左サイドのランナー（滑走面）の上の側板が、そりの向きと平行に二つに割れているのだ。二人で顔を見合わせ言葉も出ない。当然走行は不可能である。霧がたちこめてきたせいで、視界は二〇〇メートルに落ちる。前の二チームは先へ行ってもう見えない。非常笛を吹いても、先へは聞こえなかったようだ。

こういう時は動かないことが肝腎《かんじん》である。そりには食料、テント、みなそろっている。前のチームが戻ってくるのを待つのがベストと停滞を決める。周囲のところどころに二〇センチほどのクレバスが口を開けている。ヒドンクレバスの存在も考えられる。油断はできない。ジャン＝ルイと対策をいろいろ考える。大丈夫だった片方のランナーを半分に切って、二本のランナーとしてそれで半分の長さの完全なそりを作るか。あるいは何らかの方法で割れたところを補修する。いずれにせよ、何とかしなければならない。

一時間ほど経ったろうか。視界もずいぶんよくなった。周囲の山々もはっきり見える。前方からダホが一人で深刻な顔をしてこちらへ向かってくる。

「大変だ、ウィルとビクターのそりが壊れた。今、修理中。この先の急な下りで三回ひっくり返ってしまった。危ないから知らせにきたんだ」

ウィル、ビクターチームのそりも、急な下りで横倒しとなり、同じ箇所が割れたとのこと。そして彼らは、反対側のランナーを二つに切って、そりを作っているとのこと。自分たちと同じことが起こったのなら、両方のそりの割れなかった方のランナーで一台の完璧なそりが作れると思った矢先、彼らがランナーを二つに切ってしまったと聞き、自分とジャン＝ルイはまたもや唖然とする。ダホも我我のそりを見てびっくり。同じ時に同じところが……。

製作の際、あまりに軽量化を意識し、合板の補強板を一枚はり合わせるのをやめたのが原因である。グリーンランドで使ったそりは、きっちり補強板をはったのであるが、今回のそりはそれを無視したわけである。補強板一枚の重さなんてそれほどないのに、軽量化を図るのであれば、もっと荷物を減らすことを考えるべきであった。

三台のうち二台のそりが、こんなに早くダメージをこうむるとは夢にも思っていなかった。「後悔先に立たず」悔やんでも仕方ない。今はこの現状をどう打開すべきかを、まず考えねばならない。

しかし、ケガ人がでなかったのは不幸中の幸いであった。ジェフのそりもひっくり返ったが損傷はなかった。もし我々のそりが、ウィルとビクターのそりがひっくり返った下り坂につっこんでいたら、アイスバーンでは止めることはできなかったはずだから、大衝突となったに違いない。我々のそりが急な下りにさしかかる前にこの位置でひっくり返ってくれたのは、ラッキーなことなのであった。次に飛行機がやってくるのは八月下旬である。それまで何とかこのそりを修理しながら進んでゆかねばならない。予備のそりは二台、キングジョージ島に置いてある。アイスバーン上を走ることでそりに加わる衝撃の強さは、ある程度は計算にいれてはいたが、予想以上のものであった。

翌日、さっそくジャン＝ルイとそりの修復にとりかかる。ウィル、ビクター、ダホ、ジェフの四人は、壊れたりそりの使えそうな部分を再利用し、テント内で二台のそりを作る。私とジャン＝ルイの壊れたそりはテント内におさまらないので戸外で作業である。雲は低くたちこめ、周囲の山並も何となくさみしげで、自分たちの心境もそれと同じ波長であった。マイナス二五度の中、素手の作業は厳しい。指はすぐにかじかんでいうことをきかない。腕を振ったり走りまわったりして、身体を暖めながらの作業。無風なのが天の恵みである。側板の外と内サイドから補強板で割れた側板を挟み、ひもでしばりあげる。くぎやボルトは用いない。そりの柔軟性をそこなうからだ。

ジャン＝ルイは外科の手術と同じだと、さすが医者の手先の器用さで作業を進める。そりの手術である。ジャン＝ルイが執刀医とすれば、私は助手といったところか。六時間かけて作業を無事終える。小型の二台のそりも、何とか完成したようである。というわけで、これから次の補給地まで約二十日間、四台のそりで行くことになる。ウィルとビクターのそりは長さ一・八メートルと一・五メートルほどのそりで何ともみすぼらしい、難破船の残がいで作ったようなそりだ。

無線でキングジョージ島のベースキャンプに連絡する。ツインオッター機をここまで呼ぶとなると二万ドルもかかってしまう。サポートスタッフのジョン・ステッツンは、深刻そうな声で我々の状況を聞いていた。

二万ドルなんてとんでもない。我々の修理したそりで何とかがんばるしかない。問題はウィルとビクターのそりである。長さが短いので、今後クレバス帯を通過するのに落ちる可能性が大きくなる。クレバス帯では、以前よりまして慎重になる必要がでてきた。

修復を終えたその夜、テントの前に幅二〇センチのクレバスがあり、〝ホテル・クレバス〟と名づけたジャン＝ルイと私のテントにみんなが集まり、〝さあ、これからがリアル・アドベンチャーだ〟と、中国のワインで新たなそりの完成を祝う。酒豪のビクター、酒を飲んではすぐ眠ってしまうウィル、飲めないジェフ、日本酒が恋しい私、酒を飲むとひょうきんさがいちだんと増すダホ、多少は飲み、いつも父親のようにみなを見ているジャン＝ルイ。一つのテントに六人が集まるといちだんとなごやかさが増す。

第二デポで補給

八月十日　くもりのち吹雪　南風　毎秒七～一〇メートル　マイナス二〇度

視界一〇〇メートルほどしかないので、クレバス帯の中にいることもあり停滞。ジャン＝ルイとそりのことについて話す。我々の使っているのは二台のカマタック型（イヌイット・タイプ）と一台のナンセン型（ノルウェーの探検家ナンセン考案のそり）。ジェフだけがナンセン型を使っている。一昨日の転倒で、ナンセン型だけが無傷だった。ジェフはグリーンランドの時からナンセン型を使っていたのだが、イギリス南極探検隊の使っているこのナンセン型そりに彼は絶対の自信があった。非常に柔軟性に富み、軽くて丈夫で、昔南極で活躍した探検家はほとんどこのナンセン型を使った。

我々のカマタック型も、軽量化を気にしすぎたことがそもそも強度不足となった原因で、イヌイット（エスキモー族のこと。現地での呼称）が使っているのは、重いが頑丈そのもののそりだから、ナンセン型の方が強いとは必ずしもいえない。どちらのタイプも一長一短はある。

昼頃から視界がかなり回復したので出発する。ここはラルセン棚氷につき出た半島部なので、陸と海との接点であり、氷の動きが速く、クレバスが多くなる。ビクターが、ヒドンクレバスを踏みぬき、腰までドスンと落ちる。そりと身体をロープで確保していたので助かったが、一歩間違うと命とりだ。スキーをはいていなかったのが落ちた原因だ。全員が神経をとがらせて、次のデポ地チャーチル半島へ向かう。

八月十一日　快晴　マイナス三〇度

真っ白な大氷原に鉄が溶けたような太陽が昇る。日の出は午前八時三十分頃である。太陽が出ると、逆さまの月は沈んでいった。南半球では、月は逆さま、満ち欠けも反対となる。日の長さは徐々に長くなってきている。ランプのいらなくなる日が待ち遠しい。快晴無風、こういう日は人間の心も犬の心もひとつとなり、チームのムードはぐっと盛り上がる。

〝さあ行こう!〟とワンワン吠える犬たち。きょうは第二デポ、チャーチル半島デポに到着の日である。残り少なくなった食料に、新たな食料を加えることは何ともうれしいものである。

チャーチル半島の露岩上に設置した一・二メートル四方の木箱は、五～六キロ離れたところから十分確認できた。南極での快晴の日の視界はすごくよくきく。極地特有の現象だ。南極半島から南東につき出たチャーチル半島デポへは、山のふもとまで行かなくてはならず、アイスバーンの登りを強いられる。ところどころクレバスも存在するようだ。つるつるの氷の表面に犬たちも四苦八苦、ツメをたてながら必死で登っている。斜面がそれほど急でないので、何とか登ることができる。正午、無事デポへたどりつく。修理したそりの調子もよく、犬たちもしっかりそりを引っぱってくれ、全く問題ない。

デポ地点からの眺めは、南側はこれから再び進んでゆくラルセン棚氷が延々と広がり、遠くに蜃気楼が見られる。いつものように白い山が空中に浮いて見える。これまで進んできた北側は、青い空と岩肌に霜降り肉のように雪をいただいた山、そして白い海に島のようにポッンと頭を出しているヌナタックがそれぞれマッチして、何とも言葉にならない美しさだ。原始の地球を感じてしまう眺めである。

デポ地では、必要な食料だけを取り、残りは非常用の食料としてそのまま箱に詰めなおす。デポの中にはふだんの食料の他に思わぬプレゼントも入っていた。ブランデーのボトルがあったり、日本食ではのりが入っていたり、また中国長城基地の連中が、中国産ロイヤルゼリーを大量に入れてくれてあった。このロイヤルゼリー、甘くてうまい。寝る前に飲んで、次の日はスタミナ抜群というわけだ。しかし飲みすぎると、夜眠れなくて困るのが欠点である。次のデポ、スリースライス・ヌナタックまで約二一〇キロ。何か正月のすごろくを思い出す。一回休みがあったり、早いペース、遅いペースの日もあるが、振り出し戻りがないのがいい。デポ地では二時間費やし即出発。下りはブルーアイスのアイスバーンも少なく、無事クレバス帯も抜け、ラルセン棚氷上に戻る。

夜はジャン＝ルイからフランスの冒険ヨットマン、ジェロム・ポンセという人の話を聞く。十三年前から南極のある島に住んでいるそうで、ジャン＝ルイにはいつも「南極のことを美しいすばらしいところと世間にPRしないでくれ。観光客がどっと来れば、この美しい自然もおしまいさ」と冗談半分に忠告するそうである。

今まで各国の南極観測基地以外文明との接点がなかったこの白い大陸も、最近〝南極クルーズ〟やら〝南極遊覧飛行〟とやらが人気が出てきているようであるが、南極の観光化というのも、この大陸のこれからの大きな課題となるであろう。科学技術の進歩によりアクセスはしやすくなったであろうが、その過酷な自然環境は昔のままだ。物見遊山の人が増えるなら、当然大自然のしっぺ返しをくらうであろう。このジェロムさん、そういう南極のかかえている問題を非常に気にかけている。この人も、この白い大陸と恋に落ちた人の一人なのであろう。

ヒドンクレバスが続く

八月十二日　快晴　マイナス三四度

約三〇センチ幅のヒドンクレバスがところどころに存在する。足先が冷たいので、血の循環をよくし、暖めるためにスキーを脱いで走っていると、ガクッと踏みぬくことが何回も起こる。犬たちも時時、四本足の一本が落ちて、そこにポッカリ穴があく。そりと身体はロープで結ばれているから心配はないが、そりごと落ちればおだぶつだ。

寒い一日。周囲は青ざめた山々が美しい。ふとうしろを振り返ると、犬と人間が吐いた息が霧となって地表近くをずっと漂っている。無風状態ではこういうことがよく起こる。これがすごく美しい。今日は南極圏ラインを通過した。南緯六六度三三分、この地では夏至の日に太陽は地平線上まで沈むとまた昇りはじめる。一年に一回、夜のない日がある場所だ。夜、六人が集まり、南極圏に入ったことを祝う。デポで手に入れたブランデーは、ここ数日の寒さでみぞれのように半分凍っている。ねっとりと冷たいブランデーの中に南極の氷を入れた時の味は最高だ。アルコール度の強いブランデーだがオンザロックで何杯でも飲める。

八月十六日　くもり時々雪　マイナス二四〜マイナス一八度

雪がけっこう深い。三〇〜五〇センチはあるだろうか。海に近いせいか、海の影響を強く受けるので、降雪が多いのだろう。雲もいつもたちこめている感じ。フランシス島、トンキン島、二つの島が前方にかすんで見える。実際は氷の上につき出た岩なのであるが、島と呼ばれるように、本当に白い海に浮かんでいるように見える。

今日は我がリード犬クータンとジェフのリード犬チュリを並べることにした。チュリは唯一のメス犬で、頭のいいリード犬なので、一緒に走らすことでクータンがいろいろ彼女から学べると思ったからだ。きっと二匹ペアで楽しくやってくれると思っていたのだが、結果はクータンがジェフのチームでは居心地が悪いらしく、うしろにいる我がチームを振り返ってばかりで前に進まず、どうしようもなく十分で元に戻す。犬たちは、慣れているところから不慣れなところへ移すと、かなりストレスを感じるようである。

マイナス四〇度の中でスノーシャワー

八月十七日　晴　マイナス三五〜マイナス四二度

ビクターは、どんなに寒くてもどんなに風が強くとも、毎朝起きるとすぐに素裸で外へ出て雪を身体にこすりつける（これをスノーシャワーという）。グリーンランドの時から見慣れたことだが、いつもながら感心させられる。

「ドヴラ・ウートラ、リビヤータ（おはよう諸君）、気温マイナス三八・五度、視界は〝ここから南アメリカが見える〟」とスノーシャワーを浴びたビクターがすっきりした声でジョークを交じえて朝の気象情報を各テントに報告してまわる。

その声を合図に、自分もジャン＝ルイもしぶしぶ寝袋の口にはりついた氷を払い、身を起こす。「ボンジュール」「おはよう」「元気ですか」「元気です」これが朝一番の二人の会話である。

チャーチル半島デポから、連日マイナス三〇度以下の冷たい日が続く。マイナス三〇度をこえると、何もかもコチコチに凍ってしまう。テントの壁も、いくらストーブをたいても半分以上氷がはりつく。テントのドアを開けると、冷気が霧のようにテントに立ちこめる。世界が変わる感じである。冷たさは身体の芯まで染みこんでくる。スキーにしてもそりにしても、雪がまさつで溶けないため、すべりが極端に悪くなる。砂の上を滑る感じだ。目指すスリースライス・ヌナタックまであと三日。ここ数日は雪が深く、一日一九キロしか進めない。犬も深雪の中、泳ぐように走っている。午後二時、気温はとうとうマイナス四〇度となる。動いていないと指先、足のつま先が痛くなってくる。吐く息はすぐ霜となり、まつ毛にはりつき、フードの毛皮も霜だらけになる。最低気温を記録した。マイナス一五度で寒いと感じていた出発当初から比べると、ようやく氷の小人になってきたようだ。一回マイナス三〇～マイナス四〇度を体験すると、マイナス二〇度は春のように暖かい感じだ。マイナス四〇度でしょう油が凍らなかったのにはびっくりさせられた。

ラルセン棚氷の向こうはウェッデル海が広がる。一〇〇キロほど先は海なのだ。このウェッデル海は、一九一四年にイギリスの探検家シャクルトンが、エンデュアランス号で南極横断を目指してやってきたところだ。エンデュアランス号は、ウェッデル海の氷にとざされ、やがて船は氷の圧力で押しつぶされてしまう。そのためシャクルトンの南極横断は実現されなかったが、シャクルトン隊一行はそのあと、困難をきわめた大冒険行を重ね、全員無事南ジョージア島まで戻った。

そんな話をジャン＝ルイとしていると、自分がそのすぐ近くにいるなんて本当に信じられない。昔の探検家のことを思うと、我々は装備面や物資の輸送という点でも、何と恵まれていることであろうか。しかし、この南極の大自然の厳しさ、美しさは、昔と何ら変わっていない。彼らも今の我々と同じように南極の大自然への畏怖や感動を味わっていたのであろうか。これから我々に必要なのは、彼らと同じエンデュアランス、忍耐である。あと半年の間、厳寒の荒野、この白い砂漠とおつき合いするのだから。

満月が明るく美しい。犬たちはひっそり丸くなって眠っている。静かな夜。音がない。ここは南極なんだ。

手作り逸品のドッグフード

八月十九日　晴のち地吹雪　マイナス二七〜マイナス一八度

ビクターの天気予報が当たり、気圧はどんどん下がり、午後三時頃から地吹雪となる。深雪のため、犬は泳ぐようにそりを曳く。気温は上がりマイナス二〇度を上回る。マイナス三〇度、マイナス四〇度が身体に慣れてくると、マイナス二〇度は「暑い、暑い」。

犬たちには一日一回、夕方ナイトラインにつなぎ終えた際えさをやる。空腹の犬たちは、私がそりのドッグフードの箱を触った瞬間、気が狂ったかのように吠えまくりジャンプする。「静かにしろ」と怒鳴っても、この時ばかりは言うことをきかない。ドッグフードは、アメリカのヒルズ・ペット・プロダクツという会社が、この南極横断のために特別に作ったもので、できるだけ軽くて高カロリー、栄養満点のものを開発してもらった。そりの荷の中で最も重量があるのはドッグフード、これをどれだけ軽くできるかで、そりの重さはだいぶ変わる。何しろ一日一キロを一匹に与えるとして、三十六匹いるので一日三六キロいるのである。それが二〇〇日分以上いるわけであるから、単純計算しても七〜八トンの重さとなるのである。幸いにして、このメーカーでは、二年の歳月を費やして、九〇〇グラムで六〇〇〇キロカロリーのドッグフードを開発してくれた。手作りの逸品だ。

犬たちの味覚を考えたり、高脂肪なので軟便になりやすいのを防ぐためのものを入れたりとか、さまざまな工夫がなされている。開発する方にとっても、ひとつのチャレンジ精神がここに存在した。グリーンランドで試し、また改良し、我々と何回も議論し、苦労の末できたドッグフードだった。名前はエンデュアランス・ダイエット。南極で働く犬たちにとっては、ピッタリのネーミングである。このエンデュアランス・ダイエットは一五センチ×五センチ×五センチの直方体になっており、一日一〜一・五ブロック（六〇〇〇〜九〇〇〇キロカロリー）与える。厳寒の南極ではエネルギーの消耗も著しく、これぐらいのカロリーは必要となってくる。それでも足りないほどだ。犬の体重が三五〜五〇キロであるから、その摂取カロリーから考えて、いかにそり犬はよく働いているかがわかる。

さて、一日の行動が終わり、えさをやろうとドッグフードの箱のフタを開け、ふとナイトラインにつなぎかえた犬の方を見ると、一匹の犬もいない。私の身体は、地吹雪の中雪まみれになり粉雪が顔にあたり、痛くて仕方ない。一刻も早くテントの中に入りたい時によくこんなことが起こる。ナイトラインのアンカーがぬけ、ロープがはずれたのだ。十二匹の犬がそこら中を行ったり来たり。犬たちも急に自由になり、どうしてよいかわからずキョトンとしている。「こらあー」と、地吹雪の中せっかく固定したロープをまた元通りにしなければならない。このうっとうしい天気の時にとんでもないことをしてくれる。十二匹の犬がつながれているロープを引っぱり、ピンと張るのはひと苦労だ。全く世話のやけるガキどもだ。他のチームでもよくあることで、犬たちが右往左往しているところを人間が怒鳴りながら追いかける姿は、コミカルでおもしろい。今晩は私が笑わせた日であった。

この夜はジャン＝ルイに秘蔵の酒フェルネブランカをごちそうになる。この酒を好きな人はめったにいないと言われるほど、苦く薬のような味のする酒だ。イタリアでは古い酒場の棚の一番端で、汚い包み紙に包まれているのがつねだそうで、注文すれば非常に珍しがられる酒とのこと。ジャン＝ルイの好きな酒のひとつだそうだ。私もひと口いただく。まずい苦い。腹薬のような味。しかし二〜三口やっていると、これがまたうまくなってくる。

「ケイゾー、お前は男の中の男だ」とジャン＝ルイはフェルネブランカを好きになってしまった私をほめる。

犬がクレバスに落下、第三デポの食料見当たらず

八月二十日　晴　マイナス一八度

とうとう第三のデポ地、スリースライス・ヌナタックのふもとまで来た。名前の通り、高さ五〇〇メートルのピラミッドのような三つの岩峰が並んで、氷原からつき出ている。昨夜の地吹雪で、今まで苦しめられてきた深雪は強風によって、クラスト状の硬い雪面に変わり、倍のスピードで距離をかせぐ。陸地に近づいているので、クレバスの存在に注意を払わねばならないと思っていると、先頭を行くジェフが一〇〇メートル先で制止の合図。盛んにストックで雪面をチェックしている。かなり深いクレバスのようである。雪のブリッジがかかっているようで、幅は一メートル。厚さも一メートルほどあり、強度には問題ないようである。

この南極半島でのクレバス帯は、ジェフがいつもリードをかってでる。南極半島での豊富な経験と、イギリス探検家魂が彼の心底にあるに違いない。勇敢な男で、ナビゲーションもいつも緻密な計算で、方角、距離をみなに告げてくれる。かたぶつの頑固者とは彼のためにある言葉。

ジェフの父親は医者で、スーダンで僻地医療に従事していた時に彼が生まれたそうだ。だからジェフはスーダン生まれ。その後イギリスの全寮制の学校で子ども時代を送った。イギリスの学校のしつけはかなり厳しく、食事の際のマナー、服装のマナー等、びしびししごかれるのだそうだ。過去のスコット隊の当時も、イギリス隊の人というのは、たとえ南極という厳しい環境下でも、イギリス紳士の誇りだけはいつももっていて、紳士としてのマナーをきっちり守っていたようである。ジェフからイギリス南極探検家の話などを聞くと、またジェフの生活の仕方を見ていると、そういうことも容易に想像できる。

クレバスにかかった雪のブリッジを渡る際は、いくら強度が十分であるといっても、やはり緊張する。犬をせきたて〝ハップ、ハップ〟とそのまま直進する。その上で立ち往生するなんて自殺行為、瞬間に渡ってしまうのが一番。ウィルとビクターは短いそりなので、長いそりに比べ危険度は高い。しかし、二人とも何のためらいもなく次々とクレバスをクリアーしてゆく。開きなおって行くしかない。

午後零時すぎ、またもやジェフがストップ。今度はじっと下を見つめて、すぐ制止の合図。犬がヒドンクレバスを踏みぬき、落ちたようだ。三匹が宙づり状態。すぐにジャン＝ルイがロープを片手にスキーをつけたまま、ジェフとダホのところへ行く。自分は犬を座らせ、アンカーを設置、動けない状態にしてかけつける。ウィルとビクターもかけつける。犬は何とか苦しい状態から脱しようともがく。もがくとよけい、ハーネス（曳き綱をつける犬の胴着）からぬけ落ちる可能性が高い。そのうち一匹が案の定ハーネスからぬけ落ちる。「Oh, we have lost one dog.（私たちは犬を一匹失った）」とジェフの何の感情的な響きも入っていない落ちついた声。

しかし奇跡的にその犬は、踏みぬいた雪面の雪のかたまりがそのままクレバスの狭くなったところにひっかかり、その三〇センチ四方の狭い平面に着地、八メートルほどの深さのところでおびえきってびくともしない。スピナーという犬で、黒色、体重三〇キロのレース犬である。小型の犬だからよかった。宙づりの二匹を引っぱり上げたあと、アンカーをそりにとって、ジャン＝ルイがロープで確保し、スピナーを救出にクレバスの中へ入る。ぬけた雪面のかたまりがうまくひっかかっていたようで、少しでも振動を与えるとぬけ落ちそうな状態だ。両サイドは真っ暗な底なしクレバスだった。ハーネスを着せロープで結び、急いで引き上げる。スピナーも、一刻も早く上へと、垂直の氷の壁をはいあがろうと足をバタつかせる。「動くなスピナー。あわてると危ない」。上へあがるや、そりの横で丸くなりブルブルふるえていた。ヒドンクレバスはおそろしい。六人の連携プレーはまずまずであった。一五メートルロープを二本使っての救出作戦であった。

犬が宙づりになるという状況が初めて発生し、みなに緊張感がみなぎる。今度は自分が落ちるという可能性もあるのだ。このあたりはかなりクレバスが多いようである。スキーは絶えずつけていることが大切である。油断禁物である。とにかく落ちる可能性を極力少なくして、全員が事故なく進んでいければいいのだが。

困ったことがまた起こった。この日、無事デポ設置地点に到着したのであるが、今度はデポの木箱が見つからない。

「We did not lost dogs, but we lost our food.（私たちは犬は失わなかったが、食料を失った）」

このへんは氷の動きが活発なようで、絶えず氷がきしむ音が聞こえる。ミシミシギーギーといかにも何かを飲みこみたいといった不気味なハングリーな音である。キャンプ地では、犬もその音におびえ、いつもならすぐ眠ってしまうのに、きょうはワンワン吠え、なかなか寝つけないようである。全員がスキーで周辺をくまなく捜すのだが、スリースライス・ヌナタック・デポの木箱は、とうとう見つからなかった。

ジェフが今年（一九八九年）の一月にツインオッター機でここまで来て設置したのだが、その時あらゆる角度から撮った写真を参考にして、このあたりだ、とその位置を確定するのだが、どこにもないのだ。責任感の強いジェフは、かなり深刻な顔でスキーをはいて捜しまわる。三メートルのポールの上に青い旗を立てていたのだが全く見当たらない。雪に埋まってしまったのか、クレバスのえじきになったのか。

次のデポまでの食料は、天候に恵まれれば問題ない。ドッグフードは十日分は十分に残っている。人間の食料も二週間は大丈夫であろう。デポを捜す時間がもったいないので、先を急ぐことを決定。これから先のルートは、二つの峠越えでモービルオイル湾、ウェアハウザー氷河と、この旅で最も危険な箇所である。特にモービルオイル湾の端を移動する際は、クレバスと平行に進まざるをえない箇所もあり、またこのあたりは、北から西から南から、氷河があちこちから流れ、合流する地点なので、氷の動きも複雑活発でクレバスの巣と呼ばれるところ。事故のないよう慎重に、また勇敢に進んでゆきたいものである。

　出発以来三週間ちょっとが過ぎ、南極の自然の厳しさにも、ようやく身体のほうが順応してきたようだ。これほど原始の世界がそのまま残っているところが、この地球上にあるであろうか。今、やっと、この原始の世界で生きてゆくための基本課程を終了したところという気がする。南極は、この三週間で、いろいろな姿を我々の前に見せてくれた。

　私たちも、それぞれの姿に対応する方法を体験によっていろいろ学んだ。これから応用課程に入ってゆく。その最初が、モービルオイル湾であり、ウェアハウザー氷河である。氷河のあとは標高二〇〇〇メートルのプラトー（平原）を、ひたすら南進する。極点は標高二八〇〇メートル、気温もぐっと下がるであろう。またハプニングがあるかもしれない。いろいろ苦労しながら、もっと南極の自然に溶けこんでゆきたい。

第三章

真冬の南極半島走破

全く予想がつかないのが南極

八月二十二日　くもり　マイナス二五～マイナス二七度

いよいよひとつめの峠、スタッブス峠の上りにさしかかる。峠につながっている上りのようなところが何ヵ所もあり、どの上りを行くか全員で相談しながら進む。U・S・ジオロジカル・スケッチマップを頼りにルートを決める。

氷河の状態、オープンクレバス（氷河の割れ目）の位置等がかなり詳しくスケッチで描かれた地図があった。我々にとっては非常にありがたい地図だ。イギリスにも同じような地図はある。日本では入手できないであろう。さすが探検の先進国である。

スタッブス峠は、遠くから見るとかなり急斜面の氷河のように見えたが、そばまでゆくと斜度一五度ぐらいで、十分登行可能である。岩峰と岩峰にはさまれた氷河ハイウェーである。上り下りで一〇キロほどの長さ。幅は一キロ、いや五〇〇メートルほどか。南極での目測は非常に難しい。すぐ目の前にあるようでも、そこへたどりつくのに半日もかかったりすることはよくある。

初心者用のスキーゲレンデのような四キロの上りを、何回か休みをとって二時間ほどで登る。犬は懸命にそりを曳いてくれる。雪がソフトなので、犬にとっては大変な作業である。両サイドの霜降り岩の上には何十メートルものブルーアイスが重そうに、どっかりとのっている。垂直の壁に巨大な氷のかたまりがはりついているところもある。今にもはがれ落ちそうで、見ていると早くその場を行き過ぎたくなるのであるが、なかなか通過しきれない。よほど大きな氷塊なのであろう。

峠の頂上は、標高四〇〇メートルほどであろうか。頂上からの眺めは、反対側にこれから行くソルバーグ湾（幅二〇キロ）、次の峠ウィルソン峠（一五キロ）が一望できる。これから登ってゆくダイヤー・プラトーの台地が、山の上に広がっているのも見える。絶景だ。さて、いよいよ下りになる。先に何があるのか峠の頂上からは全くわからない。クレバスがあるかもしれない。急な下りがあるかもしれない。下り坂は危険この上ないのであるが、行かざるをえない。ただ、この峠はイギリス南極探検隊がこの辺を犬ぞりで調査した際、何回か通ったことがあるので、問題はないと思われるのだが、ここは南極、予想が全くつかないのが南極である。

そりのランナー（滑走面）に直径一〇ミリのナイロンロープを四重に巻きつける。ロープはアイスバーン、クラストスノー（表層の固結した雪）にしっかり食いこんでくれる最高のブレーキである。緊張感が高まる。ジェフが各そりをチェックして回る。私たちのそり〝ウエムラ号〟の修理は完璧だったようで、全く問題ない。この分だと予備のそりなど必要なく交換することなしに、このままずっと使えそうである。なんでも自分たちの手で修理して使う気持ちが大切だ。

自分を勇気づけるつもりで、ジェフに「この先はそんなに急坂ではないんじゃない？」と念を押すように同意を求めると、即「I don't know. Nobody knows.」とつれない返事。まずジェフとダホが先に出発、そのあと私とジャン＝ルイと二人、スキーをはいてしっかりそりにつかまり、出発する。中腹あたりから一五度ほどの斜面となる。犬はただ突っ走るだけである。ロープのブレーキはきいているのだが、犬たちのスピードをコントロールすることなどできない。こちらも止まりようがないので、ただ開きなおって突っ走るだけである。〝ウォー、ウォー〟（止まれというコマンド）と犬を制止するが、スピードはそのままである。スリル満点。エキサイティング。

四十分ほどでソルバーグ湾との境に到達、きょうはこの峠のふもとでキャンプ。巨大なスキーゲレンデを一気にかけ降りた、といった感じであった。クラスト状の雪面にブレーキがよく食いこんでくれ、身の危険を感じたことはなかったが、とにかくエキサイティングであった。

「万が一、自分が命を落とした時は……」

八月二十三日　くもり時々晴　マイナス一〇～マイナス二三度

ソルバーグ湾を渡り、ウィルソン峠を登る。ソルバーグ湾では何回もクレバスを踏みぬく。全く平らで、クレバスがあることは全く予知できない。ヒドンクレバス（表面に雪がかぶって割れ目がかくれているクレバス）帯ももう慣れっこになってしまった。ここ数日、マイナス二〇度台と気温はそれほど寒くはない。このあたりでも海に近いせいで雪が多い。いつもくもり空である。ウィルソン峠は全長一五キロの峠で、下りはスタッブス峠に比べずっとなだらかで、全く問題はない。峠の上で一夜をあかすこととなる。夕方になり急に気温がマイナス一〇度となって暑いの一言。下着のシャツとその上に着る薄いフリースのシャツ（起毛状のシャツ）一枚で十分である。

久しぶりに雲が晴れ、前方にモービルオイル湾が広がる。山々が淡いピンクというか紫色に染まり、ただ見とれてしまう。いつ見ても声が出ない。白一色のイメージが強い南極だが、朝日と夕日の際のさまざまな色の光の競演が見られる。雪は軟雪で五〇センチほど積もっている。前方に見えるモービルオイル湾は、各方面から氷河が流れこみ、ヒドンクレバスの巣とも言われる前半の難所である。パックリ口をあけたオープンクレバスは見えるので全く問題はないのであるが、雪をかぶったヒドンクレバスだけは予想が難しい。ただ、クレバスの多い場所は、地図や航空写真等から判断できるので、慎重に行くしか方法はない。二人の人間が先頭に立ち、ロープで確保し合い、スキーのストックで雪面を突くようにしてチェックする。あるいは犬を先頭にして犬が踏みぬけば、そこに穴があいてヒドンクレバスのありかがわかる。こういった方法で進んで行くしかない。

クレバス帯でそりを走らせながら、出発前にイーリーのトレーニングキャンプで六人全員がウィルの小屋で話し合ったことを思い出した。

「万が一、自分が命を落とした時、その遺体の処理法をみなで明らかにしておこう。それから誰か一人が命を落とした時、遠征隊はどうあるべきかも話しておこう」

私は、もし自分が死んだら「日本は火葬だから、茶毘《だび》にふすことができるのであればそうしてもらいたいが、たぶん木もないことだし無理だろうから、クレバスの中に放りこむか、雪のお墓を作ってくれ」と言ったと思う。ビクターは「ソ連の基地まで運んでくれ」と言ったと思うし、ダホもそうだったと思う。あとの三人は私と同じようなことだったと思うが、もう忘れてしまった。おそらくウィルかジャン＝ルイはその時の記録をもっていると思う。そして誰かが死んでも残り全員で前へ進むということだったと思う。

誰も自分が死ぬなんて思っていない。日常生活でもそうだ。しかし、このクレバス帯ではその可能性もあるのだ。ヒマラヤ登山でも、過去の探検でも、命を落とした人たちはいるのだから。こんなことを考えては、「一体俺は何を考えているのか、絶対に大丈夫。無理をせず、慎重に進んでいけば、この六人に限って誰一人命を落とす者はいない」とネガティブな思考を打ち消すのだった。死んではいけないのだ。

至るところにクレバスが

八月二十四日　晴　マイナス二〇〜マイナス三一度

ウィルソン峠を難なく下り、モービルオイル湾へ入る。なぜここに石油会社の名前がつけられているのか。石油発掘の利権でもからんでいるのであろうか。それにしても、この南極でも地名のないところは、もうほとんど残っていない。

雪は急に硬くなり、下りがまだ続いていたので犬たちはスピードを増す。全く言うことをきかない犬たちである。犬たちが興奮している時は、マッシャー（犬ぞりをあつかう人）は制止するのに苦労する。特にこのあたりのように、ところどころがアイスバーンでしかもクレバスが多いところとなると、いったんそりのコントロールがきかなくなると、本当におそろしい。止まらないのだ。犬たちを怒鳴りつけながらゆっくり進ませようとするのであるが、特に若いシヌークやキンタのような犬が「早く前へ進もうぜ」と言わんかのように、ジャンプするようにそりを引っぱり、他の犬をせきたてる。こういう時は、こちらの堪忍袋の緒が切れる。すかさず前へ歩みより、若いシヌークをぶんなぐる。突然前をゆくジェフがストップ。また犬が落ちたようである。今回はみな、それほどあわてた様子はない。〝あー、またか〟といった感じである。

ジェフのそりの前に幅七〇センチの穴がポッカリあいている。犬はハーネス（曳き綱をつける犬の胴着）からぬけ落ち、二〇～三〇メートルは落ちたようだ。しかし、何とまたまたラッキーなことに奇跡的にクレバスの中の雪の段になったような、棚のようなところで元気に動いている。その棚の下の方は暗やみが広がっている。思わず背筋が寒くなる。落ちた犬はハックという三五キロほどの、ジェフのチームの中ではけっこう大きな犬だ。

四〇メートルのロープで救出作戦開始。ジェフがロープを身につけ、そのまま降りる。ハックにハーネスをつけ、ロープにしばり、ダホとビクターと私が引っぱり上げる。ジャン＝ルイが確保する。ウィルはこんなエキサイティングな場面はなかなかないと、一人動き回って写真を撮る。六人いれば、役目を分担できるので、全く作業しやすい。

植村直己さんがグリーンランドの氷河登行を行った時、何匹かの犬がクレバスに落ち、それを引き上げた場面を本の中で読んだが、彼の場合一人でやったのだ。これは時間もかかるだろうし、力もいる。かなり大変なことだったと想像できる。今こういう場面に自分が遭遇し、単独行の危険性、大変さというものを思い、またそれをやった植村さんのすごさをつくづく感じる。

ジェフは、ユマール（登高器）を使って自力で上がる。クレバスはおそろしいが、その中は透きとおったブルーアイスに囲まれ、とても美しい。底は暗やみ、クレバスの中はせばまっているものや、逆に大きく広がっているものや、その形はさまざまである。ハックは全くケガもなく、元気にあたりを歩き回っている。一体、この犬たちの神経はどうなっているのだろうか。自分が落ちたことなどもうすっかり忘れてしまっている。それはさておいて、今回の救出劇における我々のチームワークは完璧であった。三十分ほどで救出完了。

それからは、このアイスバーンの多いところを、このこわさ知らずの犬たちを先に行かせるのは危険なので、ウィルとジャン＝ルイがロープで確保し合って先頭をリード。スキーをはいた人間は、犬に比べはるかに安全である。体重が長いスキー板に分散されて、クレバスを踏みぬきにくくなるからだ。三十分ほどして、今度はウィルのチームの二匹がクレバスを踏みぬき宙づりとなる。ジャン＝ルイがその上を通った、そのすぐあとのことである。サムとイエガーがその犠牲者となる。

二匹とも北極点まで行ったベテランで、もし南極点まで行けば、初めて南北両極点到達という快挙となる犬だ。さすがベテランだけに、両者ともハーネスからぬけ落ちないようにおとなしくしていたようで、宙づりのまま引っぱり上げられる。宙づりになっていてくれれば、救出はずっと楽だ。ただ引っぱり上げればいいのであるから。ただ宙づりの状態で犬がもがくと、スッポリと首からハーネスがぬけて、犬だけが落ちてしまうことになるので、何とか犬がハーネスからぬけ落ちないようにするための、ハーネスぬけ防止策を考える。それでこれ以後は、ハーネスに一本の胴バンドを犬の腹にまわすことにした。そうすると、そのバンドが前足に引っかかり、ハーネスからぬけおちないというわけだ。それにしてもこのあたりはクレバスが縦横無尽至るところに存在する。その後はウィルのチームのバフィーが宙づりになっただけで、無事クレバス危険地帯を通過。しかしこれから先も油断はできない。

きのうの無線交信によると、あすにでもフランス人の撮影隊が再び飛行機でやってくるという。ジェフはこのことでまた不機嫌だ。ジャン＝ルイは彼らとは長年のつき合いだから楽しみで仕方ない様子。ジェフは撮影隊が来ることがいやなのではなく、この危険な箇所を三人、人数が増えて行くことへの危険性を訴える。ここでジャン＝ルイとやり合う。

ジャン＝ルイ曰く「三人は装備も食料も何もかも彼らが自ら用意して勝手に来るのである。我々の行動を妨げることなく、彼らは彼らで行動するのだから問題ない。協力し合えるところがあれば協力し合えばいいじゃないか。彼らは世界中の秘境を撮影して回っている猛者で、技術的には何ら心配はいらない」。

ジェフの撮影隊に対する態度がずっとよくなかったので、とうとうジャン＝ルイが爆発したようだ。他の四人は、こういう時は何も口出ししない。「ＯＫ」撮影隊は撮影隊、我々は我々、五日間の予定で協力できることは協力するということで、ジェフは納得せざるをえなかった。

天国の眺めのように美しい氷河

八月二十七日　くもり　マイナス二〇～マイナス三〇度

再び撮影隊との行動が始まる。撮影隊のメンバーとは、もう二年間もトレーニングの時からのつき合いなので気心は知れている。ウィルとビクターが新しいそりを手に入れる。これで二人は、あの二つの小さなヨロヨロのそりとお別れだ。ジャン＝ルイと私のそりはいまだにしっかりしている。側板は割れたままなのだが、きっちり修理したので心配はしていない。氷河の美しい景色に向かって、撮影隊のロレン・シュバリエはカメラを回し続けている。

ウェアハウザー氷河が近づいてきた。雪が深い。犬は胸まで沈む雪の中で泳ぐようにそりを曳く。高度が徐々に上がってくる。坂道の深雪は最もつらい。人間もそりを押す。もちろんスキーはいつもはいている。犬に〝ハップ、ハップ〟と何回も声をかける。一〇〇メートル行ってはストップと、その繰り返しである。

遠くうしろに見えるギブス氷河の眺めは、まるで天国からの眺めのように美しい。険しい山々、なだらかにやわらかく山肌をなめるような感じの大氷河。雪をすっぽりかぶった山々、それぞれがミックスされて、何とも言えない眺めである。音は風の音とそりの滑る音、そして犬の吐く息だけである。幅一五キロのモービルオイル湾を無事渡りきる。今まで七匹の犬をクレバスに落としたが、我がチームの犬たちはクレバスを踏みぬくことはあっても、うまくジャンプして落ちることはなかった。一匹も命を落とさなかったのはラッキーの一言である。

誕生パーティーの〝ポーレシカポーレ〟

八月二十七日　くもりのち晴のちくもり　マイナス二〇度

ウェアハウザー氷河のふもとまで来た。とうとう大陸の入口へやってきたわけだ。これから標高差一八〇〇メートルのウェアハウザー氷河を登り、ダイヤー・プラトーへと入ってゆく。ダイヤー・プラトーに出ると天気は安定してくるというのが我々の希望であるが、行ってみないとわからない。

　きょうはウィルの誕生日。初めてのパーティーである。ビクターが幹事。夜七時、ウィルとビクターのテントに全員が集まる。ビクターは二日前から〝ポーレシカポーレ〟の曲に自分で詞を作り、各メンバーに配る。みな、それぞれ歌を練習。ポーレシカポーレのメロディーが、いつも頭から離れない日が続いていた。私はポップコーンを作り、ジャン＝ルイは出発以来ずっととっておいた鴨のレバーの缶詰とフレンチブレッドを持参。ろうそくに火をつけ雰囲気は最高。チェリーブランデーで乾杯のあと、ビクターが自作の詩をよむ。そのあと〝ポーレシカポーレ〟を全員で歌う。

Six people go.
Go to the top of their dream.
They go through the wind and snow. Small a very merry team.
One is from China.
Other is from United Kingdom.

Youngest man is from Japan.
Oldest man is from United states.
Fifth is from France.
Sixth is from USSR.
They live toghether as best frined under stars of Southernsky.（以下ずっと続く）

この日のためのブランデーでホロ酔い気分。ジェフが誕生日カードを渡す。ダホが中国のワインをプレゼント。そして、ジャン＝ルイがきょうの無線交信で受けとったウィルの両親からのメッセージを読みあげる。ウィルのおとうさんは第二次大戦中グアム島で日本軍と戦ったのだが、四十五年前のきょうアメリカから一通の電報を受けとった。「次男、無事誕生」、この電報で多くの戦友と二〇〇リットルのアルコールで祝杯をあげたそうだ。

四十五歳になったウィルは、最高に幸せそうであった。夜のふけるのも忘れ歌い、そして飲む。ダホが中国の民謡を歌う。自分は、はしだのりひこの〝風〟を歌う。ジャン＝ルイがフレンチシャンソンを歌う。その合間にジェフが「諸君。次のデポまで三〇マイル・アンド・ハーフ（約四九キロ）。シール・ヌナタックからここまで三三二マイル・アンド・ハーフ（約五三四キロ）」とまじめな顔で几帳面な報告。全くジェフらしい。

次回のパーティーはビクターの誕生日である。九月十六日だ。十月は誰も誕生日はなく、十一月十九日に私、十二月九日にジャン＝ルイ、一月四日にダホ、二月十九日にジェフと、一ヵ月ごとにうまく分かれている。そして、全員の誕生日がうまいことにこの横断隊が南極にいる期間内である。パーティーのあとは、ケロシンランプで我がテントに千鳥足で戻り、寝袋の中へ入るや否や眠ってしまう。周囲は南極の大自然、静寂とマイナス二〇度の気温が最高の子守歌である。

冬の南極半島を、我々ほど長く旅したものはいない。従って夏の情報はあるのだが、冬の情報がまるでなかった。我々もある程度の悪天候は予想していたが、これほどひどいとは思ってもいなかった。

ウェアハウザー氷河を登りきりダイヤー・プラトーに出ると、天気はずっと安定するであろうとの甘い予測は見事にはずれ、八月末から十月にかけての二ヵ月余はほとんど毎日が地吹雪、そして風のない日はアイスフォグ（氷霧）という太陽から完全に見放された最悪のコンディションであった。カタバ風（斜面下降風）がプラトー上を海へ向かって滑り落ちるように吹き続け、常時毎秒一〇〜二〇メートル、ひどい時は毎秒四〇メートルの暴風となり、我々を翻弄し続けた。八月はクレバスに悩まされたが、これは単発的な危険だ。地吹雪の連続はじわじわと我々、そして犬たちをも肉体的、精神的に苦しめるものであった。白い大陸は、奥地に進むにつれて我々の南極に対する甘い考えをすべて吹きとばすかのように、数々の試練を与え続けた。

九月は停滞の日が約半分もあったが、十月に入るともう時間的余裕がなく、一刻も早く、この悪天域を脱出することに専念した。横断を実現するためには、遅くても十二月十五日までには極点に到達しないと後半が難しくなる。そうしないとゴール付近で冬に襲われる。そうなればマイナス六〇、マイナス七〇度の世界。そうなる前に旅を終えなければ。とにかく、我々の沈んだ気持ちを奮いたたせ、氷まみれの犬たちを励まし前進する日が続いた。

真冬のホワイトアウト

九月九日　くもりのち地吹雪　風速毎秒一〇～二〇メートル　マイナス二七度

朝起きると、昨夜の快晴がうそのようにどんよりとしたくもり空、そして午後から荒れはじめる。地平線が見えなくなり、大地と空が同じ色で区別がつかなくなる。ホワイトアウト（白闇）である。ビクターが先頭に立ち、コンパスを頼りにまっすぐ進むように努力するが、先頭に立てば正面を向くと上下左右がわからなくなるので、知らぬうちにどちらか一方の方向に曲がってゆく。そういう時はうしろの者が注意して方向を確認する。ビクターは自分が左へ左へ曲がってゆくのはロシア人特有だ（政治上）とジョークをとばす。そして周りの者は「ペレストイロカが必要だよ」とビクターをちゃかす。ホワイトアウトの中、先頭に立つと、本当に自分が宙に浮いているような感じすらする。

追い風が強くなってきたので、そりのスピードは速い。二番目のそりにいた私は、前を行くジェフのチームを見失わないよう、またうしろのウィルのチームがはぐれないよう、前をうしろを確認しながら進まなければならない。フードを深くかぶっているので、うしろをふりむきにくくやっかいだ。マイナス二七度の毎秒二〇メートルの暴風に近い風は冷たい。追い風だからいいものの、この先南極点に近づくにつれて風が向かい風に変わってゆくことを考えるとゾッとする。指先が冷えて痛い。こういう嵐の日は、十二匹の犬たちのしっぽはだらんと垂れ下がる。天気のいい日は、ふさふさのえりまきにしたいようなしっぽをピンとつき上げるのだが、しっぽが垂れてる時は犬たちもなんだか元気がない。そういう日は人間の気持ちも同じで、スキーで歩く足どりも重い。犬でも人間でも、つらく感じることは同じなのだ。

嵐の日のテント設営はストレスがたまる。そりの積荷を降ろす際、テントや寝袋を飛ばされないように、細心の注意を払う。万が一飛ばされれば追いつくことは不可能である。どこまでも飛んでゆく。テントを張ると同時に、テントの周囲を重いもので固定し、すき間のないよう雪で固める。そうしないと、ちょっとしたすき間からフライシートとテント本体の間に雪が入りこみ、夜中テントがつぶされるからだ。ようやく張り終わって風下の入口から所帯道具一式を中へ入れると、今度はテント内が雪まみれとなる。ブラシで雪を掃き出し、きれいになったと思って食料箱のふたやコンロを入れてある箱のふたをあけると中が雪だらけ、その雪を払うとまたテントの床が雪だらけ、それをまた掃き出し、そしてジャケットを脱ぐとジャケットの下が雪だらけ……そしてそれが床に落ち、床がもとどおり雪だらけ……と、いつまでたっても雪を払うことばかりしている。快適な空間を確保するまでに、天気のいい日と比べて倍以上の時間がかかってしまう。

九月十日　地吹雪　北西風　毎秒四〇メートル　マイナス一〇～マイナス三〇度

すごい風だ。テントはバタつき、フワッと浮かび上がるように感じる時もある。視界ゼロで停滞。この暴風雪の中、ジェフとダホが我がテントを訪問してくれる。一〇メートルほどしか離れていないお互いのテントが全く見えない中、よくここまで来られたものだ。嵐の日の訪問者はうれしい。お茶とコーヒーを二人にサービス。しばらく話しこむ。フランスの海洋学者ジャック・クストーは、南極をワールドパークにしようと提案しているそうだが、彼は南極の撮影に来た時、船から上陸する際あまりの美しさに自分のくつをきれいにしてから上陸したそうだ。南極への観光ツアーが増えるにつれて、何らかの対策を講じなければならない。ワールドパークというのもひとつの案だが、私の個人的な意見は、南極を観光地化することには反対である。

クストーというと、昔小学生の頃だったか、TV番組で〝カリプソ号の冒険〟というシリーズものを見て、クストーのような生き方にあこがれた、そういう時代もあった。四人でとりとめのない話をして時間をつぶす。

昼すぎ、犬たちの様子を見るため外に出る。じっと雪の中で耐えている。冬眠状態のようで、起こしても起きない。えさをやっても知らんふりだ。次のデポ、レーンヒルまであと二日、停滞が続くようだと、食料の節約も必要となってくる。降雪を伴っているのか、雪の量がすごい。すべてを埋めつくす。そりも犬もすべて雪の下となってしまった。テントも半分は雪の下だ。

夕方から気温が急上昇で、雪も湿雪で重くなる。こうなってくると、テントの中は不快きわまりない。何もかも湿ってしまうのだ。外にいると雪は溶けないのでいいのだが、いったんテントに入ると、外の気温が高いせいでテント内の温度も上がるため、それと湿雪ということもあり、雪がついたところがすべてぬれてしまう。

テントの中は他にも不快な点がいっぱいある。朝起きると寝袋の口の周囲は氷がはりつき（吐く息で）、寝袋と寝袋カバーの間には霜がたまっており（寝袋から蒸発する汗が凍る）、金属のものを指で触るとくっつき、指先のひびわれがひどくなる。火をつけると壁はびしょぬれ、吐く息でマッチが湿り、食料はすべてコチコチ。日記を書こうとするとノートが湿っているし、換気しようと入口のジッパーを開けると雪がまいこんでくるし、それでまたしめり、ともう書いても仕方のない愚痴はよそう。この状況を素直に受け入れればいいのだ。

嵐の夜、犬たちの「ターン、ターン」と鳴く声に目を覚ます。止むことのないぶち当たるような風に、犬たちもつらいのであろう。しばらくたっても鳴く声がおさまらない時は、夜中、暖かく心地よい寝袋からジャン＝ルイに気づかれぬようそっとぬけ出す。そして重装備に着かえ、犬のもとへ行ってやる。この作業はなかなか大変だが、鳴いている犬の声を聞きながら再び眠りにつくことなど到底できやしない。すさまじい嵐の中、しっかり犬を抱きしめてやる。「どうしたんや、大丈夫や、俺がそばについてるよ」と慰めてはまたテントに戻る。するとジャン＝ルイもやはり心配で起きて「大丈夫か」と聞いてくれる。この嵐の日の夜の犬の鳴く声だけは本当につらい。こういう夜は、犬にとっても人間にとっても、なかなか寝つけぬ夜となる。

九月十四日　くもり時々晴のち地吹雪　マイナス二三～マイナス二七度

この地域の嵐の次の日の朝というのは、テントもそりも、すべてが埋めつくされている。この日も朝起きると、雪かきから一日がスタート。犬たちはいつも通り鼻の頭だけ雪面に出して、雪に埋もれてじっとしている。犬たちを起こして回ると、雪のかたまりが雪の下から盛り上がってくるような感じだ。ブルブルと体をゆすって雪を落とすが、湿雪が毛にこびりついて氷のかたまりとなっている。

朝、出発前にかなづちのようなもので、その氷をたたいて割ってやるのであるが、なかなかとれない。特に長毛の犬は、この雪のかたまりのつき方が多い。まるで氷のよろいを着ているような感じである。ジェフのチームにソイヤーという長毛の犬がいるのだが、この犬なんかはもう、北極圏に住むじゃこう牛のようなかっこうなので、毛の内側までびっしり雪がつまって、歩くのさえ重そうだ。

一日の行程の中で、このソイヤーの調子がおかしく、ジェフは彼をそりの上に乗せてやったり、テントの中に入れて、少しでも雪を溶かしてやったりするのだが、焼け石に水といった感じ。氷のよろいは固くはりついた状態。グリーンランド縦断の時、出発前、現地のデンマーク人から、ソイヤーは吹雪の中死んでしまうであろう、と言われたが、実際は無事だったことで、ジェフも安心して南極へ連れてきたのだが、今にして思えば、グリーンランドのあの忠告は、うそではなかったということだ。雪の質によっては、毛にくっつきやすい雪質の時もあるようだ。何とか次のツインオッター機が飛んでくる時まで、耐えてくれることを祈るだけだ。

幸運と暴風雪と深雪と

九月十六日　晴のち地吹雪　風速毎秒六〜二〇メートル　マイナス二七度

朝のうちは六〜七メートルの風で順調に距離をかせぐ。晴れていたのだが、背後から黒い雲が急速にこちらに迫ってくる。そして昼頃から地吹雪となり、地上をはうように吹き荒れる風雪のため視界が悪くなりはじめ、風速も毎秒二〇メートルと暴風となる。視界は五〇メートルほどに落ちる。〝行けるところまで行こうや〟ということで、いつも通りその陰で、みじめな雪まみれのランチをとった我々は、再び行動を開始した。先頭はいつも通りビクターで、続いてウィルのチーム、最後尾がジェフとダホで、真ん中が私とジャン＝ルイのチームであった。地平線が見えなくなり、ホワイトアウトとなる。ホワイトアウトの中、まっすぐコンパス通りに進むことは非常に難しいが、ビクターはグリーンランドでもポイントマンとしてリード役を務めたこともあり、コンパスの方位通りまっすぐ進む。

ウィルのチームに遅れまいと必死にリード犬クータンに大声でコマンドを送る。地吹雪の中では、その轍《わだち》はすぐに消え、前のチームを見失うとホワイトアウトの中、どちらに進むべきか、コンパスなしでは全くわからなくなってしまう。

一チームがはぐれ、緊急テントを張って視界の回復を待つということは、これまでにも何回かあった。前のチームがうしろのチームを三十分待って来なければ、緊急テントを張って視界の回復を待つというのが我々の決まり事であった。しかし、たいていの場合、視界がよくなるとわずか五〇〜一〇〇〇メートル以内とすぐそばに、それぞれのチームがいることばかりで、びっくりさせられる。

その日も我がチームは、突然すぐ前を行くウィルとビクターの姿を見失う。〝しまった〟と思っていると、急に犬たちがスピードを出しはじめた。毎時二〇キロは出ているであろうか。毎時五キロがふだんの平均スピードということを考えると、かなり速いスピードであった。風速毎秒二〇メートルの追い風も手伝って、そりはどんどんスピードを増す。下り坂に突入したのだ。「こんな時に下りにさしかかるなんてとんでもない」そりを止めるには意図的にそりをひっくり返せばよいのだが、一度壊れたそり、重いそりをひっくり返せばダメージは大きいに決まっている。これ以上壊れれば、もう修復不可能となる。

とにかく止めるのはあきらめて、〝そのうちどうにかなるさ〟と顔で笑い、心ではハラハラしながら、ジャン＝ルイとそりの両サイドにしがみつき、そのまま突進する。そりは犬たちよりも速く進み、犬たちよりも前に出る。十二匹の犬たちが必死に真横で走っている。そりは左右にスライドする。そのうちモンティーが曳き綱をそりにからまれ、引きずられるかっこうになる。〝Stay there〟と大きな声で怒鳴るが、必死で起き上がろうとする。不自然な姿勢で起きようとすれば、スピードが出ているので骨折の危険もある。ひっくり返ったまま背中で滑っているほうがずっと安全だが、犬にそんなことはわからない。必死でもがくモンティー、必死にそりにしがみつく二人、必死で走る他の犬たち。五分くらいたったであろうか。そりのスピードが落ち視界も少しよくなる。前方にビクターとウィルの姿が見える。そして坂の上の方を見上げると、両サイドはさらに急な斜面で、クレバスも存在する。ちょうど私が滑り落ちたのは、山にはさまれた幅二〇メートルほどの花道のようなところで、少しでも進む方向がずれていたなら、全員クレバスのえじきとなっていたかもしれない。

とにかくこの時、我々の幸運をしみじみ感じた。

この日はビクターの三十九歳の誕生日でもあり、おさまることを知らない嵐の中、三十九歳の誕生日をロシアンウォッカで祝う。この日はジャン＝ルイが詩を作って彼にプレゼント。テントには、空気のかたまりがビューンバーンとぶつかるように吹き荒れる。一瞬やんだかと思う次の瞬間、バーンとぶち当たる。南米のパタゴニアではこういう風をウィリーウォウと呼ぶそうだが、ウィリーウォウの吹き荒れる中のささやかなパーティーであった。

冬の南極半島の天候は、多種多様で予測など不可能に近い。湿った雪、乾いた雪、マイナス一五～マイナス四〇度と極端に変化する気温、地吹雪、大雪、アイスフォグ、ホワイトアウト、ウィリーウォウ、空から落ちてくる風と、とにかく七変化で毎日違った様相を示した。

こういった連日の悪天候の中、隊全体を分裂の危機に陥らせたのは九月末の深雪だった。

九月二十四日から連日毎秒三〇～四〇メートルの暴風雪、気温もマイナス一〇度台で積もりやすい湿雪が降り続く。とにかく可能な限り前進してきた我々は、この暴風雪と深雪に行く手を拒まれた。犬たちは一メートルを超える深雪の中そりが滑らず、曳くことをボイコット。ビクター、ダホ、ジャン＝ルイが先頭でラッセル、三人のマッシャーがそれぞれのそりを押すが、一時間に二キロしか進めない。犬も人間も疲れてくる。曳くことをボイコットした犬たちは「いくら怒鳴ってもムリはムリ」とさめた目で、あわれな目で私の目を見る。

こうなった時のマッシャーは、みじめさと腹立たしさがミックスされた最悪の精神状態。忍耐強く自分の感情をおさえ、犬を説得するように励ます。とにかく犬たちが進んでくれない限り、我々は一歩も動けないのであるから。結局、そりが動かなかった原因は、そりの滑走面に犬の糞が凍りついていたことによるものであった。とにかく、犬たちのストライキで、今後犬たちが、もっと困難が予想される極点以降にうまく働いてくれるか、不安がみんなの心をよぎる。

一台だけそりのスピードが落ちると、他の二チームに迷惑がかかるので、各チームの犬ぞり担当者にはプレッシャーがかかる。我がチームがこの時一番スピードが遅いので、もう必死になって犬たちにはっぱをかけるが、思うようには進んでくれない。やがてウィルのチームもスピードダウン、ジェフのチームもいつストライキが始まるかもしれない。そうなるともうこれから先進めないわけで、横断どころか南極点到達も夢に終わってしまう。

精神的にも肉体的にも疲れきって

九月二十六日　地吹雪　北の風　毎秒四〇メートル　マイナス八～マイナス一六度

あと二日でデポまでたどりつけるというのに、また停滞で進めない。「なぜ南極はこうまで我々を苦しめるのか」これだけ嵐が続くと、精神的にじわじわ苦しめられる。視界は最悪、すぐテントの前に置いてあるそりが、形すら全く見えない。毎秒四〇メートルの風がテントにぶち当たり、支柱がひん曲がり、テントの中から背中をあてがい支柱を必死で支える。夜中に風向きが変わって、斜め横から風が当たるようになったためだ。暴風が、テントを根こそぎ雪面からひきはがしてしまいそうといった感じだ。犬たちのことが頭をよぎる。まだ先は気が遠くなるほどの距離が残っているというのに、彼らは大丈夫なのだろうか。「いかんいかん」いったんこういう弱気を持ちはじめると、精神状態はひどくなる一方。大丈夫だ、少し疲れているだけで、少し休めばきっとまた気力がよみがえるに決まっている。苦しいトレーエングを続けてきたんだ、きっと大丈夫、と自分に言いきかせる。

停滞で、朝食後六人でミーティング、打開策を考える。停滞が続くと食料は減る一方、スケジュールはもう二週間は遅れている。これ以上遅れると横断は不可能となる。それだけに、この窮地は何としてでも脱しなければならない。今回のミーティングは、それだけに重要である。

問題は、この深雪ではそりの荷が重すぎるということである。何としてでもそりを軽くしなければ犬は動いてくれないであろう。

ジャン＝ルイは登山の経験から「とにかくアルパインスタイル（少数速攻で登頂を図る登山法）でいかねばならない。荷物は必要最低限のものだけにし、犬も最強の犬で二チームを作り、二台のそりで行く」。この時点では、我がチームが一番スピードが遅かったので、二台のそりで行くということは、我がチームを二つに分けるということを意味していた。と思うと寂しい気持ちになるが、最善の策を考えなければいけない今、感傷的になってはいられない。

とにかく次のデポを目指して行けるところまで行く。最悪の場合、天候の回復を待って、ツインオッター機に食料をデポしてもらう以外なかった。しかし、このいつやむとも知れない南極の嵐の中、飛行機はいつ飛べるか予定などたてられない状況であった。ウィルが「とにかく今は各テントにそれぞれ戻り、荷物を軽くすることだけを考えよう」と言い、テントに戻りスペアの装備類一切、余分な医療器具薬品等をこの地に残して行くことに決定した。

横断隊、分裂の危機

九月二十九日　地吹雪　マイナス七度

プンタアレナスにいたツインオッター機が、緊急時、我々のところまでできる限り早く飛んでこられるように、給油地のイギリス・ロセラ基地に向かって飛びたった。ロセラ基地で天気の回復を待つということだった。暖かい気温で、日本の雪のように重い湿雪だ。スキーをはかないと太ももまでもぐってしまう。

犬たちには食料制限中なので、どの犬も腹もすかせているに違いなかった。この一メートルの深雪を突破してゆくパワーと気力が犬たちに残っているか。少しでも三四キロ先のデポに近づくべきなのか、それともこの地に止《とど》まって体力の温存に努め、天気の回復とツインオッターの飛来を待つべきなのか。午前七時三十分、ウィルのテントで再びミーティング。二十四日以来の深雪と地吹雪で、それぞれが考えられるだけの状況を考え、打開策を考えてきた。

ジャン＝ルイは「二人か三人をキングジョージ島に送り返し、三〜四人で二台のそりで行き、南緯八〇度のパトリオットヒルズで再び合流」というアイデアを出す。ビクターは「最悪の場合はそうしなければならない状況も出てくるだろうが、まだそこまで考える時機には達していない。とにかく前進あるのみ」と、ジャン＝ルイのアイデアには否定的。

ウィルは「最悪の場合をきっちり考えておかねばならない」と、やむをえない場合はこのことを頭に入れておくべきだと言う。ジェフは「この遠征隊は六人で横断してこそ初めて成功なのであって、隊員を送り返すのには断固反対。六人で行かないのであれば、故郷に帰る」と言う。私は「ぼくは一番若いし、誰かぬけるのであれば自分はぬけてもかまわない。でも人間が少しでも否定的な気持ちを持つと、その気持ちは犬にも伝染するかもしれない。ぼくはジェフに賛成、前向きの気持ちで行こう」と言う。

ダホも同じような考えで、ジャン＝ルイもビクターも、ジェフの意見には賛成だった。そこでウィルが「six or noithing」。六人が力を合わせてこそ、この横断隊の意味がある。六人でやりぬこう、と結束を固める。

ミーテイッグのあと、嵐の中出発。空腹の犬たちはすぐに疲れてくる。大声をはりあげ、犬たちにはっぱをかける。午前中は問題なかったが、午後からは各チームともストライキ気味、先頭のラッセル役を交代しながら行くが、とうとう午後二時ストップ。朝からたった六・四キロしか進んでいない。

スコット・アムンゼン時代、アムンゼンは犬を食料の一部として計算した。飛行機も無線もない当時、これは当然のことであったに違いない。それにしても、当時の苦労はすさまじい。想像を絶する世界であったことであろう。
深雪の中、進むことが不可能（移動しても毎時二キロ以下のスピードでは、進むだけ体力、食料のムダ使い）と判断した我々は、ツインオッター機が着陸できる天気を待つことにした。食料、燃料の節約を心がける。とにかく待つしかない。またこの深雪を吹きとばす暴風を期待した。というのも、一メートル下は硬くしまった雪であるからだ。一メートルの深雪は最近の降雪によるものらしかった。暴風が吹きさえすれば、雪は吹きとばされるに違いなかった。

奇跡的に嵐がやんで、補給機が

九月三十日　晴のちくもり　無風　マイナス一五度
奇跡的といってもいいぐらい。あの嵐がやんでくれた。晴間が見える。きのうは半日で六キロほどしか進めず、犬も人間も疲労困憊。停滞を決め、もう動くのは天気が回復するまで待って、食料制限に踏みきることにした。食料はまだ一週間分はあったが、南極での嵐の続いた記録はこの南極半島で二十三日間で、イギリス隊がこの間、テントに閉じこめられたことがあったそうである。それだけに、ツインオッター機がいつ飛んでこられるかは全くわからず、食料を、特にドッグフードを節約してゆかねばならなかった。しかしこの日、奇跡的に天気が回復した。我々の幸運に改めて驚く。
イギリス・ロセラ基地に待機していたツインオッター機は、この日救世主のように我々の前に舞いおりた。さっそく犬たち三十六匹のうち二十一匹を残し、十五匹を送り返す。そしてプンタアレナスにいた三匹のエスキモー犬を新たに加え、二十四匹で進むことになる。「みんな、プンタアレナスの春の陽気の下でゆっくり休んでくれ。パトリオットヒルズでまた会おう」あとに残った二十四匹の犬たちのために、イギリス・ロセラ基地より一九五七年製のドッグフードのプレゼントを受ける。南極では、三十二年前の食料も冷凍保存の状態なので何ともなっていない。ロセラ基地では、現在でも犬ぞりを使用している。天候の悪化を心配して、パイロットは三十分ほどで立ち去った。飢えていた犬たちに腹いっぱい食べさせる。「思いっきり食って、この深雪の中がんばってくれ」と励ましてやる。

その夜、六人の顔に久しぶりに笑顔が戻る。ジェフのピラミッドテント内でパーティー。話がはずみ歌も歌う。〝カチューシャ〟をビクターが歌い、その歌の説明をしてくれる。この歌は第二次大戦中、ロシア人が洞穴の中で自分たちを励ますのに歌った歌で、カチューシャとは女性の名前で、ソ連のロケット砲のことをカチューシャと呼んだそうである。ウィルが、自分の父親は第二次大戦中、グアム島で日本人をたくさん殺したことを話す。かつて日本人はたくさんの中国人を殺戮した、と私が言えば、ジェフとジャン＝ルイは、イギリスとフランスは昔から敵対していた国と言う。アメリカとソ連も冷戦時代があったし、中ソもかつて敵対したし、フランスとロシアも戦った。そんな国々のメンバーが、今こうして南極という国境のない平和な大陸で、苛酷な大自然の中で互いに励まし合い協力し合い平和に旅していることを考えると、平和の大切さ、ありがたさを実感する。

六人の絆《きずな》は一層強いものに

十月三日　くもり時々晴　マイナス二一度

二日間にわたって犬たちに十分な食料と休養を与えた後、深雪の中出発することになった。六人で何としてもこの深雪を突破しなくてはならない。二台のそりで行こうという案も、今まで通り三台のままで行こうということに変更された。

三台のそりだが、一台目の私のそりは四分の三の長さに切り積荷も一番軽くし、五匹の犬で曳かせる。そのかわり深雪を固める役目をする。そしてジェフが九匹、ウィルが最も重いそりで、十匹の犬で最後尾を行く。この方法はうまくいった。ビクター、ダホ、ジャン＝ルイが先頭をスキーでラッセルしながら進み、そのあと私のそりが軟雪を固める。

ジェフとウィルの間で少し口論が起こった。ウィルのそりが遅い。ウィルは自分のそりが重すぎると主張、ジェフはそれはウィルがいらない物を持ちすぎるからだと言い、それを捨てろと主張する。これにカチンときたウィルは、そんなことはない、自分のそりには隊としての共有物が多すぎるからでジェフにそれを持てと言う。私のそりは重くできないのでどうしようもない。ジェフはウィルが十匹の犬を持っていると主張。結局ジェフがやけくそ気味に、ウィルのそりからドッグフード一箱（三〇キログラム）と医療箱（一〇キログラム）をひったくるように取り、自分のそりに載せ、出発。

これまでも、そりに載せる個人の所有物が多い少ないで、お互い文句を言い合うことが何回もあった。例えば、日記をつけるのにテープレコーダーを使用する者は、乾電池がいる。乾電池は重い。全体から考えればちっぽけな重量で、問題にはならないが、それが乾電池を使わない人間にとっては「自分は犬のためにできるだけ個人の所有物を少なくしているのに、なんだあいつは」というふうに、ささいなことに腹が立ってくるのだ。

今回の口論も、ジェフは几帳面なイギリス紳士で、自分の持ち物をグラム単位といっていいぐらいの細かさで減らしてそりをできるだけ軽くしていたのに、ウィルが注文をつけてきたので、頭にきたようだ。ウィルはどちらかというと大陸的で大ざっぱなヤンキー気質なので、こういう性格の違いが原因となり、口論になることもあった。

この夜は、初めてひとつのテントに三人が寝て、テントを二張にした。十月からローテーション通り、私とジェフがテントパートナーを組む予定だったが、テントを二張にすればテントをひとつ減らせるということで、試験的に三人がひとつのテントで生活することを試みた。ピラミッドテントにウィル、ジェフ、私、ドームテントにダホ、ビクター、ジャン＝ルイが寝た。テント設営は三人で張れるのでずっと簡単にできたが、テント内は窮屈。押し合いの状態。夜中、三人がよりそい合って寝るので暖かいが、三人の吐く息でテント内にはりつく霜はふだんよりずっと多い。手袋やブーツの乾き具合もよくなく、このテント一張三人は、二晩で失敗に終わり、再び三張で一張二人に変える。そして私のテントパートナーはジェフとなる。ウィルとダホ、ビクターとジャン＝ルイが組み、これが南極点まで続く。

この深雪帯を突破できたことで六人の絆はより強固なものとなり、自信にもつながった。精神的に最もつらかった時に、隊の分裂の危機になりかねないこの時に「six or nothing」の結論が出たことが、この横断隊を二歩も三歩も成功に近づけてくれたことは言うまでもない。苦しい時にこそ、そのチームの本当の力が出るもので、そういう意味で、この前半戦のヤマ場を乗りこえ、一人一人の力よりも我々のチームとしての実力をこの時初めて知ることができ、それが大きな自信につながったといえる。

厳寒のテント生活、苦もあり楽もあり

この旅が始まりもう三ヵ月、ブリザードの中のテント生活はいろいろと忙しい。今いるテントはピラミッド形テントで、テントパートナーは、十月一日からイギリス人のジェフ・サマーズ。几帳面できれい好きなイギリス紳士のジェフは、イギリス南極探検隊員として三年間、この南極半島で鍛えられただけあり、テント生活でもすべてきっちりしており、ジャン＝ルイと二ヵ月間、自由気ままに暮らしていた時と違い、テント内は整理整頓され、食器も何もかもクリーンである。役割分担もきっちりと決められ、どちらかというと軍隊調である。

ジェフは、このピラミッドテント（縦二メートル×横二メートル×高さ二メートル）で極地で五〇〇日以上を過ごしており、この旅が終わると七〇〇日以上という、ピラミッドテントの主というべきベテランである。

グリーンランドで一ヵ月、彼とテントパートナーであったので、要領は心得ていたが、ジェフに言わせるともう一度初めからやり直しということで、このテントの使い方を教育される。

スタイルは各テントによってそれぞれだが、ジェフのスタイルは、アウトサイドマン（外役）とインサイドマン（内役）に分かれる。アウトサイドマンはテント外のこと一切をとりしきり、インサイドマンはテント内のこと（料理、整理整頓等）一切をとりしきる。これを一日交替でやるわけだ。アウトサイドマンがテントの中へ入ってくる時には、テント内は暖かく、熱いコーヒー一杯をまずアウトサイドマンに与えるのが、インサイドマンの義務ということになっている。そして料理を作りアウトサイドマンに給仕する。食器洗いも何もかもがインサイドマンの役目となる。朝も同じだ。インサイドマンが先に起きてコンロに火をつけ、テント内を暖めながら湯を沸かす。お茶ができた時にアウトサイドマンが寝袋から出てくるというわけだ。そしてまた朝食を作りアウトサイドマンに給仕する。インサイドマンは奴隷というか召し使いのようなものである。一日おきに召し使い役をやらねばならないのでインサイドマンの日は日中から夕食の献立を考えたりして大変である。しかし、アウトサイドマンの日はテント内では殿様気分である。

ジェフは典型的な頑固一徹のイギリス人。沸騰した湯でいれたコーヒーやお茶でないとすぐさめるといって飲まない。それだけにインサイドマンとして彼に給仕する時はいろいろ気を使う。食器などもジャン＝ルイと生活していた時はさっとゆすぐぐらいだったので食べ物のカスなどがつねにこびりついていたが、ジェフと生活しはじめてからはコップからボウルまですべてピカピカ、食料ボックスの中もきちんと整理されている。ジェフとはこの隊の中で最もつき合いが長い。ジェフからはいつもイギリス人特有の皮肉っぽいジョークでちゃかされる。いろいろ気むずかしいところもあるが、それでもいつも周囲の人のことを考え、面倒みのよいナイスガイである。

ピラミッドテントはドームテントと違って建てるのが簡単で、少々重いが風に強く頑丈である。少し狭いが暖かい。南極ではポピュラーなテントである。インサイドマンでテントに入ると忙しい。寝袋、食料ボックス、ストーブ等をいつも通り配置する。ストーブのないテント内は、風はないが寒い時はマイナス三〇度以下、白ガソリンもなかなか燃えない。金属類は手袋なしでは指にくっつき、ジャケットの下が汗が凍って霜となっている時は、ストーブをつける前にブラッシングでそれを払い落とす。

いったんテント内が暖まると、吐いた息が霜となってテントの壁に付着したものが溶け、今度はすべてが湿った状態となる。地吹雪の間は、あらゆるすき間に雪が入りこんでいるので、この状態がずっとひどい。ストーブがつき暖かくなったテント内は天国であるが、その状態になるまでは全くうっとうしい。

ストーブをつけると、雪を溶かしてお湯を沸かす。それをやりながらブーツを脱ぎ、すべてを天井からぶらさげる。そして夕食の準備にとりかかる。その頃、アウトサイドマンが中へ入ってくる。キャンプ地到着後、だいたい二時間でここまでやるのが、英国探検隊のやり方だそうだ。一時間でやるのはなかなか大変である。このシステムはすべて公平で、長い間二人でやっていく場合、ちょっとした不公平があるとストレスがたまり、気まずくなることがあるが、そういったことをなくすにもいいシステムである。

ふだん気づかないことだが、人間の発散する水分はかなりの量であることが、厳寒の地でのキャンプ生活では実感できる。寝袋は身体から出る汗と吐く息とで水分が凍り、寝袋内に蓄積されるので重さが増す一方。それを防ぐため、ピラミッドテントは高さがあるので毎朝天井からつるし、乾かすことに専念する。足の裏からでる水分も相当な量である。こういった湿気は、ストーブを消すと凍り、テント内に付着する。それだけにブラッシングはドライな生活を保つのに、この地では重要な作業である。朝起きると、まずテントの壁をブラッシング、床に落ちた霜をブラッシング、といった具合にブラッシングの連続である。

もう出発して三ヵ月になるが、もちろん風呂・シャワーは一切なしである。南極ではすべてクリーン。湿気も少なく細菌も繁殖しないので、身体も案外クリーンで、においもしない。ビクターは毎朝、いかなる天気の時でも素裸で外へ出て、雪を身体にこすりつけるスノーシャワーを浴びる。自分も十月一日、衣がえという季節これに挑戦。マイナス二五度、初心者にはちょうどよく、三十秒間ほどテントのまわりを飛びはねる。雪を身体にこすりつけると雪が溶け、ずぶぬれの状態となる。それをタオルでふくわけである。これがまた最高に気持ちがいい。極点からビクターとテント生活を共にするので、毎日実行する約束となっている（実際はできなかった）。

毎日の食事の量は相当な量である。四〇〇〇～五〇〇〇キロカロリーはとっているであろうか。厳寒の地で毎日三〇～四〇キロをスキーで八時間ほど歩くわけであるから、カロリー消費量もかなりのものであるに違いない。

マイナス三〇度以下になると、身体が脂肪を要求しているのがよくわかる。バターやチーズがむしょうに食べたくなる。

食事は朝はオートミール等の穀物や夕食の残飯をバターでいためたりする。昼はチョコレートやナッツ、ドライフルーツといったものに、人によってはインスタントスープをテルモス（ポット）に入れたお湯で作ったりする。夜は、ペミカン（干し肉をラードで固めたもの）をチーズ、バターを使って料理する。そこへ米、乾燥ポテト、パスタのうちのどれかを放りこみ、それを食べる。毎日同じようなメニューがもう三ヵ月以上続いており、日本の家庭料理が恋しいきょうこの頃である。

このように、テント生活をいかに快適に過ごすかということは、この七ヵ月の長旅では疲れをためないためにも、楽しく過ごすためにも、非常に重要なことである。いかによく食べ、よく眠り、すべてをドライに保つか。そのためにさまざまな作業があり、テント内の活動もけっこう忙しい。

ちょっとした油断から凍傷に

十月十三日　晴のち地吹雪　マイナス三五～マイナス三八度　南風　毎秒一〇メートル

一日の行動を終えたあとであった。テント内にもぐりこみホッとひと息ついた瞬間、右頰の異様な感触に気づく。思わず手のひらをあてがうがすでに遅し。相棒のジェフから「Oh, You've got a good one.（おっと、いいものもらったね）」と言われ、ああやっぱりと思う。凍傷だ。右頰はみるみる膨れあがり、まるでパンチを浴びたようである。

十月十二日、レックス山のデポを無事通過して以来、急に気温が下がりはじめ、十月はだいたいマイナス二〇度台を指していた温度計がぐっと下がり、連日マイナス三〇度台、十月十三日、マイナス三八度。この気温は過去何回も経験しているが、その時はいつも快晴の穏やかな日ばかり。しかし今回のは違う。風と悪天候のマイナス三八度である。しかも風向は南風、南極の中心部から吹いてくる風だ。そして強風、マイナス三八度の寒風は、身体の芯につきささるようである。完璧にマスクでおおっていた顔面も、テント外の作業の合間に少しズレ、すき間ができたのであろう。そこを見事にやられた。

南極という厳しい自然環境の中では、ちょっとした油断が小さなミスにつながり、小さなミスの連続が取りかえしのつかない悲劇につながってゆくので、油断禁物である。とにかく未然に防げるものは、細心の注意で防いでゆかねばならない。今回、この厳しい寒気と強風は、南極の本体からの〝油断禁物〟という警告のようにも思えた。それと共に、南極本体の持つ不気味さ、そしてこんなところまで来たのかという、さいはての地に来た感をしみじみとかみしめる。

犬の足にトラブルが生じてきた。風が常に雪を運ぶため、地上五〇センチのところはいつも雪が吹きつけている。細かな雪がつねに犬たちの足にあたり、毛と毛の間に入りこむ。犬はその雪を取りのぞこうと、雪をむしりとるのだが、その際毛までぬいてしまい、足の内側が毛のない状態になったりする。犬の性格にもよるのだが、神経質な犬ほどそういう傾向がある。私の古くなったソックスをはかせてやったりするが、ズレて脱げてしまったり、いやがってボロボロにしたり、なかなかうまくいかない。動物の身体に合うものを作るということはなかなか難しい。犬のブーツにしても、強くしめすぎると血のめぐりが悪くなり、ゆるすぎるとすぐ脱げる。まめにチェックして、調整してやらねばならない。

氷だらけの寝袋と休養日

十月二十日　くもり　風速毎秒五〜一〇メートル　マイナス三五度

サイプル基地到着の日が来た。アメリカの基地で一九八六年に閉鎖された。情報によれば、基地はすべて雪の中に埋もれ、アンテナが見えるだけという。この大氷原の中の、一点でしかない基地にたどりつくことは至難の業である。というのもわずかな進行方向のズレで、数十キロ離れたところを通過することになるからだ。午後六時ストップ。このへんにあるはずなのだが、周囲は三六〇度地平線、何も見えない。

ここ数日無線が全く通じないブラックアウトの状態が続いていたので、我々の正確な緯度経度がわからなかったため、ナビゲーターのジェフが地図とコンパスと走った距離でだいたいの位置を推測により割り出していた（距離はジェフのそりのうしろにつけた自転車の車輪の距離計で測る）。

我々の位置確認法をここで述べると、我々は二つの方法を使った。一つは人工衛星を使ったアルゴスと呼ばれるもので、我々が発信した信号をアメリカの気象衛星ノアがキャッチし、それをフランスのトゥールーズにあるアルゴスセンターが受けとり、緯度経度を割り出す。その情報をパリ、セント・

ポール、プンタアレナスの我々のサポート基地が受け取り、無線で我々に一日遅れで知らせてくれるというものであった。

そしてもう一つは六分儀による方法で、これはジェフが担当した。今年（一九八九年）は太陽の黒点の活動が活発で無線のブラックアウトが多く、また南極半島では地吹雪の連続で太陽から全く見放された状態で、コンパスと地図と走った距離による推測走法に頼らざるをえない状況が多かった。

このサイプル基地には食料デポを作ってあり、食料補給のためになんとかたどりつかねばならなかった。ジャン＝ルイが双眼鏡を持ってそりの上に立ち、周囲を眺める。もうここで今日は野営と決めて準備しかけていると「あった、サイプルだ」と発見の声。一同じっとその方向を見つめると、アンテナの塔が何本もつき立っているのがかすかに見えた。もう日は沈まないので夜はない。おろしたテントをまたそりに積み、基地へ向かう。肉眼でとらえたアンテナの塔は、なかなか近づいてこない。極地特有の現象で、比較的近くに見えるものでも、実際は非常に遠いことがある。今回も発見したところから基地まで一四キロも離れていた。

午後九時三十分到着。野営の準備をすませ夕食を食べたのは午後十一時二十分、疲れていた。寝袋の中に氷のつぶがいっぱいあり、ザラザラしている。暖かいフカフカの寝袋で眠りたい。

スコット隊が極点からの帰りの際、エバンズが亡くなり、オーツも今にも倒れそうな時に、隊の中で最も小柄のパワーズが、それまで大切にとっておいた自分の新品の予備の寝袋をオーツに与えてやったという話を聞いたことがあるが、極限の状態で自分は氷だらけのちっとも暖かくない寝袋を使い、ずっと使わずに残しておいたフカフカの寝袋を他人に与えてやるなんて、これはすごいことだと思う。パワーズという人は人間愛にあふれたすばらしい人だったのであろう。

自分が今氷だらけの寝袋を目の前にしてもし同じ状況に陥った場合に、パワーズのとったような行動をとれるかどうか自信がなかった。フカフカの乾いた寝袋というのは、この南極ではこれほどありがたい、宝物のようなものはない。

あすは休日、ゆっくり休養したい。

それにしても、アンテナの塔を発見できたのは、ラッキーだった。少しでも視界が悪いとそばを通りすぎてしまい、たどりつけなかったであろう。

十月二十一日　晴のちくもり　マイナス三〇度

青空が広がる。何日ぶりであろうか……。犬たちものびをして、のんびり横たわっている。のどかな休養日。みなそれぞれ寝袋を干したり、犬のハーネス（曳き綱をつける犬の胴着）を干したり、そりの補修をやったり、自由気ままにやっている。テント内もマイナス一〇度と暖かい。マイナス三〇～マイナス四〇度の強風帯を通過してきた我々には、マイナス一〇度のテント内は、日が照っていることもあり、暖房つきテントに思えるほど暖かく感じる。

サイプル基地はもう完全に雪に埋まっており、建物の姿は全く見えない。

あちこち動きまわっていると、建物の天井と思えるところを発見。雪を少し掘ってみるとハッチが出てきた。ウィルがそっとそれを開けてみる。中は真っ暗である。ヘッドランプをつけて、はしごを降りてみる。秘密の基地を探検しに行くという子どもの頃の気持ちがふとよみがえる。ヘッドランプの細い光に照らし出された部屋の中は散らかっており、バスルームやキッチンがあった。テーブルの上に一九八六年の『プレイボーイ』と『ペントハウス』があり、ページをめくり思わずゴクリとつばを飲む。キッチンにはジャムやらコーンフレークやら、インスタント食品があり、ポケットにちょっと失敬する。三年前に閉鎖された基地はもう雪に埋もれたゴーストタウンという感じで、少し寂しい雰囲気であった。もしここが今でもオープンされていたなら、今頃歓迎パーティーやら、シャワーを浴びさせてもらうなどして快適であったろうにと思うと、こうしてさびれた基地の中を探検している状態をわびしく感じた。

デポを何とか見つけなければならないので基地内を捜しまわっていると、デポの箱からつき出た三メートルのアルミポールを発見。箱はカチカチの硬い雪で埋まっていた。基地で見つけたつるはしを借りてくる。つるはしの名人はダホである。氷のサンプリングでつるはしを使うことが多いので、うまく氷をさくように割る。力ではない。事実、力自慢のビクターがやっても、なかなかうまく割れない。岩割りをやっていた私がやってもうまくいかない。ダホがやると、大きなブロックで割れ、簡単に掘れる。ジャン＝ルイは何でも人力で人海戦術で土木作業を行なう中国人の姿が目に浮かんだようで、「さすが中国人の雪氷学者」とダホのつるはしを扱うテクニックに感心していた。

デポは一メートルほど掘ってようやく見つかる。箱の大きさは一・二メートルほどであるから、デポを置いてから九ヵ月しかたっていないのに、二・二メートルは雪が降りつもったことになる。地上にあるものは何もかも埋めつくす、南極の雪のおそろしさだ。

悲しい出来事

十月二十二日　地吹雪　風速毎秒二〇メートル　マイナス二五～マイナス三〇度

悲しいことが起こった。地吹雪の中では、犬たちの毛の間に雪がびっしりつまってしまって、それが氷のようになるのであるが、ウィルのチームのティムという犬が足から胸にかけて、その毛の間にこびりついた雪と一緒に毛もむしりとってしまい、寒さのため死んだ。昨日の好天が夜半すぎから急変したためだ。昨日は太陽がさんさんと夜中も照っており、黒毛のティムは心地良さそうにのんびりしていた。それまで少し弱っていたティムを、そりのハンドルバーのところにつけてあるそり袋の中に入れてやったり、テントの中に入れてやったりしていたが、昨夜は天気もよかったのでマットを敷いてやり、ウィルはそのまま寝入ってしまったようだ。ところが天気が急変。朝起きると猛吹雪。驚いたウィルはティムのもとへかけつけたが、時すでに遅し。ティムはうずくまったまま、雪の下で動かなくなっていた。かわいそうであった。ウィルは涙を浮かべながらジェフと私のテントにティムの死を報告に来た。ちょっとした油断があるとその心のゆるみの部分に南極の大自然は容赦なく襲いかかる。ティムはウィルが北極点に連れていった犬、狼の血が濃い犬で、独立心の強い犬だった。

結局、この日は行動できず、停滞。

十月二十三日　地吹雪　風速毎秒一五メートル　マイナス三五〜マイナス四〇度

強風の中、先を急がねばならないのでとにかく動こうということになり出発。南から吹きつけるマイナス四〇度の風は、とにかく冷たく痛い。ビクターはこのおそろしい寒風の吹きすさぶ朝でも、裸でスノーシャワーを浴びる。一瞬にして雪まみれになり、そしてテントに入る。彼の耐寒能力のすごさには犬たちも驚いているのではないだろうか。

出発後まもなく視界が悪くなり、うしろのチームを見失わないよう何度も振り返りながら進む。九月以来、ビクターが毎日先頭に立ち、コンパスで針路を確認しながら進んでいる。厳寒の地吹雪の中、これが本当の南極の寒さだといえる。低温と南からの強風だ。じっと止まっていると、身体が芯まで冷える。とにかく動かなければ、寒くてたまらない。

ティムに続いてジェフのチームのスピナーという犬がトラブルを起こす。ペニスに凍傷を負ったのだ。メス犬チュリに興奮したのか、ペニスを長く寒気にあてたらしく、膨れあがってひっこめられなくなっている。元気がない、尿も出しにくそうだ。テントの中へ入れてやる。とにかく自力でひっこめてもらわなければ手のほどこしようがない。「一体何を考えとったのや」とスピナーに言っても仕方ない。私も気をつけねば。

この日、とうとうエルズワース山脈が視界に入る。南北四〇〇キロも岩峰が連なる大山脈で、南極最高峰のビンソンマシフ（ビンソン山・約五〇〇〇メートル）も中程に存在する。このあたりはサスツルギが発達しており、スキーで行くのが困難なところだ。サスツルギは風で雪面が削られ、ギザギザの表面になったもので、大きいものでは五〇センチ～一メートルもあり、そりの進行を妨げる。またそれが岩のように硬く、そりがガタンガタン、時にはひっくり返り、そりに与えるダメージも大きい。過去の探検家たちも、このサスツルギにはかなり進行を妨げられ、苦しめられたそうだ。

かつてない快晴無風のひととき

十月二十九日　快晴　マイナス二〇度～マイナス二七度

この日はかつてない快晴無風の最高の天気となった。エルズワース・デポに到達した我々は、久しぶりのマイナス二〇度という暖かい気温に、風がないので上半身裸になり、太陽の光を全身に浴びる。風さえなければ太陽の下では暖かく感じるが、日陰に入ると極端に寒さを感じる。デポはフィッシャー・ヌナタックという、大氷原にポツンとはえた竹の子のようなヌナタック（氷の上につき出た岩峰）のふもとにあった。眼下に広がる大氷原と大山脈の姿は、言葉では表現できない美しさであった。

デポの中にはドラムブイという甘いリキュールが入っていたので、それをココアに入れて飲む。最近の寒さで硬く縮こまった私たちの身体を、太陽の熱が少しずつときほぐしてくれる。みな寝袋を干して、リラックス。正面には犬の歯のギザギザのようなエルズワース山脈の山々の姿。一体これまでに何人の人間がこの地を訪れたであろうか。いたとしてもほんの数人に違いない。こんな贅沢があっていいのだろうか。地吹雪の合間に、白い大陸がちょっと与えてくれた、我々にとっては最高のプレゼントであった。

十一月一日　晴のちくもり　マイナス三三度

腹いっぱい食べて寝ると身体が熱を作り出してくれるので、暖かく眠れる。フィッシャー・ヌナタックで食料をどっさり仕入れ、食料には不自由しない。先日の好天でもう地吹雪銀座は通過したと思っていたその夜、再び強風が吹き荒れた。ここは南極、仕方がないと、みなあきらめの境地で腹も立たない。それにしても、いつになれば南極大陸の真ん中に存在する高気圧域の中に入れるのであろう。期待はいつも裏切られっぱなしだ。

エルズワース山脈は、毎日我々にその美しい姿を見せてくれるわけではなかった。たいていはアイスフォグがたちこめ、なかなかその全貌を見ることができない。しかしこの日は、ビンソン山の真横を通過する日でもあり、ぜひその姿を見たいと願っていた。植村直己さんも南極半島からこの地まで犬ぞりで来て、ビンソン山に登る計画があった。自分がその場所にいることができることを思うと、自分は何と幸せな人間なんだと思わずにはいられない。

その日の昼頃、アイスフォグがきれいに晴れ、巨大なビンソン山を左手に見ることができた。思わず〝植村さん、見えますか〟と心の中でつぶやいている自分に気づく。サスツルギのないなめらかな雪面。それも静かにうっすら積もった雪の上を音もたてずに進む。静かな犬ぞりの旅は本当に気持ちよい。いつもはギーギー、ガタン、ドタンとうるさくて仕方ない。ビンソン山を通過後、急にアイスフォグがたちこめ、山々の姿は再び全く見えなくなる。わずか五分か十分の間のできごとであっただけにビンソン山を見ることができたのは、植村さんの引き合わせのような気がして勇気づけられる。

未知の峠越えにチャレンジ

十一月六日　晴　マイナス三三度

飛行機が離着陸できるパトリオットヒルズに向かう。パトリオットヒルズはエルズワース山脈の南端の、私たちから見て山脈の裏側にあり、そこには報道陣がプンタアレナスからやってくることを聞いていた。あと四八キロ、一日半の行程である。到着前にひとつ峠越えがある。この峠越えがひとつの難関となる。航空写真に基づいた地図からでは、峠の向こう側がどうなっているか、全くわからない。崖になっている可能性もあるし、クレバス帯の可能性もある。遠回りでも、エルズワース山脈の南端を迂回したほうが安全ではと思ったが、迂回すれば、一日パトリオットヒルズ到着が延びてしまう。一日も早く到着したい我々は、行くだけ行ってみようと全員の意見が一致する。隊としてのひとつのチャレンジで、誰も通過したことのないところを自分たちの目で見てみようという気持ちも全員にあった。

峠の向こう側は二〇〇〇〜三〇〇〇メートルの標高差があることが地図から見てとれた。峠の幅は約五〇〇メートル。いざ出陣、冷たい西風が吹きつける。気温マイナス三三度、午前八時三十分出発。

山岳地帯のふもとであり、起伏が激しく、クレバスもあちこちで見られる。アイスバーンのところもあり、そりが暴走しないようスピードが出はじめればすぐに止め、犬のハーネスをそりのランナー（滑走面）にからませブレーキをきかせる。今までロープを使っていたのだが、このハーネスがブレーキとして意外にいいのである。取りつけやすくてはずしやすいので重宝している。左手後方のかなたに、久しぶりにビンソン山の姿が見える。氷河があちらこちらにうねるように流れており、そのなめらかな表情と険しい岩峰群の表情が対照的だ。願ってもない天気。未知の場所へ行くだけに、視界のよさが必要となる。正午すぎ、ローゼンタール山の中腹でストップ、もう峠は目前に迫った。まだその先がどうなっているのかわからない。

右手の方向に遠くパトリオットヒルズが見える。大氷原が白い雲海のように見え、その雲海の上につき出たヌナタックの姿が美しい。ただポカンと全員が見入ってたたずんでいると、ローゼンタール山からの吹きおろしの寒風にブルッと身体がふるえる。なぜ人間は、山々の美しい姿に感動するのだろう。それは山々が自然体で、自分自身もそうありたいと願うからではないか。何万年もかけて大自然が造り上げた造形美には、人間もそこにふるさとのようなものを感じるのではなかろうか。自分もこの山々と同じように地球の一部なんだという実感、そして自分の存在のちっぽけさ、こういうものが入り混じって何ともいえない感動を覚えるのではなかろうか。

いよいよ峠越えにかかる。峠の上に立つが、その向こうはブルーアイスがむきだしで、崖になっているようだった。峠の南端にいた我々は、まっすぐには行けないことを知る。それで峠を北の方向に沿って横切ることにより、下ることのできる斜面を捜すことにした。クレバスが多く暴走は禁物だ。いつクレバスに飲みこまれてしまうかわからない。

青空が美しい。しかし山からの吹きおろしの風が強く、雪煙があちこちで舞い上がり、これから何が起こるかわからない不気味さを覚える。小鼻や頬の凍傷が、寒風で痛み顔がゆがむ。

ビクターとジャン＝ルイがスキーで先を行く。私は三番目のそりで、最後尾だ。少し下りとなる。風が強いので、雪が吹きとばされアイスバーンの箇所がところどころ見られる。犬たちも走りにくそうだ。何とかスピードを殺しながら下りきると、峠に沿って幅五メートルほどの大きなクレバスがずっと延びていた。表面は雪がつまっているので少しくぼんで見えるのだが、雪の下はポッカリ空洞になっているはずである。今度はそのクレバスに沿って進む。犬たちがそのクレバスの方向へ行こうとするので、リードのビヨルンを叱りつける。クレバスにつまった雪は非常に硬く、抜けることはなさそうだったが冷や汗ものだった。

下り斜面が多いので、そりをコントロールしやすくするためにスキーを脱いでいた私は、万が一小さなクレバスを踏みぬくことをおそれ、そりに結んだ登山用ウェビング（帯状のひも）を手に巻きつけていた。突然ドスンと何かに足をすくわれたような感じを覚える。そのあと気がつくと、犬たちがそりと一緒に私の身体を引きずっていた。クレバスを踏みぬいたのだ。どこまで落ちたか覚えがない。おそらく腰ぐらい、あるいは胸まで落ちたかもしれない。そりに勢いがあったので宙づりにならずにすんだ。あのウェビングを巻きつけていなければ、六〇センチ幅の底なしのクレバスのえじきになっていただろう。

後方にポカリとあいた穴の中をのぞいてみると下は真っ暗、思わず足がふるえる。ヒドンクレバスはおそろしい。あの雪のつまった大きなクレバス周辺に、かなりのヒドンクレバスが存在していたようだ。二台のそりが通過した際は何ともなかったにもかかわらず、最後尾にいた私が落ちた。一番うしろが一番安全とは全く言えない。すぐにスキーをつける。

峠を下るところを捜しまわるが、ずっと崖が続き、向こう側には下れそうなところがない。とうとう峠を横切り北の端までやってきた。もうこれ以上は進めないというところで、スキー場の上級者コースといったような斜面が見えた。四〇度ぐらいの斜面だろうか、上から見るとほとんど崖に近いが、斜面はなめらかだ。

もう夕方五時、スキーで滑り降りるのならなんとかなりそうだが、三〇〇キロもの荷を積んだ犬ぞりが果たして行けるだろうか……。しかしここまで来た以上、来た道を戻るのはもっと危険かもしれない。最後に見つけたひとつの可能性は、この斜面を下ることしかなかった。ウィルが一人エキサイトしている。俺がトップで滑り降りると言う。

「先に何があるかわからないが、とにかく行く。これはおもしろいチャレンジだ」とやる気満々。

ブレーキを完璧にし、犬より先にそりが滑っていかないようにする。ジェットコースターに乗る前の緊張を十倍ぐらいにした感じだ。峠の上から斜面は見えない。ゆるい下りが二〇メートルほどあり、そのあとガクッと落ちこんでいる。勇敢なるウィルがまずゴー、続いてジェフとダホ、そして私とジャン＝ルイとビクターで行く。途中スピードが出るが、危険スピードではない。ジャン＝ルイがドスンと一〇センチほどのクレバスを踏みぬきずっこけたが、それ以外は問題なく坂の下まで行く。「やったあ」下から上を見上げると、峠全体が氷の絶景、雪煙が氷の崖っぷちから舞い上がる。無事クリアーした。

アルキメデスが苦しみぬいて金の純度を量る方法を発見した時、道路に飛び出し裸で寝ころがって〝ユーリカ〟と叫んだそうだが、我々の気持ちも同じような心境だった。それでこの峠を〝ユーリカ・パス〟と名づける。最後に見つけたスロープ、これまでで最もエキサイティングな下りであった。とうとう南緯八〇度までやってきた。目指す南極点まであと一ヵ月、南極の課すさまざまな試練を六人が力を合わせて乗り切ってきた。六人の結束はますます強いものとなり、六ヵ国から来た六人という意識はあまりなく、ひとつのファミリーのように感じる。

第四章

極点到達

補給計画の大幅な変更

十一月八日　くもり　マイナス二四度

無事パトリオットヒルズに到着した我々は、久しぶりの休養日にゆっくりできると思っていたのも束の間、この日午前三時、プンタアレナスからDC6が報道陣と撮影隊そしてプンタアレナスで休養をとった十二匹の犬たちを乗せて飛んできた。

パトリオットヒルズのふもとには、我々の再補給を担当するアドベンチャーネットワーク社のテント基地があり、この地のブルーアイス上にスキーをつけない大型輸送機DC6が着陸し、極点－ボストーク間のレスキュー態勢のためのツインオッター機の燃料や、我々の生活物資をプンタアレナスから運んでくれることになっていた。

この飛行機には、そりを曳いてクロスカントリースキーで南極を横断しようとしているイタリアの有名な登山家メスナーと、今年（一九八九年）五月、ロバート・スワン隊で北極点に立った西独のフックスの二人も乗っていた。

私たちの計画では、ツインオッター機を極点まで飛ばし、極点からボストーク間のレスキュー態勢及び食料の補給態勢を整えるはずだった。しかし、チリ空軍がプンタアレナスからパトリオットヒルズまでの燃料輸送を急に拒否したため、極点へツインオッター機を飛ばすための燃料は全く届いていなかった。そのため万が一パトリオットヒルズ以降に何か起こっても、ツインオッター機によるレスキューは不可能となる。それに加えて、今パトリオットヒルズにあるわずかな燃料についても、アドベンチャーネットワーク社は我々犬ぞり隊とメスナー隊の両者と重複契約というズサンなことをやっており、両者ともその燃料は我々のものだと言い張ることになってしまう。メスナー、フックス隊は、極点経由ロス海のマクマード基地への横断行の際、ツインオッター機での再補給を計画していたが、その燃料がないため、彼らも出発の見込みがたっていなかった。

ただ私たちの場合は、今年の一月にすでに南緯八五度のティール山脈デポ（一トンに及ぶ大デポ）を設置しておいたので、このデポの食料で極点経由ボストーク基地まで行くことは可能であった。二〇〇〇キロ近い距離を補給なしで行くことは、そり荷がかなり重くなり、犬たちにとってかなりの負担になるが、グリーンランドで一度経験しているだけに自信はあった。同じ南極を機械力を頼らずに横断しようという二つのグループが、共にツインオッター機という飛行機の燃料を待ち望んでいるというのもこっけいな姿である。

確かにこっけいな姿かもしれないが、今の時代において、探検に最新の科学技術を使うことは安全確保の上からも大切なことではないだろうか。飛行機によるレスキュー態勢の確立、あるいは食料の再補給、あるいは人工衛星を使った位置確認、無線機、地図。八十年前のアムンゼンやスコットの時代にはこんなものは何もなかった。彼らは未知の世界を明らかにしようという使命感をもって命をかけて南極点を目指して奥地へ進んだ。遭難しても救出されるという期待など持てなかった。

しかし、今では科学技術の進歩でさまざまな安全確保の技術を利用できる。我々もその科学技術の進歩の恩恵をこの南極でずいぶん受けている。アムンゼンやスコットのように極地に赴く人間にとって、誰も行ったことのないところ、未知の領域に入るのは非常に魅力的なことだが、今では世界中そんなところはほとんどない。海の底ぐらいだろうか。そのかわりと言えばおかしいが、今我々は自らの可能性に挑戦すべく、この南極で最も長く最も厳しい、八十年前ならアムンゼンでもスコットでも考えもしなかったルートの横断にチャレンジしている。

南極の苛酷な自然は八十年前と何ひとつ変わっていない。万が一命にかかわる事故が発生しても、飛行機はすぐに飛んでこられない。だからこそ、その時代においてできる限りの安全確保はしておかねばならない。アムンゼンもスコットも当時で最大限の安全確保を練りに練ったはずである。

アドベンチャーネットワーク社からは、我々がパトリオットヒルズを出発した後、燃料をDC６機で何回にも分けてプンタアレナスから運ぶという釈明があったが、あてにはできなかった。

このDC６機は三十年前に作られたオンボロプロペラ四発飛行機で、今までにもエンジントラブル、ブレーキの故障など数えればきりがないほどトラブルが発生しており、プンタアレナスからこのパトリオットヒルズまで順調に定期飛行ができるなんて考えられない。ウィルとジャン＝ルイは、プンタアレナスにいるアドベンチャーネットワーク社の責任者、ヒュー・カルバーに怒りをぶちまけるが、いっこうにらちはあかない。メスナーも同社のズサンな経営に対して完全に頭にきているようであった。

我が国際隊、メスナー隊、アドベンチャーネットワーク社の三者が何とか妥協点を見つけるべく話し合いを重ねた。結局、とにかく我々は極点に向かって出発し、メスナー隊は今あるわずかな燃料を使って我々の撮影隊がパトリオットヒルズから三日間行動を共にするので、撮影隊が我々のところを離れる際に飛んでくるツインオッター機に便乗し、彼らの出発点まで飛ぶということになった。

ツインオッター機を極点に待機させることができなくなると、最も困難が予想される極点からボストーク基地までの一三〇〇キロ間のレスキュー態勢が整わなくなり、自前のレスキュー態勢を整えると明言してきた南極横断隊の存続が危ぶまれることになる。万が一何かが起こった場合、アメリカの南極基地を統括する全米科学財団（NSF）がレスキューのため、極点のアムンゼン・スコット基地からC－130機を飛ばすことになり、そうなるとNSFから莫大な費用を要求されることになる。

民間の探検隊が南極を探検するにはどうしても自前のレスキュー態勢を確保する必要があった。レスキュー用のツインオッター機の燃料の確保は、こういうことから隊の存続を左右する大問題だったのである。

また極点以降ツインオッター機による再補給を受けられないということも大きな問題であった。こうなると南緯八五度に設置した大デポからボストーク基地までの約二〇〇〇キロ間、約一ヵ月半の行程の食料を積まねばならず、これではそり荷は五〇〇キロをこえることになる。これから高度が上がり低温、乾燥、酸欠になってくることから犬への負担が大きくなる一方ということで、何とかしなくてはならなかった。

そんな緊迫した雰囲気の中、アメリカから届いたボストンバッグいっぱいの、家族・友人からの数数のレターや陣中見舞が六人の疲れた心をいやしてくれた。テント内でゆっくり手紙を読んでいる時は、ここが南極であることをまるで忘れてしまい、ただ夢心地の状態である。そしてふと我に返ると、

〝あー、ここは南極なんだ〟と現実に戻ってしまう。遠く離れた地で読む手紙は、いつもながら心温まる。何度も何度も読み返し、遠い故郷をなつかしむ。

就寝前ジェフと映画（E．T．）の話をしたことがあるが、自分の星に帰りたいE．T．の気持ちと、南極の厳しい自然に翻弄され続けてきた我々の気持ちはよく似ている。特に故郷からの手紙は、ホームシックの気持ちを呼びおこす。「E．T．・ゴー・ホーム」「ジェフリー・ゴー・ホーム」「ケイゾー・ゴー・ホーム」とジェフと二人で冗談半分に両者寝袋の中で叫び合う。犬たちもその叫びに合わせて遠吠えを始める。効果満点のBGM。故郷に帰りたい人間と犬とのさびしい会話だ。

「愛娘」と「不肖の息子」の父親

パトリオットヒルズに到着する前ジェフのリード犬チュリが発情した。発情すればオス犬のけんかも増え、妊娠の可能性も出てくるので、発情を抑えるピルを与えていたが、薬を与える時期が少し遅れたため起こってしまった。ジェフはここ一週間、オス犬がチュリの周囲に来ないようテントのすぐそばにつなぎ隔離していた。

しかしこの日は、どういうわけかオス犬と同じナイトラインにつないでいた。そこにDC6機が到着し、我々六人は滑走路の方へ行き、プンタアレナスで休養した犬たちや荷物を降ろしていた。キャンプ地は誰もいない状態でここに油断があった。

我々は全員が協力して荷物やプンタアレナスから戻ってきた犬たちをはしごを使ってリレー式にD

C6機から降ろしていた。キャンプ地から滑走路までは四〇〇～五〇〇メートル離れでいた。飛行機から降ろした犬を下にいる人間がワイヤーケーブルでつないでいたのだが、何匹かの大はつながれておらず、自由に走り回っていた。私ははしごの真ん中で上から降ろされる荷物を受けとり下へ送っており、走り回っている何匹かの犬を見てまずいなと思っていたのだが、DC6機ができるだけ早く荷を降ろして離陸する必要があったのでその場を離れられず、どうすることもできなかった。荷物を降ろし、DC6機を見送ったあとみんなでキャンプ地へ戻ると、何と今DC6機から降ろしたばかりの元気いっぱいの一匹の犬がチュリとドッキング、それがまずいことに私のチームの犬クカだったのである。内気だがけっこうハンサムで黙々と働くタイプの犬で、このクカがチュリの処女を奪ってしまった。しまったと思ったが時すでに遅し。

そこに運悪くジェフが戻ってきた。私が「やっちまった」と合図すると、ジェフはカンカン。手に持っていたものを地面に投げつけ「お前の管理不行き届き、もっとちゃんと面倒みろ」と私を怒鳴りつける。

チュリはジェフの愛娘といった存在。また隊全体のリード犬といってもいいぐらいの優秀な犬。しかしクカがチェーンにつながれていなかったのは、あの状況下、誰を責めることもできない。「チュリをどこか他に隔離しておくべきだった」と私も言い返す。DC6機の到着で、とんだことが起こってしまった。

その夜、同じテントでジェフと二人気まずい食事。愛娘をたぶらかされ怒り心頭に発した父親と、たぶらかした息子を持つ言い訳のできないバツの悪い父親が、狭いテントで向き合っているかっこうである。

しばらく無言の食事が続くが、ジェフのほうからまず沈黙を破って、「あんなに怒鳴って悪かった」と謝る。謝られると私も「いや、自分も滑走路の荷物降ろしに集中しすぎていた。もっと周囲を確認しながら作業すべきだった」と謝る。

犬の妊娠期間は二ヵ月ちょっと、うまくいけばボストーク基地の近くまで行けるので、そこまで行けば何とかなるだろうと考えるしかなかった。その日のいやな雰囲気はそれで終わる。

予想される難コースに荷物を極力減らし

十一月十日　晴　マイナス二五度

これから極点経由ボストーク基地に向かうにあたって、一つ心配なことがあった。極点からボストーク間は一三〇〇キロ、この間は三十年前に一度、ソ連の雪上車が極点到達を果たした際通過しているだけで、まだ誰も自分の足では歩いていないし、犬ぞりも一度も走ったことがないところである。従って情報と言えば、三十年前のソ連隊の情報だけ、その情報というのは一メートルの深雪軟雪ということであった。

九月末、あの深雪に悩まされた我々にとって一番心配なのが、犬のことであった。極点からボストークまでは標高が二八〇〇～二五〇〇メートルまでアップする。地球の自転の遠心力から、高緯度地域の大気圧は減り、このあたりの空気中の酸素量は中緯度地域の三五〇〇~四五〇〇メートルの高さの山に匹敵するそうだ。標高が上がるため気温も当然下がる。真夏とはいえマイナス三〇~マイナス五〇度が予想され、もし犬が深雪に苦しめられれば呼吸も激しくなり、そのことで肺が凍傷になる危険が出てくる。

また、空気が非常に乾燥しており、呼吸から失われる水分の量も多くなるのだが、犬たちの水分補給の源である雪も乾雪で水分は非常に少ない。犬たちが脱水状態にならないだろうか。幸い犬たちはドッグフードを消化する際、体内での生化学反応により体内で水を作ることができるそうだが、果たしてこれだけで大丈夫なのか。こういった心配がつねに頭の中に存在した。

マッシャー(犬ぞりをあつかう人)のウィル、ジェフ、私は、九月末の深雪帯で苦労させられた経験から他の三人に極力荷物を減らすことを要請。ここで問題が起こった。何を残してゆくか、その中で問題になったのがビクターの地上付近のオゾン量を測定する器械であった。この器械がリチウムーバッテリーや測定器のため重いのだ。三人のマッシャーは置いていくことを要請したが、ビクターは今まで毎日献身的に測定を続けてきた。「そりに載せられなければ、自分でかついで行く」と声を荒げて一歩もゆずらない。「この測定記録はこの横断隊の財産、もし測定中止ならそれは我々のひとつの目的、科学調査ということを放棄することになる。それでもいいのなら、それはそれでやむをえない」と述べる。犬係としてはビクターには悪いが犬が大切、測定器を余分なものとみなす。

そこでジャン=ルイが調整役となり、ビクターを説得。「パトリオットヒルズからボストーク基地までは断念して、ボストーク基地からまた基地にある器械で再開すればいい」平行線のままではらちがあかない。ビクターも仕方なしに同意せざるを得なかった。

南緯八五度デポ（ティール山脈デポ）まで五五〇キロ、二十日分の食料を積みこむ。余分な装備、カメラ、個人の持物はすべてパトリオットヒルズに残し、午後零時三十分、出発する。相変わらず出発のめどがはっきりしないメスナーとフックスが、我々を見送りに来てくれた。メスナーのほうが我々の隊にかなり対抗意識があったようで、ツインオッター機の燃料のこと以外話はしていなかったが、この日は笑顔で見送ってくれた。がっちり握手を交わす。

「極点近くで会えたらいいですね」

「それは君たちのほうが早いので無理だろう」

八〇〇〇メートル峰をすべて登った人とは思えないほっそりした身体つきだが、握手をしてそのすごさが伝わってきた。目を見るとそこには、やはり生死の境を何度も経験してきた鋭さというか、一般の人間とはちょっと違った眼光を発しているかのようだ。何となく哲学者のような、そんな感じの人であった。この日は犬たちも久しぶりの休養で元気いっぱい。むきだしのブルーアイスのアイスバーンの上を突っ走る。エルズワース山脈の美しい山並をバックに、目の前に広がる大氷床に向かって出発した。

パトリオットヒルズからは、好天が続くとの情報はまた誤報のようで、十一月十日に出発して以来、またまた連日の地吹雪。視界の悪さは我々に再びあの悪夢の南極半島を思い出させる。気温はマイナス二〇度台で寒くはない。しかし正面から吹きつける決してやむことのない強風には〝もうやめてくれ〟と腹立たしくなってくる。

フェイスマスクは向かい風のため吐く息が凍りつき、また氷となった鼻みずとよだれがこびりつき、氷の仮面と化す。その上、サスツルギ（風で雪の表層が削られてできるでこぼこになった地形）帯が我々の行手を阻む。晴れていれば避けて通ることのできるサスツルギも、ホワイトアウト（白闇）の悪視界の中では一メートルほどの段差のあるこのでこぼこの雪面を避けることができず、そりが転倒することもたびたび。しかし、こういった悪条件はすべて南極半島で十分鍛えられている我々である。苦労しながらも一日三七～四〇キロの安定したペースで着実に極点に向かって前進した。

幻想的な四つの太陽

十一月十四日　晴のち地吹雪　マイナス二四度　視界五〇～一〇〇メートル

南緯八一度付近、朝七時四十五分。外に出たジェフが「Keizo, Look at outside!」と大声で叫ぶ。一体何事かとピラミッドテントから顔を出すと、ホワイトアウトで何も見えない。ジェフに「Look up the sky」と言われ空を見上げると、うすグレーの空にぼやけた太陽がやわらかく輝き、その周囲に大きなリングが認められる。そして太陽を中心に、そのリング上に九〇度間隔で四ヵ所、小さな太陽が輝いている（mock sun または sun dog と呼ばれる）。火の玉のようであり、何とも幻想的な光景である。リングの現れるこの現象は英国探検隊の間ではパラヘリア（幻日現象・ハロー現象）と呼ばれるそうだ。ジェフは私が外を見る前はリングが二重のダブルリングだったと言う。彼もダブルリングは初めて見たと興奮気味であった。カメラに収めようと思ったが、すぐに消えてしまう。南極は、山が浮いて見えたり、蜃気楼があったり、七色に輝く雲があったり、強風が突然ピタリと止んだり、とにかくいろいろ不思議な現象が現れるところである。

三十三回目の誕生日のビッグスカイ

十一月十九日　晴　地上付近地吹雪　南東の風　毎秒五～一五メートル　マイナス二〇度

この日は私の三十三回目の誕生日であり、とうとう空に青空が広がりはじめた記念すべき日となる。地上付近の強風とドリフティングスノー（表面に積もっている雪が風により地をはうように吹き流れている状況）はまだまだ続くようだが、とにかく太陽が青空に輝いていると視界もきくし、精神的にずっと楽だ。二十四時間まぶしく輝く太陽の姿に、ただ感謝の気持ちがこみあげてくる。思えば我々は、ウェアハウザー氷河（南緯六九度）からこの青空を期待し続けてきた。氷河を登りきれば好天となる。そして南緯七三度を過ぎれば安定した好天域となる。サイプル基地（南緯七六度）以降は好天域、エルズワース山脈に行けば……南緯八〇度に達すれば……と期待した我々は、見事に裏切られ続けてきた。とにかく太陽と共に行動できるというのは、我々にとって、また自分の誕生日で最高のプレゼントとなった。

一日の行動中、たまにスキーをしながらそりをはさんで反対側にいるパートナーのジャン＝ルイに

「It's too hot.（暑すぎるね）」と言うと、「No complain, no complain.（南極さんに文句を言ってはいかん）」、機嫌を悪くして、また冷たい寒風を吹かせ始めるかもしれない、とジョークをとばす。

三十三回目の我が誕生日パーティーを、一日の行動のあと、ジェフと私のピラミッドテントで行なう。誕生日パーティーは祝われる本人が自分のテントにみんなを招待するというのが我々のやり方だった。今回は再補給の問題等で、パーティーというよりほとんどミーティングになってしまったが、それでもビクターから心温まる詩をプレゼントされ、またジャン＝ルイから南極半島で味わったフェルネブランカというイタリアの酒、そして全員から誕生日カードを受けとり、南緯八二度四五分で迎えたこの日は、自分にとって一生忘れることのない日となった。そして一番のプレゼントは、何といっても白い大陸からの青空と太陽であった。

南緯八二度を出発点としたメスナー隊の動向が、無線を通じて入ってくる。サスツルギと悪天候に、かなり苦労を強いられているようだ。彼らも少なくても二〜三週間は南極が課す悪条件の中、辛抱しなければならないであろう。ルートも手段も違う彼らだが、同じ白い大陸を横断しようとする仲間。うまくやってもらいたいものだ。

〝南緯八八度までは向かい風が続く〟というマイク・シャープの情報はその通りのようだ。今年一月、クロカンスキーとスノーモービルでパトリオットヒルズから極点までの一〇九〇キロを走破したスキー隊のサポートでスノーモービルを担当したマイク・シャープは、ジェフのイギリス・ロセラ基地勤務時代の友人でもあり、現在パトリオットヒルズでアドベンチャーネットワーク社のベースマネージャーとして働いている。我々が到着した際、友人のジェフと再会して、我々に情報をいろいろ教えてくれたのだった。

南極と風は切っても切れない縁というか、とにかく休むことなく吹き続く。二十四時間営業である。このエネルギーは、一体どこから生ずるのであろうか。この巨大エネルギーに対しては、尊敬の念を抱いてしまう。

南極大陸大氷床、厚さ二〇〇〇~三〇〇〇メートルの氷が岩盤の上にどっしり腰をすえている。南極はちょうど正月の鏡もちのようなかっこうになっており、つきたてのもちがだらりと外へ向かって流れるのと同じように南極の氷も外へ向かって押し出されるかのように流れているのだ。そしてその氷の表面を南極の中心からの冷風が高度の低い海の方へ向かって流れ落ちるように加速度を増しながら吹いているのである。こういう風はカタバ風（斜面下降風）と呼ばれているが、この風が休むことなく吹き続けている。

真上には大青空、ビッグスカイ。これほど大きな空は、グリーンランドを縦断した時以来のこと。周囲は見渡す限り真っ白な世界。氷の海という表現がぴったりだ。うねる台地に浮かぶ我々六人と三台のそり、そして犬たちの姿は、全く漂う小舟という感じである。南極に鍛え続けられてきた我々の姿は、出発前と比べてどのように変化したであろう。ボロボロになった凍傷だらけの顔、ボサボサの髪、つぎはぎだらけの油で汚れたジャケット。外見はみすぼらしい姿であるが、内側は寒さにも十分順応し、少々の嵐にも全く動じず、六人のチームワークもばっちりで、肉体的にも精神的にも充実した状態である。犬たちはといえば、毛並は風雪で洗われ実に美しく、前足から肩のあたりは実に力強くたくましい。スタート時からすでに二七五〇キロを走りぬいた犬たちには、感謝と尊敬の気持ちでいっぱいだ。極点まであと五六〇キロ、緯度にするともうあと五度ほどである。

極点までの食料をデポで補給

十一月二十六日　晴　南風　毎秒五～一五メートル　マイナス二五度

ティール山脈デポまで、一六キロ弱に迫った（パトリオットヒルズから十六日目である）。きのうは、地上付近の地吹雪のため、前方の視界が悪く、山がよく見えなかったのだが、朝、テントから出ると、きょうは晴れていてすぐ目の前に巨大なティール山脈がどっしり構えており、驚かされる。どこからともなく山が歩いてやってきたという感じであった。

ティール山脈は我々がこの南極で見る最後の山脈で、二〇〇〇～二五〇〇メートルの山々が南北二〇キロにわたって連なっている。これが最後の山脈かと思うと、こげ茶色の雄大な岩峰群の姿がなんとなく寂しく映る。この山脈の南端のキング峰の鞍部《あんぶ》を越えると、あとはゴールのミルヌイ基地まで、ただ果てしなく白い雪原と地平線だけという、何もない世界となる。

ティール山脈デポ着。南緯八五度五分、西経九〇度。アンダーソンサミットのふもとのこのデポは、一九八九年一月に設置した一トン近い重量のビッグデポである。風が強く、岩峰のこぶし大の岩が風で吹きとばされ、ブルーアイスの上に散らばっている。クレバスに注意しながら記念に数個の岩を拾いポケットにつめこむ。デポは全く雪に埋もれておらず、すぐに見つかった。いつもはシャベルで硬い雪を掘りおこすのであるが、今回はその必要も全くなかった。それだけこのあたりは風が強く、雪もサラサラの雪ということなのだろう。

すぐ新たな食料をそりに載せ出発。極点までの食料を満載したそりはかなり重いが、犬たちは全く問題なく、あたかも軽い荷が重い荷に変わったのを喜んでいるかのように、ぐいぐい引っぱってくれる。全く頼もしい奴らである。

ティール山脈は、エルズワース山脈に比べると小さな山脈であるが。この南極大陸の真ん中に位置し、地質学上、西南極と東南極を分けている。この山脈を越えると、我々は東南極に入るとダホが説明してくれる。

十一月二十七日　空は晴、地上付近地吹雪　南東の風　毎秒五〜一二メートル　マイナス二三〜マイナス二五度

休養日で停滞するが、食料の仕分け、そりの点検で忙しい一日。またテントパートナーのジェフが六分儀で、太陽の高度を五分おきに測定。太陽の高度が一番高い時刻を知るためだが、南緯八五度にもなると、太陽はほぼ同じ高さを移動するので、なかなか見つからず、四時間ほど費やす。ジェフが六分儀で告げる角度をメモしつつ他の作業もしなければならず、休む暇もない。結局、我々のタイム（プンタアレナス時間）で午後三時、高度が最も高くなることを知る。

極点近くでは、太陽は全く同じ高度を移動する。またコンパスの偏差はこのあたりで、五〇度ほど東で、実際の南一八〇度はコンパスでは一三〇度ということになる。コンパスの針は実際の南、つまり南極点を指すのではなく南磁極を指すわけで、我々の進行方向はコンパスの目盛では一三〇度の方向となる。この偏差は極点に近づくにつれて、毎日のように変化しやっかいだ。そういう意味ではアムンゼンやスコットが当時の装備で寸分たがわず南極点を見つけ出したということはすごいことである。当時のナビゲーターの技術というものは大変なものであったに違いない。

ティール山脈デポの中に、日本酒のボトルが入っており〝カンパイ〟とのシールが貼ってあり感激する。さっそくこの日の夜（夜といっても、太陽はいつも同じ高さであるが）、全員がピラミッドテントに集まり、酒パーティ。カチカチに凍った日本酒をあつかんにして全員でカンパイ。つまみはポップコーンという、全く変なとりあわせであるが贅沢はいっていられない。

この日は風が毎秒一〇メートルほどとけっこう強く、気温はマイナス二五度。ちょっと寒かったが、スノーシャワーを浴びる。今までは無風に近い時を選んで数回浴びたが、今回は初心者コースを卒業し、中級者コースである。風が強いと寒さはずっときつい。素裸でテントから飛び出してすぐ雪を全身にこすりつける。足元がすぐに痛くなり、テントまわりに置いてある高さ三〇センチほどのそりの積荷用の箱に乗る。強風が全身にあたり、冷たく、声を出さずにはいられない。叫び声を聞いて、超上級者のビクターがドームテントから顔を出し、箱の上で素裸で雪をこすりつけている私の姿を見て「You are a dancing Apollo.（踊るギリシャ彫刻のこと）」と大声で笑う。ビクターが全く静かに雪で身体を洗うのには感心させられる。二十秒ほどで終わりテント内に飛びこむ。スノーシャワーのあとは熱いココア。最高に気分爽快である。

十一月二十九日　快晴　風速毎秒五〜八メートル　マイナス二四度

今日のサスツルギは巨大であった。遠くから見えるサスツルギは雪面に模様を描いているようで美しいが、そばで見るとおぞましい。そりのギーギーガタンゴトンドスンときしむ音が一段と激しくなる。氷化した雪のかたまりが風に削られギザギザになり、下部は風にえぐられたようになっている。この日は一日中サスツルギの連続で、大きいものは二メートルほどの壁が堤防のように盛り上がっていた。そのサスツルギの間をぬうようにして進まなければならないので大変だ。大氷原が延々と続く世界。極点に向かってただひたすら進む。一日四〇キロの快調なペースで極点へ向かう。

極めて快調にそりは進む

十二月五日　快晴　マイナス二九度

南極点に近づくにつれて、標高はどんどん高くなる。それだけ上り坂も多いということで、犬も人間も二五〇〇メートルほどの標高に、息づかいが激しくなってくる。この日、久しぶりに犬から離れスキーで犬たちをリードする。ふだんはそりの横でスキーをしているのだが、犬の尻ばかり見て怒鳴り、励ましていて、そりの音もうるさく、たまにスキーで前に出ると、何もかもが新鮮だ。シンプルな世界、スキーで雪をける音、スキーストックのたわむ音が軽やかに聞こえる。左斜め前から吹きつけるささやかな風の音がすがすがしい。

現在地は南緯八七度五五分、あと二度少しで極点だ。考えてみると、今自分たちは、地球の底を歩いているわけで、真横から地球を見ると逆立ちをして歩いているという奇妙な姿である。そんなことを考えながら、一日三八〜四二キロのペースで進んでいる。三日で緯度一度を進むことになる。今まで三二〇〇キロほどを歩いてきたわけだが、南極半島のことを考えると、このペースは全く信じられないスピードである。もう六人の気持ちは極点へ向かってひとつとなり、早く到着したい気持ちでいっぱいだ。

一日の行動中。犬たちが順調に走ってくれている時はマッシャーにとって、全く気が楽な時である。大空と地平線に向かって、歌を歌ったり、過去のこと未来のこと、さまざまなことを考える。何も考えず、ただボーッと前方を見つめている時もある。真っ白な世界、土の色が恋しい、緑が恋しい。花の香り、木々の香りが恋しい。鳥のさえずり、小川のせせらぎ、あー、ここには何もない。

極点の基地と交信、不可解なり

十二月六日　快晴　マイナス二四〜マイナス三〇度

相変わらずでこぼこの地形に悩まされる。この南極では周囲から得た情報は全く当てにならない、その場所に実際に行ってみないとわからないということが今までの体験からはっきりしている。一年前の地形がコロッと変わってしまうことなどしょっちゅうあるのである。このあたりの地形も情報ではもうサスツルギがなくなるはずだったのであるが、全くのハズレであった。

この日のランチタイムには極点にいつ着くかで議論となる。ウィルは、南極点ではマスコミの対応など、疲れる行事がわんさと待っているのが目に見えているから、極点に到着する前に一日ゆっくり休養して、それから極点へ向かうと言い張る。

ウィルは睡眠ということに異常に神経質な人である。眠らなければ疲れが取れないんだという意識が強すぎるのか、夜中に少し犬がうるさいともう眠れない。それだけに、極点でマスコミと対応しなくてはいけないのに、疲れた身体で臨みたくない、そのために前日に一日ぐっすり眠りたいと言い張るのである。

ジャン＝ルイがそれに断固反対。「一生に一度味わえるかどうかわからないこの感激、興奮を抑えてなぜ一日休養する必要があるのか、この興奮状態のまま南極点に飛びこんでいきたい。マスコミへの対応。そんなもの関係ない。一体お前にとって南極点とは何なんだ」ウィルは「それは単なる通過点でしかないさ」。「それは詭弁《きべん》だ。そんなはずがあるもんか」とジャン＝ルイ。

どうみてもこの議論はウィルのほうが形勢不利。みなこの四ヵ月半、南極点到達をどんなに夢見てきたことか。それを前日になって意味のない休養日を設定するなんてバカげている。自然にやればいいじゃないか。

確かに疲れた状況であったが、一刻も早く極点にたどりつきたかった。周囲の状況から、ウィルも最後には納得せざるをえなくなり、休養日なしで極点へ向かうことが決まった。

この議論のため昼からの出発が遅れる。目の前に広がる地平線が湾曲し、とてつもない広さを感じさせる。

この夜、極点の基地と無線で交信することができた。基地の無線士グリスが応答してくれる。

「こちら南極点、我々は君たちと交信することは禁じられています。民間の探検隊とは交信できないのです。もしこのポリシーを破れば私はクビになります。だから、この交信も、そんなに長くはできません。基地ではあなたがたとの接触は全くできないことになっていますので、その点は心得ておいてください」

何とも冷たい応対である。アメリカの南極での基地を統括する全米科学財団（ＮＳＦ）は民間の探検隊はその存在すら認めていない。だから交信さえしてはならないのである。全くバカげたポリシーだが、これは実際に存在するポリシーなのである。

この様子だと極点の基地を訪れることは不可能な様子である。ただ、ビクターとダホだけは例外である。彼らは中ソの国が派遣した公的立場の科学者である。だから基地への出入りも自由、歓迎もしてもらえるとのことである。信じられない。

ここで思い出したのがグリーンランドでの出来事である。グリーンランドの内陸部にはデュー・ライン基地というのがあり、これはアメリカがソ連の攻撃に対応するためデンマークと共同で設置した巨大なレーダー基地なのであるが、ダホを除いて我々が、グリーンランドを南から北へ縦断した時、この基地に偶然出くわしたことがあった。

　この時ビクターが先頭を歩いていたのだが、「ソ連の国旗を胸につけた人間がグリーンランド氷床のど真ん中で基地に近づいてくる！」と、基地で双眼鏡をのぞいていた隊員がびっくり大あわて。ソ連の攻撃かと思わせそうな出来事だったらしい。基地にたどりついた時も、誰一人外へ出てくるものはいない。ずっと我々を監視していたのである。ふつうの人間が歩いて来られるような場所ではないし、そんな探検隊が来るという情報も入っていなかったであろう。それが、突然ソ連の旗が、ソ連の攻撃を事前にキャッチするためのレーダー基地に近づいてきたのであるから、さぞかしびっくりしたに違いない。

　しばらくして人が出てきたので事情を説明したら、基地のチーフは胸をなでおろした。しかしこの時ビクターは、基地の中に入れてもらうことができなかった。いくら民間人であってもロシア人を中へ入れることは機密上許されないと拒否されたのである。それで雪上車等のガレージで歓迎パーティーを開いてもらったのであるが、今度はそれと逆のことが地球の反対の場所で起こったのである。ビクターとダホだけが、基地に入ることができ、他のメンバーは入れない。同じ人間なのにどうしてこんなことが起こるのであろうか。

　この国境のない平和な大陸をただ極点だけを目指して四ヵ月以上も歩き続けてきた人間に対して、ポリシーなんてどうでもいいことではないか。そう思ってみるのであるが、これればかりはどうすることもできないようである。

南極の二つの珍現象に遭遇

十二月九日　くもりのち小雪のち晴　南東の風　毎秒五～六メートル　マイナス二七～マイナス三〇度

南緯八九度を越えた。あと一一〇キロほどで極点、二日余の行程を残すばかりとなった。標高は二八〇〇メートル。連日三八～四二キロペースのスキーで、犬も人間も少々疲れ気味、夜も空気の薄さからくる酸欠で何度も目が覚める、といった日が続いている。ボストークは標高は三五〇〇メートル、酸素量は中緯度地域の四五〇〇メートルの高さと同じということらしい。その頃には、高度に順化しているとは思うが、犬のことが、今は大丈夫だとしても、これから先のことが少し心配である。

南緯八八度以降は無風、快晴と聞いていたが、またここでも白い大陸は我々の期待を裏切った。この日はホワイトアウト。アイスフォグ（氷霧）がたちこめ、マイナス二七度の寒さが身にこたえる。この日は南極の珍現象が二つ起こった。

一つはスノー・クエイク（雪震）である。平らな雪面を進んでいると、突然〝バシャッ〟という大音響と共に雪面が一メートルほど沈む。そしてその震動が四方八方に広がるのである。おそらく空気の層が雪の下にあり、それがそりの重みでつぶれるのであろう。それにしても、雷のようにゴロゴロ、ゴーゴーとうなりはじめ、突然バシャッと沈むので、全くびっくりさせられる。二、三の犬はこわがり、あとずさりし、前へ進もうとしないので困らされる。グリーンランドでも経験したが、これに比べればずっと小規模であった。

そしてもう一つは、巨大なハロー現象、大パラヘリアである。午後三時頃、ぼんやりと輝く太陽の光を真うしろに受けて進んでいた時、うしろのウィルのチームの様子をうかがうため振り返ると、何と太陽の真下の地平線上は、火柱というか火の玉のように白っぽい黄金色に輝いており、虹色のリングが二重に太陽をとり囲み、波のようにうねる虹が内側のリングに接するように横たわり、そして内側のリングの四ヵ所にはmock sun（幻日）が輝いている。そして、このパラヘリアから我々の前方に向かって、また別の白い大きなリングが大空に存在し、空中にはダイヤモンドダストが輝いている、といった非常にまれな、幻想的な美しい光景に出会ったのである。

ジェフが二〇ミリの広角レンズで写真に収めようとするが、入りきらないという巨大なものであった。全員立ち止まり、その姿にただ見とれてしまう。三十分ほどで消えてしまっただろうか。そのあとには青空が広がる。

この日はジャン＝ルイの四十三回目の誕生日。すばらしいプレゼントを南極は彼に与えてくれた。その夜、天気もすっかり回復し、輝く太陽の下、ジャン＝ルイの誕生日を祝う。南緯八九度二〇分。前回の休息日から十二日の行動で、みんな疲れているが、二日後に迫った極点の話で、楽しいひとときを過ごす。

一三八日目、極点到達の日

十二月十一日　晴れ時々くもり　マイナス二六〜マイナス三〇度

とうとう極点到達の日がやってきた。シール・ヌナタックを出発して以来、一三八日目である。南緯八九度四三分、西経九四度で一夜を明かした我々は、いつもと変わりなく出発の準備にかかる。最近では毎日午前八時三十分に出発する。午前八時三十分〜午後六時（昼食は午後一時〜一時三十五分）の行動である。

この日は五十八回目の私の母の誕生日であり、昨夜ジャン＝ルイにアルゴスを使って、〝Happy birthday from South Pole〟のメッセージをアメリカのミネソタまで送ってもらう。いい記念となるに違いない。ボタンひとつでサテライトを通じて、三十二文字以内の簡単なメッセージを送れるわけで、全く便利な時代である。

犬たちも我々の言動を敏感に感じとっているようで、きょうが特別な日であることを知っているかのように、疲れを忘れて元気よくそりを曳く。午前十時三十分、あいにく晴れたりくもったりでアイスフォグがかかり、視界もそれほどよくなかったが、前方の地平線上に小さな黒いものを認める。米国アムンゼン・スコット・サウスポール・ステーションの有名なドーム形ビルディングである。とうとう見えた。

極点に近づくにつれて、進行方向にまっすぐ進まなければ少し横にそれただけでコンパスの偏差が変化する。そのため先頭に立って隊全体をスキーでリードするビクターは、慎重を期して太陽の位置と時刻とコンパスを併用し、しっかり西経九四度上を進んできた。

しかし、基地が視界に入ったからにはもうその心配もない。黒い一点を目指して進むだけである。こんなに簡単に見つけることができるとは思っていなかった。米国のハーキュリーC－130輸送機が着陸態勢に入っている姿も見えた。プロペラ機の爆音が遠くから聞こえる。犬たちはその音に反応し、久しぶりの遠吠えを繰り返す。人も犬もこころはひとつ。極点への花道をエンジョイしている。

ジェフのそりのうしろについているスレッド・ホイール（自転車の車輪に距離計をつけている）から判断すると、もうあと一六キロほどである。秒読み段階だ。

一三八日間のいろいろな情景が脳裏に浮かぶ。イーリーでのトレーニングのこと、二年間の準備期間にもさまざまなことがあった。そんなことを思い出しながら、ひたすら黒い点に向かって進む。やがて、一点が大きくなり、ドームの形がはっきり認められる。極点には、すでにツインオッター機でフランスの撮影隊やサポートのスタッフ数人が到着しており、テントを張って我々の到着を待っているはずだ。頭上にはまたハーキュリー機が飛んでゆく姿が見える。南極点はけっこう忙しいところのようである。

午後四時、アムンゼン・スコット基地の滑走路の手前でストップ。そこにはサポートの仲間たちがテントを張って待っていた。久しぶりの再会に感激し抱き合う。キングジョージ島、プンタアレナスでずっと後方支援にあたっていてくれたフランス人クリケ、四ヵ月半無線でしか声を聞くことができなかった彼が目の前にいる。

「ボンジュール。メルシー、クリケ。サバ」

その場所から極点までは、滑走路をはさんで三〇〇メートルほどであった。仲間の歓迎を受けたあと、二十八匹の犬たち、そして三台のそり、今や〃ゆかいな氷の小人〃と化した六人は、滑走路を横切り、前方に見える南極条約加盟国の国旗に囲まれた極点へと向かう。世界のすべての子午線が、この一点に集中しているのである。この時まで、何となくさめた気持ちであった私も、この約三〇〇メートルほどの間の気持ちの変化に驚かされる。感激というか感動というか、何とも言いようのない気持ちの盛り上がりである。

その盛り上がりが最高潮に達したのは、極点の前に群衆の姿を見、口笛や歓声、拍手の音を聞いた時であった。何と、アムンゼン・スコット基地の人々八十人ほどが、このマイナス三〇度の寒さの中、赤いユニフォームの防寒ジャケットに身を包み、横一列に並び、我々の到着を待っていてくれたのである。〃Welcome from Minnesota〃の横断幕も見える。犬たちもその様子を見て興奮し、また喜び、群衆の方へ突っ走る。この時リードに置いていたアローとシヌークは人なつっこい犬なので、久しぶりに見た大勢の人間の姿に大喜びで、私の制止のかけ声など全く無視。

「もうどうでもいい、好きにやってくれ。お前たちも十分この感激を味わってくれ」

ウィルのチームも同じだ。ジェフのチームだけは、きっちり軍隊のように制止されていた。彼の性格がそのまま彼のチームにも反映されている。

人々はそれぞれのチームに集まり、犬たちを抱きしめ〃Welcome,Welcome, Congratulation〃の連発。そして記念撮影、そのあと二〇〇メートルほど離れたところにある、地理上の南極点へと移動する。ここが本当の地軸との交点南緯九〇度だ。各国の旗に囲まれているのはセレモニーポールで、あくまで便宜上、記念撮影用（背景にアムンゼン・スコット基地がうまく収まる）の極点であって、本当の南極点はこの地理上の極点なのである。標識には次の文字が刻まれていた。

Geographic South Pole
標高　九三〇一フィート（約二八三五メートル）
平均気温マイナス五六度F（マイナス四九度C）
氷厚　九〇〇〇フィート（約二七四三メートル）

標識の下に、銅製のポールが立てられ、この地理上の南極点のすぐそばにアメリカの国旗だけが一本立てられていた。一体これはどういう意味なのかと思っていると、ジャン＝ルイが「地球はアメリカを中心に回っているのではないよ。南極は、地球は、アメリカのものではないよ」と。その国旗を横へずらしてしまう。周囲にいた人たちは大拍手。フランス人の陽気なユーモアは、南極点を目の前にして何となく張りつめた気持ちを解きほぐしてくれた。

そして我々は、子午線が一点に交わったその地点で、世界の人々に向かって、六人それぞれが、それぞれの国の言葉で同じメッセージを送る。

On the route of the longest traverse of Antarctica, we are today at the South Pole. From this place where the world comes together we say to everyone that beyond nationalities and cultures people can live together, even in the most difficult cercumstances, May the spirit of the Trans Antarctica Expedition be an encouragement for a better world.

（我々南極大陸横断国際隊は、きょう南極点に到着しました。そして今、世界がひとつに交わるこの南極点から、世界の人々にこのメッセージを送ります。

人はたとえこの困難な状況においても、民族、文化、国家をこえて共に生きてゆける。そして、我我南極大陸横断国際隊の精神が、よりよい世界の構築への一助となることを心から願います。

この平和の精神が、子午線のように世界中に広がって、全地球をおおってくれることを祈りながら）

ＮＳＦ（全米科学財団）には、科学調査に関係のないプライベート・エクスペディション（私的な探検）には一切援助しない、という厳格なポリシーがある。我々は当然のことながら、アムンゼン・スコット基地からは公式の招待を受けることはない。従って、食事もシャワーもベッドも、お茶の一杯でさえ提供されることはない。ＮＳＦにとっては、我々が目に見えてはならないのである。基地で働く人のじゃまにならないように、我々は滑走路を隔てて我々自身のテントで三日間を過ごす。基地の人々も、滑走路の向こう側へは行ってはならないというルールがあり（古い基地の建物跡があり、崩壊の危険があるという口実で）、我々との接触は禁じられている。

我々の到着したこの日、ワシントンＤＣのＮＳＦ本部から、一人の女性監視官がわざわざこのポリシーの遵守《じゅんしゅ》の確認にやってくるといった念の入れようで、全く厳格なものである。

アムンゼン、スコットもプライベート・エクスペディションであった。そしてこの三十年間に、たった三つのプライベート・エクスペディションが極点に到達しただけだが、そのいずれも公式歓迎はされていない。このポリシーには、基地の人々全員が全く理解できない様子であるが、残念ながら、基地の人々も、それに従わざるをえないようである。従わないものは解雇なのである。それだけに、はるばる三三一〇キロを歩いてやってきたうすぎたない我々を、そのポリシーを可能な限り無視して、基地の人々が温かく拍手で迎えてくれたことに我々は感激し、うれしさがひとしおであった。

極点のお役所仕事

我々六人はNSFの指示通り、滑走路を隔てて四〇〇メートルほど離れたところでキャンプ、そしてそのあとアムンゼン・スコット基地を訪問することになる。基地のチーフ、トムと一人のアシスタントの女性が我々を案内してくれる。このことはもてなしではなく、基地の広報活動の一環として認められているようであった。

今まで写真でしか見たことのなかった、あの有名なサウスポール・ステーションのドームビルディング。大きなお椀をふせたようなその黒い姿は、宇宙ステーションを思わせる。空は透きとおるようなブルー。風は毎秒五メートルほど、南極晴れである。

建物は半分雪に埋まっており、地下へもぐるように通路を下ってゆく。全くSFの世界である。中へ入ってゆくと、アルミ製のドーム内は巨大な冷凍庫。何棟かのコンパートメントが建てられており、その中へ案内される。

最初に入ったところが図書室、アムンゼンやスコットの写真や初版のサイン入りという貴重な本、地図や装備等珍しいものがいっぱい。ここでチーフより極点到達の証明書のような、うすっぺらい紙きれをもらう。今ではツーリストも極点までやってくる時代となったようである。現在では、一般人でもお金さえ払えばチリのプンタアレナスからパトリオットヒルズ経由で極点まで、ツインオッター機で来ることができる。でも五〇〇万円はかかるだろうとのことだ。

そのあと各棟、各部門を案内してもらう。各棟は二十二度ぐらいに保たれており、快適そのもの。気象ステーション、無線ステーション、コンピュータールーム等々。

色あせたうす汚いジャケット、大きなマクラック（防寒ブーツ）をはいて、数々のハイテク機器に囲まれ目を丸くしながら一列にぞろぞろ歩く我々は、さながら文明社会の中に入れられた六羽のペンギンのように見え、こっけいであった。

そのあと体育館に案内される。ドアをあけるや否や、五十〜六十人の人たちがいっせいに拍手。自己紹介のあとエクスペディションについて説明する。

南極のもつ重要性だとか、我々が世界にそれをアピールしようとしていること、特に二十一世紀を担う子どもたちに伝えようとしていることなどを説明する。その後、ワシントンＤＣからわざわざ南極点でのＮＳＦのポリシーの遵守を確認するためにやってきた一人の女性監視官の話があり、基地の人々は文句を述べる。

「ここは南極、同じ仲間がこうしてはるばる極点までやってきたのを、なぜみんなで祝福できないのか」

ビクターは「ソ連の基地ではこんな対応は考えられない。みんな南極では兄弟なのに」と言う。

「アムンゼンもスコットも、プライベート・エクスペディションだった」とジャン＝ルイも言う。

それでも公的立場の科学調査に関係のないプライベート・エクスペディションとNSFは一切接触しないというポリシーは、どうしても守られねばならないようで、前例を作るわけにはいかぬといかにもお役所的発想だった。

それにしてもお茶一杯も基地の中では飲ませてはもらえないなんて、あまりにバカげている。腹立たしく思う。基地の人々も、遠路はるばるやってきた旅人を温かくもてなしたいと思っている。我々は何も援助してくれと言っているわけではない。この厳しい自然の中で、全く一般社会から遠く離れて暮らしている人間同士が、飲み、歌い、語り、笑い、仲良くすることは、まさに自然な行為である。それをなぜ……。

ジャン＝ルイがこの監視官に向かって「あなたの立場も大変ですね。気持ちはお察しします。役目が終わればゆっくり休んでください」とねぎらいの言葉をかけると、彼女は涙を浮かべていた。

冷徹な感じの彼女も、実は基地の隊員とNSFのポリシーの板ばさみでかなり苦しんでいた様子で、ジャン＝ルイの一言に張りつめた気持ちが急に解き放たれ、それが涙につながったのであろう。彼女は翌日、補給をすませた飛行機で帰っていった。かわいそうな人であった。

基地の隊員たちは、みんな「やるなと言われればやりたくなるのが人情」と。ポリシーを無視して、公式ではなく私的に歓迎パーティーをやってくれる。この反体制の精神は実に気持ちいい。コック長も「犬たちにやってくれ」と四〇センチもある大きな肉のかたまりをプレゼントしてくれる。基地のチーフもパーティーに参加するし、みんな飲み、歌い、酔っぱらって楽しいひとときを過ごす。「ポリシーなんてくそくらえ！」

この基地内では、さまざまなキャリアの持ち主が働いている。決して科学者だけではない。トラックの運転手、大工、コック、アルバイト感覚で来ている若者がけっこういる。コックの一人のおばさんは、ダンナを国にほったらかしにしてこの極点で働いているというし、みんな自由にのびのびと自分の人生の一通過地点として南極に来て働きたかったと言い、そしてその希望を実現させている。若い女性の数も二十人以上はいるであろうか。

日本では、南極の基地といえば科学者や企業からのスペシャリストがほとんどで、なんとなく一般人からはかけはなれた存在のように思われがちだが、この南極点の基地はそんなイメージとは全く異なるものであった。

一日中が「正午」の世界

十二月十二日　快晴　風速毎秒一～三メートル　マイナス二七度

アムンゼン・スコット基地（オーストラリア時間）と我々が使っている時間（チリ時間）の差は十五時間、従って基地の正午は、我々の時間で前日の夜の九時。しかしここ南極点では、太陽は一日中同じ高さの位置にあり、どちらを向いても北にあるので、太陽は日中北中していることになる。ということは、二十四時間正午ということで、好きなように自分だけの時間を決めることができる。南極点は不思議なところだ。南極点から一歩離れると東西南北が生じ、南極点をはさんで一歩反対側に行くとその瞬間、南と北、西と東が入れかわるといった奇妙な現象が起こる。

この南極点が、四ヵ月半もかかってようやくたどりついた我々にとっての夢の場所。ビクターにとっても、ここに来ることが夢のひとつであった。

東西冷戦の中でアメリカが南極点に基地を作ったことに対して、ソ連はボストーク基地を作った。ロシア人にとっての極点はボストークであったのだが、やはりビクターにとって地理上の極点に来ることは、大きな夢であったようだ。

ジャン＝ルイにとっても人生において、探検家として必然的に来なければならない、魅力的な場所であった。ウィル、ジェフ、私にとっても、少年の頃からいつか行ければいいなあと夢見ていた、夢の場所なのだ。

でもダホだけは違った。彼にとって夢の場所は、ソ連ボストーク基地であった。というのも、ボストークは氷の研究が世界で最も進んだところで、二〇〇〇メートルをこえる深さにある氷の標本を取り出す技術を持っている。従って雪氷学者であるダホにとっては氷の研究の総本山のような場所であり、雪氷学者として一度は訪れたい夢の場所なわけだ。それだけにダホにとってはもう一ヵ月と少し、夢の実現はおあずけであった。ようやくたどりついた南極点だが、北極点と違い、アムンゼン・スコット基地というアメリカの観測ステーションはあるし、ハーキュリーC－130機という輸送機も飛来する、全くの文明社会である。それに南緯九〇度、ここが南極点という標識まである。

八十年前、アムンゼンやスコットが到達した際は、何もないミステリアスなところ、天測を何回も重ねて、ここが南極点だと自分で決め、自分に納得させた南緯九〇度だった。この地に到達するまでの苦難は想像を絶するものであったろう。その意味からも、私たちが抱いた感激とははるかに違ったものであろう。しかし、あの本で読んだ我々のヒーローであるアムンゼンやスコットが苦難の末到達したその同じ場所に、自分も犬ぞりでやってきて、現実にその地にいるのだ。本当なのだろうか、頬をつねってみると痛い。やっぱり本当なんだ。この場所にあのアムンゼン、スコットが来たのだ。そう思うと、信じられない気持ちと感激の気持ちが入り混じった、それでいて思ったより冷静な複雑な気持ちだった。

動いている氷の大地

この日、四ヵ月半ぶりに基地の人たちの好意でシャワーを浴びさせてもらう。キングジョージ島の長城基地で浴びて以来のことだ。とにかく何回石けんをぬりたくっても泡がたたない。古い皮膚、身体から出る脂肪が堆積している。ウィルはナイフでそれをそぎ落としていた。南極は乾燥していて、菌も繁殖しないのでくさくはならない。しかし、よくこれほどアカがたまったものだ。髪も洗い、今まで脂でペッタッコだったのがフサフサと気持ちいい。気分爽快、ギラギラまぶしく輝く太陽も、より一層明るく感じられ、新しい皮膚に心地よい暖かさを投げかけてくれる。

南極点の標高は二八〇〇メートル、そしてここの氷の大地も毎年一〇メートルほど海の方へ動いている。この氷は二十万年たつと海に達するそうだ。従って南極点の標識も毎年動くので、位置を変えないといけないそうだ。気象衛星ノアを使った位置確認システム、アルゴスを極点の標識のすぐ横におくと、南緯八九・九九九九度という数値が得られる。ピッタリ南極点を示した。

そのあと極点の標識のところに、植村直己さんの写真を置き、記念撮影。ジャン＝ルイもウィルもビクターもジェフもダホも、植村さんのことはよく知っている。それでみんなも一緒に記念撮影をする。「植村さん、ナオミ、ここが南極点ですよ」とみなが写真に向かってしゃべりかける。

パトリオットヒルズでツインオッター機用の燃料が届かなかったのであるが、ソ連極地研究所がレスキュー用の燃料としてアムンゼン・スコット基地の燃料の使用依頼をNSFにしたところ、国際協調の一環としてソ連の南極探検隊に売ってくれるということになる。従って我々のことをNSFは、ソ連の探検隊とみなして燃料を使わせてくれることになる。これまた何ともお役所的発想。しかしそのおかげで、ツインオッター機は極点まで飛んでこられ、我々は極点からボストーク間で二ヵ所、ツインオッター機による再補給を受けることが可能となった。極点以降の深雪を覚悟していただけに、荷物を軽くできる分、犬にとっては非常にありかたい結果となった。

これからゴールのミルヌイ基地、特に途中のボストーク基地までは、世界で最も広大で最も寒く、最も海岸から遠く離れた、最も物資輸送にお金のかかる到達不能地帯と呼ばれる場所となる。ツインオッター機がこの地域を飛ぶというのも初めてのことだ。この地域では燃料代は一リットルが五〇ドルもする。南極奥地での物資輸送に使うための燃料を運ぶために大量の燃料を消費しなければならないのでこんなに高い燃料となるわけだ。それだけ南極は広いということである。

十二月十四日　快晴　マイナス一五〜マイナス二〇度

出発を明日に控えて荷物のパッキング。ジェフはつねに出発の準備に余念がない。全く用意周到、自分に厳しい人である。もう少しリラックスすればいいと思うのだが、あれは彼の性格なのだから仕方がない。

自分を含めて他の五人というのはパーティー疲れやら、飲み過ぎやら、四ヵ月半ぶりの暴飲暴食で少しだらけてきている。こんなところにいるとスポイルされてしまうと思いつつ、毎日基地の人たちから差し入れられる食料をおなかいっぱい食べては寝ている。そんな我々を尻目にジェフだけは酒も飲まず、黙々とそりの補修、食料・装備の点検をコツコツやっている。同じテントの住人である私は、ジェフがやるので自分もやらざるをえない状況となり、他の四人よりも早く出発の準備にとりかかった。

四ヵ月半の間着のみ着のままであった服装をすべて新しいものにとりかえる。下着は二ヵ月ぶりの交換。すべてがふっくらソフトで暖かく気持ちいい。寝袋も新しいのが届き、大感激。使うのがもったいないくらい。これで中にたまった氷でしゃりじゃりしている冷たい寝袋ともお別れだ。古い装備を新しい装備にとりかえ気分一新。これから先の到達不能地帯への準備は万全である。

ウィルは、極点の基地がアメリカの基地なので基地の人たちとずっと楽しくやっている。ジャン＝ルイもフランスの陽気な撮影隊の連中とパーティーの連続。ビクターは無線室で、故郷であるレニングラードへ電話をかけることに専念している。ダホは、南極点の郵便局の消印押しである。中国やソ連では封筒に各基地の郵便局の消印を押したものが、すごく価値があるそうで、数百枚の封筒に切手を張り消印を押していた。南極点の郵便局の使用も拒否された我々なのだが、基地のエンジニアの人が、これまた秘密で消印を持ち出してきてくれたのだ。

犬たちはだいぶ休養できたようである。コック長にもらった肉のかたまりを腹いっぱい食べさせた。痩せていたのがみるみる太ってくるのがわかる。彼らはある程度食いだめができるのである。いったんごちそうの味を覚えた今、これで当分の間ドッグフードなど口にしないであろうが、腹が減ってくればまた食べはじめるので心配はしていない。

第五章

地球を感じる大陸

「到達不能地帯」を進む

十二月十五日　快晴　マイナス二九度

ぬけるような透きとおる青空の下、新たな出発を迎えた我々六人と二十九匹の犬たちは、初めての三日間というロングバケーションに、すっかり休養を得て元気いっぱい。犬たちは走りたくてうずうずしているようで、盛んに遠吠えを繰り返す。

基地の人たち四十人ほどが、基地の時間で早朝（午前五時）というのに、極点で見送ってくれる。極点で記念撮影のあと、午後二時三十分、東経一〇六度方向に向かって出発。針路はもちろん北だ。

地平線がどこまでも続いている。ゴールのミルヌイまであと二七三〇キロ、とにかく日本列島の端から端までが一切何もない白い砂漠ということである。それを約二ヵ月半で走破しなければならない。とりあえずの目標は一三〇〇キロ先のソ連ボストーク基地、一三〇〇キロで標高が七〇〇メートル上がる、超ゆるやかな上りである。この何の変化もない大氷原の中、一体自分がどうなってゆくのであろうか。

「That's OK　大丈夫。落ちつけ」

スノークエイク（雪震）に驚くリードのビヨルン、そしてレイとアローの三匹は、しっぽをまいてあとずさりする。首をかしげるトミー、シヌーク。他のキンタ、モンティー、ハービー、クカ、ファジーの五匹は、気にすることなく懸命にそりを曳く。そりが進むのに合わせて、真っ平らな氷原がゴロゴロと音をたて、波のようにうねり、そして突然大音響とともに沈みこむ。南極点到達前にもたびたび起こったこの雪震が、十分に一度の割合で起こる。このあたりは三十年前、ソ連の雪上車が極点到達を目指した際に通ったルートで、それが唯一人間が訪れた例で、我々が二回目なのである。三匹の犬がこのスノークエイクにおびえてまっすぐ進んでくれず、リードをビヨルンからクカに代える。ウィルとジェフのチームの犬たちも同じ様子。

このあたりを「到達不能地帯」と呼ぶのであるが、これは南極大陸の中で一番海から離れた最深部ということを意味している。この地帯は最も困難を予想したところで、まず標高が上がり空気が薄くなる。そして気温が下がる。それに加えて深雪の心配があった。また、雪に湿気がないさらさらの雪なので、犬たちの水分摂取量が不十分となり、脱水状態になり、しかも深雪で重労働となり、呼吸が激しくなることにより、犬たちの肺が凍傷になってしまうのではという心配があった。南極へ来る前、アメリカ・フランスの南極専門家は我々がこの地域を犬ぞりで走ることは不可能だと忠告していた。

十二月十八日　快晴　風速毎秒一〜二メートル　マイナス二九度

南極点から四十分ごと、約三・二キロおきに雪のケルンを作りながら進む。これは万が一異常事態が発生した時、極点の方向に引き返すためのひとつの目印とするためと、ボストーク基地までの一三〇〇キロ間で二回ツインオッター機による再補給を受けるのだが、大氷原が広がる白い海のようなところでパイロットが我々を見つけやすいようにするためだ。

アムンゼンも極点に到達するまで帰り道の目印とするため雪のケルンを作りながら進んだと本で読

んだことがあるが、それと同じようなことをしたわけである。このケルンの光の反射と影で空から見ると鏡が光っているようにはっきり見えるのだそうだ。わずか一・五メートルほどの高さしかないのだが、この何もない平坦な大氷原の中では少しでも周囲と異なるものがあればそれが際立って目立つ灯台のような存在となるのである。

犬たちは極点での休養で元気いっぱい。キャンプ地に着くと跳びはねたり、じゃれあったりでさんさんと輝く太陽の光を身体いっぱい浴びて幸せそうである。マイナス二五度以下でも暖かく感じる。風が弱くて太陽は同じ高さでいつも輝いており、テントの中はすごく暖かい。夜中、寝袋の中に入ると暑いぐらいで、この日からは、寝袋のジッパーを開け身体の上に布団のようにかけて使う。それほどテントの中は太陽の熱で暖かくなるのである。太陽の偉大さ、ありがたさを実感する。太陽を神として崇《あが》めた人たちの気持ちがよくわかる。

地平線と青空と白い大地、そして食事

十二月二十日　快晴　マイナス二七度

一日四〇キロ平均のかなり早いペースで進んでいる。深雪を想像していたのにこんなに滑りやすいクラストした硬い雪に恵まれるなんて本当にありがたい。朝起きて、用を足すため外に出る。快晴のすばらしい天気の中でやるのは最高の気分だ。昨夜から耳のうしろの骨が痛くて仕方ない。体調が少しでもおかしくなれば、この俗世界から隔絶された世界では不安な気持ちになるもので、早速ドクター・エチエンヌ（ジャン＝ルイ）に相談に行く。

「ハロー、ドクター・エチエンヌ、ちょっとここが痛むんですが」

「風邪じゃないかね。極点基地できっと変な菌でももらって来たんじゃないか。あとで薬をやるよ」

医者の一言というのは、患者に非常に影響を及ぼす。医者から大丈夫だと言われればもう何もなかったような気になるから不思議だ。

ジャン＝ルイは医者だが「この人ほんまに医者なのか」と思うことがよくある。真剣に受け答えしてくれず「こんなの何ともないよ」とか「すぐ治るよ」とか簡単にすませてしまう。しかしかえってこのほうがいいのかもしれない。逆に心配されると不安な気持ちが助長されるのかもしれない。この何もない氷の大陸では、ちょっとした不安な気持ちの積み重ねがストレスとなり、それがまた悪い方向に進んでしまうという悪循環になりかねないのであるから、このジャン＝ルイの診療法はこの南極では的を射ているのかもしれない。結局この痛みも二～三日で消えてしまった。やはり極点基地で雑菌を身体に取り込んでしまったのであろう。我々は四ヵ月半も無菌状態の中で生活していたのであるから、あらゆる菌に対する抵抗力がなくなっていたに違いない。

白い単調な世界の中、昼からの行動の際、眠くて仕方ない。スキーを滑らせながら片手でそりの取っ手をつかみコクリコクリとやってしまう。横を見るとジャン＝ルイも同じような状態。全く無の状態とはこの状態のことかもしれない。ふだんの生活ではいろんなストレスがある。それはやはり社会の一員としてつねに周囲のことを考えて生きていかなければならないし、いつも無意識のうちに何か気にしていなければならないからであろう。今、この大氷原の真ん中で天気もよく風も弱く、犬たちは順調、そして景色はただ地平線と青空と白い大地というシンプルな世界の下では何も考える必要がない。

何のストレスもなく、そりのきしむ音、犬たちの息づかいだけを耳にし、リラックスしてボーっと前を見ている。何の緊張もないのである。

南極点からテントパートナーがビクターに変わる。几帳面なイギリス紳士ジェフから、陽気で豪快なロシア人ビクターに変わったわけだ。テントもピラミッド形からドーム形へと変わる。ボストークまでの一ヵ月余、ビクターと共に過ごすことになる。

ビクター三十九歳、私が三十三歳の若者コンビ。弁慶と牛若丸といったところか。もちろん弁慶がビクターで私が牛若丸だ。笑いと歌声が絶えない、ゆかいなテント生活である。

一日の行動後、私は犬の世話をし、そのあとテント内へ入り、ジャパニーズ・レストラン・シェフとしてディナーを担当する。ビクターは、ロシアン・ブレックファスト・レストランを担当。二人共大食漢、食べる量はすさまじい。特にビクターは、毎日先頭に立って四〇キロを自力でスキーで歩くため、その食欲は犬以上である。

アムンゼン・スコット基地のコック長が秘密に人間用の肉のさし入れもしてくれ、飽きに飽きていたペミカン料理から、フレッシュ肉料理へと変化する。野菜のないすきやき、牛丼、ロシアン乾パンでパン粉を作り、ビーフカツ、あらゆる料理、調味料を工夫して日本肉料理にチャレンジする。ダホとジャン＝ルイのテントでは、ダホの特製中華料理が好評のようである。ウィルとジェフのテントは好みが合わず、個人個人で料理を作っているとのこと。これは大変である。大ざっぱなヤンキー気質のウィルと几帳面なイギリス紳士ジェフが狭いピラミッドテントに二人暮らせるのだろうかと、誰もが関心を持っていたが、二人共マイペースでやっているようである。お互い自分のスタイルを曲げない二人なので、テント内で自分のやり方でお互い自由勝手にやるのが一番いいのかもしれない。

　朝食はビクターが担当する。ビクターはオートミールが好きだが、私はあのねっちゃりしたのが好きになれない。普通オートミールはミルクや砂糖を入れるのだが、私はのりと塩を入れて食べるので、ビクターはいつも驚く。

　朝出発前、そりの荷作りをビクターと二人で行なっていた時、突然ビクターが「こんにちは赤ちゃん」のふしで歌うのでびっくりしたことがある。ロシアでもこの曲がけっこうはやったそうだ。それにしても豪放磊落《ごうほうらいらく》なビクターの口から突然このフレーズが飛び出したので、何となく拍子ぬけ。でもふと日本を思い出させてくれた。

　いつも明るいビクターは、歌を歌うのが大好きだ。私が南極点で日本からの手紙と一緒に手に入れた竹内まりやのテープの中の〝駅〟という曲が気に入ってしまったようで、毎朝聞くのが日課となってしまった。変な日本語でテープに合わせて歌っている。ロシア人はけっこう日本調の曲が合うみたいで、考えれば日本でもロシア民謡がけっこう歌われているし、ロシア人と日本人、案外相通じるところが多いのかもしれない。ロシア人は小さい時からウォッカを飲むようで、酒にはめっぽう強い。

我々も極点でウォッカをびんからプラスチックのボトルにうつして持ってきた。食前酒としてロイヤルゼリーのウォッカ割りをクイッとひっかけてからディナーを食べる。腹にしみわたるウォッカのアルコールが何ともいえない。ビクターも私も、自分のスタイルを他人のスタイルに合わせられるので、お互い非常にやりやすい。

ロシア人は西欧人と東洋人を足して二で割ったような感じなのである。男っぷりがよく女性を非常に大切にする。つがれた杯は必ず飲み干す。そして、ロシア人はパンを非常に大事にする。ある日、南極点で手に入れたパンを私がナイフでボロボロに切っていると、「そんな切り方をしてはバチが当たる。ロシアでは絶対そんなことはしない。パンは神様だ」と叱られる。しかしビクターが米を食べる時、ボウルや鍋に米つぶを残したりすると、逆に叱ってやる。「日本では米一粒でもムダにすると目がつぶれるのだ」と。生活の中にもちょっとした習慣の違いが出てくる。

ビクターは、レニングラードにあるソビエト北極南極研究所の職員である。ジャン＝ルイが南極をこのルートで横断するには東南極においてソ連の協力が不可欠ということで、この研究所へこの探検隊へのロシア人の参加の打診をした。東西雪解けの時期とも重なり、国際協調という観点から、彼らが大きな関心を示し、参加の方向でビクターを候補者に選んだのであった。

ジャン＝ルイは当時ソ連の極地探検家ドミイトリ・シュパロを候補者に考えていたのだが、彼がモスクワに交渉に行った際、シュパロに会う予定だったのが、研究所の人間がジャン＝ルイを隔離するようにどこかへ連れてゆき、シュパロと会えないようにしたらしい。そして、シュパロではなくビクター・ボヤルスキーを紹介したとのことだった。シュパロは研究所の人間ではなく個人的に探検を行なってきた人だから、研究所としては彼ではなく公《おおやけ》の人間をこの横断隊に参加させたかったに違いない。そういういきさつでビクターがメンバーとして選ばれたのであった。

ビクターは船乗りの父をもったことから、小さい時から船乗りを夢見ていたが、海軍に入る予定が北極南極研究所に入ることになり、極地人になったのだそうだ。年上の奥さんナターシャと一人息子のスタスを心から愛し、ユーモアあふれ、それでいてとても働き者で繊細なところもあるナイスガイである。

湿気が存在しない世界

十二月二二日　マイナス二四度

朝出発前、ジャン＝ルイとビクターが犬の体温の測定を試みた。特にジャン＝ルイの好奇心からきたことであるが、この低い気温の中で全く平気な犬たちの身体はどうなっているのかということで体温を測ってみることにしたのだ。犠牲者はクカとトミーだ。二匹とも温度計を肛門に突っ込まれて大迷惑。結果は、朝二九度、行動後三一度だった。これはかなり低い。体温を低く保つことによってエネルギーの消耗を防いでいるに違いない。犬たちの寒さに対する順応力はおそるべきものである。

きょうは北半球で冬至、こちらは夏至、太陽が一番高いところ（約二三・五度の高さ）に存在する。北半球では夜がいっぱいあるのに、こちらはもう夜の存在を忘れてしまったぐらい太陽は一日中大空に輝いている。ゆるやかな風がやむことなく左手から吹いてくる。それが小鼻の凍傷に当たると痛くて顔がゆがんでしまう。しかし贅沢は言っていられない。極点まではずっと正面方向から吹いていたのであるから、それを考えるとこんな風何ともない。このあたりでは、雪がさらさらでケルンがなかなか作れない。粉のような雪である。ウインドクラストの硬いところをシャベルで掘るのだが、すぐ形が崩れ、ちょっと力を入れて持ち上げると壊れてしまう。ここには湿気が存在しない。

四十分ごとに前を行く二つのチームが交互にこのケルンを作る。まず先頭のジェフとダホのチームが作る。ビクターは一人先頭をリードしているのだが、ジェフのチームがビクターに追いつきそうになると、五分かけてこのケルンを作る。その間にジェフのチームに我がチームが追いつき、そして次の四十分がたつと我がチームがケルンを作る。こういう具合に時間のロスがあまりでないように交代でケルン作りに励んだ。

十二月二十三日　くもりのち晴　風速毎秒五メートル　マイナス二七度

快晴微風の穏やかな日が続いていたが、この日は久しぶりに黒い雲が一面に広がる。風は追い風毎秒五メートル、久しぶりの悪天候に心がおどる。人間なんて勝手なものである。極点を出発して以来、マイナス二四度~マイナス三〇度の安定した天気に、飽き飽きしていたところだった。あれほど青空と安定した天気を望んでいたにもかかわらず、極点以降、その願望がかなったあと、今度は雲を見たい願望がわく。人間の願望なんて、果てしないものだとつくづく思う。

この日は、太陽が濃いグレーの雲のすき間から、スポットライトのように雪面を照らし、多少凹凸のある雪面はまるで月面のクレーターのように輝く。ここが地球であるとは信じられないような世界が目の前に広がる。追い風が心地よい。一日四〇キロの、快適な犬ぞりの旅である。南緯八七度到達。

テントを張ろうとしていると、ダホがカンカンになって怒っている。ダホのテントパートナーはジャン＝ルイ。彼らの食料やテント等はすべてウィルのチームのそりに積んであるのだが、レックスというエスキモー犬が、極点でもらったダホの大切なステーキ肉を食べてしまったのである。ダホは中国でも肉をよく食べる地方の出身なので、肉が大好物。そのダホの大切なヒレ肉を、レックスがたいらげてしまったので、中国の大学助教授ダホ先生が中国語訛りの英語でレックスにさんざん文句を言っている。カンカンに怒っているダホの様子と舌なめずりしているレックスの様子があまりに対照的。ダホの気持ちはよくわかるがもうあとの祭り。荷を解いている時ちょっとしたスキをつかれた。地団太を踏むダホ。してやったりのレックス。この様子をそばで見ていて、一同大爆笑。きょうはビクターの母上の誕生日。夕食前にウォッカとロイヤルゼリーで乾杯。お互いの母親の健康を祈る。

十二月二十四日　快晴　マイナス二九度

極点以降、身体の調子がなんとなくパッとしない。だるいのである。極点での急激な文明社会との接触でリズムが狂ってしまったのかもしれない。それと極点到達というひとつの達成感が過ぎ去った後のある種の虚脱感が我々全体を支配しているのかもしれない。このけだるい単調な毎日の中でこの状態を早く打破しないといけないのだが。そしてまた「氷の小人」となり南極の住人と化さねばならない。

昨夜初めてボストーク基地との交信に成功したビクターは興奮気味だ。今日もジャン＝ルイのテントへ行き、基地のチーフ、アレクサンダー・シェルメテフ（愛称サーシャ）と話し込んでいる。ビクターにとっては第二の故郷とも言っていいくらいのボストーク基地。サーシャは昔からの友人で、南極の真ん中でその声が聞け、もうすぐ対面できるのだから興奮するなと言うほうが無理だ。ビクターの気持ちも十分察することができる。きょうの位置は南緯八六度三六分、東経一〇四度五五分、ボストーク基地は東経一〇六度にあるのに、ポイントマンのビクターはどうしても一〇四度のラインから離れることができない。一〇六度に針路をとって進んでいかねばボストーク基地を離れて通り過ぎてしまうことになる。

愛すべき我が犬たち

十二月二十五日　晴　マイナス二五度

ビクターは竹内まりやのテープをかなり気に入ってしまったようで、きょうの朝は自分の日記テープの中に録音していた。きっと彼の思い出の曲になるに違いない。我がテントは極点でもらったステーキ肉を朝から焼いて食べている。こんな贅沢は極点までは考えられなかったことだが、大食漢二人がテントで朝食をすさまじく食べるのである。ステーキ、オートミールプラスに肉汁、バタ－ライス。

厳寒の南極で朝から晩まで毎日スキーをしていると、エネルギーの消耗が激しい。身体が脂肪分を要求するので、朝から毎日これだけ食べても太ることはない。我々は毎日平均五〇〇〇キロカロリーという熱量を南極でとっていたにもかかわらず、七〜一五キロも減量したのである。南極で美容学校でもやれば、はやるのではないだろうか。やせたい人は南極での一〜二週間のキャンプ合宿がいいかもしれない。

午前八時二十五分出発。出発の準備が各テントとも日に日に早くなってくる。少しでも進行距離をのばしていち早く次の基地であるボストークに着きたいというみんなの気持ちの表れだ。あす、ツインオッター機が飛来し、再補給を受ける予定だ。そして明後日は待望の休養日。もう食料も乏しくなってきており（極点でこの先の困難を予想して装備面食料面にわたってそりをできるだけ軽くするためにに切りつめた）あすの好転を皆が期待した。少しでも視界が悪いと、ツインオッター機が我々を見つけるのは不可能だからだ。

それにしても、考えれば、ツインオッター機は時速二〇〇キロほどで飛ぶのだが、そうすると我々の作った三・二キロごとのケルンの間を一分もかからずに飛んでしまう。何ともうらやましいスピードである。我々は時速四・八キロ、これでも速いぐらいである。

朝、各犬の健康状態をチェックするとモンティーの目やにの量が非常に多い。やはりこの強烈な太陽の紫外線のせいであろう。それにしても犬たちの目は一体どうなっているのだろう。雪目にならないのだろうか。長いまつ毛が日よけになっているとはいえ、人間ならゴーグルやサングラスなしでは半日で雪目になってしまうというのに、犬たちに雪目は関係ないようである。この犬たちが厳しい自然界の中で生きていく能力ははかりしれない気がする。人間にもこの犬たちのように自然の中で生きてゆくためのさまざまな能力があったのであろうが、退化してしまったのであろう。

ビクターと二人で出発前にモンティーの目やにを目薬できれいにとり除いてやる。モンティーは本当にかわいい奴である。日中、私か小便をするために立ち止まりそりから遅れると、いつも心配そうに何回もうしろを振り返り気にしてくれる。そしてそりに追いつくと安心したようにそり曳きに集中してくれる。そのくせ腹を立てさせることもある。サスツルギ（雪の表層が風で削られでこぼこになった地形）があると必ず小便をかけるのだ。叱られるのをわかっていてわざとやるので、こっちは余計に腹が立つ。でもランチ時には、我々が食事をしているところにすり寄ってきて愛嬌をふりまく本当に憎めない奴である。彼はみんなの人気者だ。

このモンティーと同じく南極のスコット基地で生まれたビヨルンが昼食の休憩時に初めてハーネス（曳き綱をつける犬の胴着）をかみ切った。マッシャー（犬ぞりをあつかう人）にとってこのハーネスやロープを犬がかみ切るということほど腹の立つことはない。自動車のシートベルトぐらいのベルトを犬は二〜三秒でかみ切ってしまうのだが、犬によってかみ癖のある犬とない犬に分かれる。ちょっとすきを見せるとかみ切って原形をとどめないほどにズタズタにしてしまうので、かみ癖のある犬には注意しなくてはならない。こういう犬は小さい時にかみ癖をつけないしつけがされていなかった犬だ。

現行犯であればその場で厳罰に処し叱ることができ、その犬も悪いことをしたと納得できるのだが、たいていは犯行のあとで気づくことが多いので叱れないのである。この日はふだんかみ癖のないビヨルンがかみ切った。ハーネスに肉のにおいがついていたのかもしれない。また今夜縫い物だ。夜はゆっくりしたいのに、とんでもない奴だ。そのビヨルンの足裏の毛が最近異常に伸びて、その毛に雪が付着してスノーボールとなり彼を悩ませているようだ。スノーボールがあると当然歩きにくく、びっこをひくので時々止まってそれを取ってやらねばならない。むしると犬が痛がるので、口に含んで溶かしてやるかプライヤー（ペンチ状の工具）でつぶしてやる。

今日はサスツルキが多く見られる。この地域は風が弱いと言われているところなので、サスツルギは全く予想していなかっただけに驚きだ。犬たちはこのちょっとした雪面の変化に喜んだ様子でかなりスピードアップ。モンティーが北西の方向を向いてにおいをかいでいる。一体何のにおいであろうか。まさか海のにおいはしないであろうに。何か動物でもいるのであろうか。もしいればこれは歴史に残る大発見になるのであるが。

ウィルのチームの巨犬、ジュニアの腰の具合が悪いようでウィルのチームのスピードが最近かなり遅い。ふとうしろを振り返ると、さっきまで私たちのすぐうしろを走っていたウィルのチームはもう点のようになっている。ウィルのチームは気まぐれ犬が多いので、最近の単調な景色に飽きてしまってちょっと気力不足なのかもしれない。

ジェフのチームは相変わらず調子がいい。ジェフのチームはどちらかというと小型で、体重三〇キロほどの犬が多いが、ウィルのチームは四〇キロを超える犬が多い。この体重差からウィルのチームは少しバテているのかもしれない。犬ぞりの旅には力の強い大きな犬を使えばよいということはいちがいには言えない。我々のような食料の量が制限された長時間の旅には、少々小型の犬のほうが燃費がいい車みたいでいいのかもしれない。

午後、ダホがそりの下敷きとなる。大きなサスツルギにそりが乗りあげ横転、その下敷きになった様子だ。ダホのスキーもかなり上達した。今では中国でスキーの第一人者となったに違いない。もう五ヵ月も毎日スキーで歩いているのだから上達するのも当然だが。最近この雪氷学者チン・ダホ先生のおかげで助かっていることがひとつある。テントに入る前に飲料水用の雪のかたまりを袋に入れて持って入るのだが、ここの地域ではなかなか固まった雪を見つけることができなくて、見つけてもすぐくずれてサラサラの雪となってしまうのだ。サラサラの雪では水分が少ないのでなかなか三～四リットルの水を作れない。そこでダホ先生の登場となるのである。

ダホは出発して以来、毎日テントに入る前に一・五メートルほどの穴を掘り、雪のサンプリングを行なっているのであるが、各テントの担当者がこの穴に集まり、ダホが掘り出す深いところの雪を虎《こ》視眈々《したんたん》とねらうのである。掘り出した深いところの雪は上の方の雪の重みで固められブロック状になっているものがあり、それを飲料水用にテントへ持って入るのである。みんなダホ先生に感謝。謝々《シェイシェ》。従って我々がこの辺で飲んでいた水は深さ一メートル以下のところの雪で、何百年も前に降って積もった雪を溶かしたものである。日本で言えば江戸時代に空気を含んだ水を飲んでいたことになる。

科学者根性に敬服

十二月二十七日　くもり時々晴　西北西の風　毎秒八メートル　マイナス二九度

再補給のためツインオッター機が飛来する。ジェフがパイロットの資格を持っているので、着陸しやすそうな凹凸の少ないところに滑走路を整地するが、アドベンチャーネットワーク社のパイロット、ブライトンは全く違った場所に好き勝手に着陸する。だいたい南極で飛行機を操るパイロットというのは、命知らずの輩《やから》が多い。曲技飛行をやったり、かなり悪条件の中でも平気で飛んでみたり、それで命を落としたパイロットもいる。とにかく、南極の気象条件は予想がつかないこともあり、また着陸地も真っ平らなところの方が少ないわけで、それなりに大変である。命がけの仕事であり、それだけにやりがいもあり、また何にもましてこの美しい大陸の上空を飛ぶことに何よりの幸せを感じている人たちばかりだ。

飛行機の着陸に犬たちは敏感だ。飛び起きて空を見上げている。極点からこの我々がいる地点までを往復するのにツインオッター機はぎりぎりの燃料で飛んでくるため、一時間ほどで荷をおろし、また急いで極点へと飛びたっていった。

雪氷学者ダホは、この横断隊では雪と氷のサンプル採取に余念がない。毎日二回、昼食と一日の行動が終わってテントに入る前、標本を採取する。サンプル採取の穴掘りは重労働だ。特に、この作業は、雪が硬いところでは大変だ。南極半島やエルズワース山脈のあたりは、表面がカチカチの氷のところがけっこうあり、この一メートルの穴掘りは一日の行動が終わった疲れた時にやるので大変であったと思う。それを毎日、風の日も雪の日も欠かさずやり続けるダホの科学者魂というか、その献身的努力には頭が下がる。

この日は、ダホにとってはずっと以前から計画していた二メートルの雪のサンプリングを行なう日であった。ビクターがダホと深さ二・五メートルの穴を掘り始める。掘り終わったあと、ダホは服のはこりが入らないよう、特別製の白衣に身を包み、ビニールの手袋をし、マスクをし、白い帽子をかぶり穴に入る。そして二センチごとに雪を削り取り、ダホが自分の目で見た情報を穴の外にいるジェフに報告し、ジェフがそれを書きとめる。ビクターが雪をプラスチックの容器に入れフタをしめる。くもり空で日が射さなかったため、マイナス二九度の気温が身体の芯まで冷やす。

私とウィルは、補給された食料の運搬と仕分けを行なっていた。ここは標高三三〇〇メートル、酸素量がかなり少ないのか、少し力仕事をすると息がハーハーとする。ドッグフード、マンフードをテント近くまで運ぶのはかなりの重労働である。しかし肉体労働の方がありがたい。

雪のサンプリングに関しては、この地域のサンプリングの試みは人類史上初めてのことということもあり、ダホは真剣そのもの。ダホに「今日はえらくまじめだね」と言うと「当たり前だ」とジロリとにらむ。あのダホスマイルはない。ビクターとジェフとダホの三人は、二時間の作業のあと、完全に冷え切った身体を暖めるため、ジャン＝ルイが暖めたテントの中で熱いコーヒーを飲んでいた。特にダホは、少し身体の調子がよくないようだ。極地では戸外でじっとしていることほど苦痛なことはない。

その夜、全員がダホとジャン＝ルイのテントに集合、再補給を受けたこともあり、クリスマス・パーティーを行なう。テントに入るや否や、有名な上質キューバ産業巻の強烈な香りにびっくりする。ウィルがキューバのハバナで手に入れたものを、ずっと大切にここまで運んできたとのことだった。ジェフ、ウィル、私はふだんタバコは吸わない。ダホは中国ではかなりのヘビースモーカー、ビクター、ジャン＝ルイは少しだけ吸うようだが、このキューバ産業巻は、ちょっと吸ってみたが強烈だった。テント内はもう煙モクモク。

「こんなきれいな空気があるのに、何を好んでこのくさい煙を肺に入れる必要があるのか」と、ジェフはこのけむたさに閉口気味。テントの入口のジッパーを開け。早く退散したい様子。

ジャン＝ルイが極点からのクリスマスプレゼントを配る。これにはジェフは大喜び。チョコレートのプレゼントであり、ジェフは甘いものには目がないのである。寒い地ではチョコレートが非常にうまい。今までも一日板チョコ一・五枚は食べてきた。ふだんは食べたいとも思わないチョコレートだが、身体が甘いものを要求するのでいくらでも食べられる。パーティーの途中、パトリオットヒルズと交信ができる。あちらでは気温がマイナス三度というから驚きだ。もし我々が今すぐマイナス三度の世界へ行けば、きっと裸でも暑く感じるかもしれない。

この大氷原の真ん中で、ちっぽけなテントの中で六ヵ国の六人だけがいる。他にはいかなる生物も存在しないのである。まわりは静寂、五ヵ月間も一緒に行動してきた仲間たち、国をこえた友情だけが存在する。今回のパーティーはささやかなものだった。六人の気持ちはボストーク、ミルヌイへ向いている。とにかく、もう旅を終えたい気持ちがふくらんでくる。七ヵ月は長い。

無菌状態の中で暮らしていると

十二月二十八日　晴のちくもり　西北西の風　毎秒八〜一二メートル　マイナス二九度

昨夜は葉巻に覚醒作用があるのか興奮して全然眠れず、各テントみな同じだったようである。

ダホがきのうの寒さで身体の調子を崩したようで、つねに「寒い寒い」と疲れた様子。身体の芯が冷えているようで、一番ぶ厚いジャケットを着ながらスキーをしている。一日の行動を終えようとした時、どっしり尻もちをついてそのまま起き上がれなくなってしまった。至急テントを張り、ダホを寝袋の中に入れテントを暖める。体温がかなり下がっていたようで、昨夜睡眠不足と言っていたので、その疲れもあったのかもしれない。よく食べよく眠ることが大切だ。ドクターの診断は風邪とのこと。きっとツインオッター機が極点基地内の菌を運んでくるのであろう。私の手もむくんでいたのであるが、これは極点基地内ではやっていた風邪の症状と同じとのこと。無菌状態で暮らしている我々は、外からのあらゆる菌にすぐ反応してしまうようである。

私のチームの中で一番毛の長いエスキモー犬、ファジーという犬が、肛門の周囲の長い毛に糞がつき、それがすぐに凍るため肛門がつまった状態になってきた。仕方ないので毛についた糞を棒切れでいつも落としてやらねばならない。ふだんの生活では予想できないようなことが起こる。

犬たちは単調な毎日の景色に少しダレ気味、何か刺激がほしくてたまらない様子だ。前のチームが少し横にそれたりして変な動きをとると、それを急に追いかけたりする。グリーンランド縦断時やホームステッドでは、エイトマンの曲を歌ったり、〝軍艦マーチ〟を絶叫したりしてハッパをかけたが、このあたりは酸素がうすく大声を出すと息がハーハーするので、歌ってもすぐに止めてしまう。この退屈さのせいか若い二歳のキンタとファジーは、いつも遊びたくて仕方ない様子で、時々じゃれあって私から叱られる。

無線連絡によると、スキーによる南極横断を目指しているメスナー、フックス隊は無事極点に到着したそうである。予定よりかなり遅れたらしいが、やはり、あの向かい風とサスツルギに苦労を強いられたのであろう。彼らは一九一二年のスコットの極点からの帰路のルートをたどってアメリカのマクマード基地まで行く予定らしい。

取り残されても気がつかない地吹雪の中

十二月二十九日　くもりのち晴　地上付近は地吹雪　毎秒一五メートル　マイナス二四度

昨夜は一晩中吹きあれる。久しぶりの地吹雪、空は晴れているのだが地上付近はかなり視界が悪い。これまでずっと天気がよかったので、この久しぶりの地吹雪に忘れかけていたものをふと思い出す。南極半島ではこれぐらいの風はひどくない部類のものであったが、やはり久しぶりなのでこの悪天候に若干とまどわされる。視界は二〇〇メートル。

犬たちは雪まみれとなるが、以前のように雪が毛に付着することはない。湿気がないからである。

ウィルのチームが最後尾を走っていたのであるが、ひとつ目の雪のケルンを作った時、ウィルのそりからジャン＝ルイとダホのチームの食料ボックスひと箱が落ちたらしいことが判明。サスツルギのせいでそりがガタガタ揺れて荷造りのロープがゆるんでしまい、食料箱が横ずれして落ちてしまったのであろう。地吹雪なのでウィルもジャケットのフードを深くかぶっており、ずり落ちたことに気づかなかったのである。どうすべきか、逆戻りして見つけることができるかどうかは疑問である。それに視界も悪く、そりの跡も風でかき消されているかもしれない。迷子になる可能性もある。

しかし、ひとつのテントの食料がなくなってしまったのは問題である。当然他のふたつのテントの分を分けなければならない。これは大問題！　そこでビクターとウィルが行けるところまで引き返して捜してみることになる。逆戻りは向かい風となるので大変である。ビクターがそりの跡をたどりながらウィルのそりがそれに続く。

他の四人は待機である。待つのは寒い。これが一番こたえるのである。そこで四人で巨大な高さ三メートル直径一・五メートルほどの特大ケルン作りで遊ぶ。一時間ほどで二人が戻ってきた。

「見つけたぞ！」の叫び声で全員大喜び。運が良かったとしかいいようがない。

一日の行動の終了間近。ふと横を見ると今度はジャン＝ルイがいない。我々はビクターを除いて、そりの取っ手を片手でつかみ、片手にスキーストックを持ち、そりと同じ速さでスキーで歩いているわけであるが、そりをはさんで隣を歩いているジャン＝ルイが消えてしまった。朝ウィルが荷物を落としたが、今度は自分がジャン＝ルイを取り残してしまったようだ。きっとサスツルギにけつまずきこけてしまって、そりの取っ手を握る手を放してしまったのであろう。

しばらく待っているとうしろからウィルのそりにつかまってやってきた。もし最後尾を走っていたら大変なことである。フードをかぶっていると本当に横が見えない。

風は南西の追い風。そりのスピードも向かい風の時と違ってずっと速いので、スキーで先へ行ってしまったそりに追いつくのは至難の業である。地吹雪の中おいてきぼりを食らうと遭難ということにもなりかねない。しかし、追い風が吹いてくれるのは非常にありがたい。スピードアップもはかれ、一刻も早くボストーク基地に着きたい我々にとっては、今のこの状況下ではこの風は大歓迎だ。

南極の年越しそば

十二月三十一日　南西の風　毎秒一〜五メートル　マイナス二四度

大みそかというのでビクターが大量の朝食を作る。といっても昨夜のディナーの残りのポテトとオートミールであるが、いつもいつも腹いっぱい。この分だと太るのではないかと思うくらいである。

きょうもサスツルギが続く。もう勝手にしてくれとあきれはてて文句も出てこない。昨夜は無線交信でイギリスのアマチュア無線家の声が入ったようだ。ボストーク基地との交信は全くできないのに、一万キロ以上も離れたイギリスと交信できるなんて不思議である。

ジャン＝ルイは最近いろんな世界ニュースを知らせてくれる。日本のＧＮＰが世界一になったとか、マッハ五の旅客機を日本を中心に開発推進中だとか、ルーマニアのチャウシェスク政権の崩壊のニュースもちゃんとキャッチしていた。南極にいながら、無線に入るフランスの国際放送から全世界のニュースを知ることができた。日本語放送は全くキャッチすることができない。北京放送、モスクワ放送は少し周波数を変えるとどんどん入ってくる。よほどパワーの強い電波を使っているのであろう。

今年もとうとう一年が終わろうとしている。もう七月末から五ヵ月間、南極での修行僧のような生活が続いている。しかし、こんな旅ができるなんて本当に幸せだ。一九八九年は一生のうちで忘れることのできない一年となるであろう。

最近の犬たちの行動はおもしろい。突然何かに興奮して猛烈なスピードで走り出すのである。ウィルのチームでもそうらしい。一体何が原因なのかよくわからない。犬同士が互いにコミュニケートしながら走っているに違いない。

この夜は年越しそばに挑戦する。そばをこの日のためずっと使わずにとっておいたのである。アメリカの事務局でボランティアで仕事を手伝っている我がガールフレンドが極点に送ってくれたものである。本物の日本のそばで、肉そばを作る。ダシの素としょう油、砂糖で少々甘味をつける。できばえはかなりいい。ビクターにも好評だった。

テント内は日が照りつける側はサウナのような暑さで気持ち悪くなるほどだ。従って出入口のジッパーを開けていないと暑くて仕方がない。しかし日陰のほうは逆にジッパーを開けすぎると寒くなるので室内の温度調整が難しい。それほど日陰と日なたで気温差が生じる。ビクターはレニングラード時間午前零時、我々の時間午後七時に新年の乾杯をするのをずっと楽しみにしていた。

午後七時、ウォッカとチョコレートで乾杯。ロシア人は日本人と同じように元旦を非常に大切にするようだ。欧米人は元旦よりクリスマスだが、日本人とロシア人は一月一日、中国人は旧暦の一月一日（二月四日）である。

元日、オゾンホールの真下で

一月一日　快晴　南西の風　毎秒二〜七メートル　マイナス二六度

一九九〇年新年を南極プラトーの真ん中で迎える。全くいつもと変わりなく、何の感動もなく、ただひたすら地平線に向かって歩き続ける。時おり現れるすじ雲に心を奪われては、変化のない景色に退屈している自分に気づく。

微風、静寂。今我々の立っている三〇〇〇メートルの厚さの氷の下の岩盤は、その氷の重さに耐えきれず、海面下に沈んでいるという。そしてもし、この氷を全部取り除けばその沈んでいる岩盤が五〇〇メートルも隆起するというから驚きである。そして、この巨大な氷の大地も、海へ向かって移動している。なぜこんなところを歩いているのだろう。時折頭の中が漂白されたように、わけのわからないことをつぶやいている。

地球を感じる。自分たちは、地球という母体内のひとつの細胞にすぎない。今、汚染大気を生みだし、森林を伐採し、海を汚し、と地球の環境を悪い状況に導いている我々人類は、地球にとってはひとつのガン細胞なのかもしれない。いや、そうであってはならない。早期発見が肝腎である。

考えればこのあたりは上空にオゾンホールがあいていると言われているところである。もしそうであれば、我々は有害な紫外線を直接身体に浴びていることになる。この有害な紫外線を浴びると皮膚ガンになりやすくなると言われている。我々は大丈夫なのであろうか。でもそんなことに神経質になっていればこんなところではとても生活できない。ふだんは全く気にならないが、ギラギラ輝やいている太陽を見ているとふとそんなことが頭に浮かんできた。

サスツルギが続く。もううんざりである。こいつを克服しないかぎりボストーク基地には到着できないのだと自分に言いきかせるのだが、スキーの先が凸部にひっかかりひっくり返ったり、凹凸が複雑に入り組んで急にボコッとへこんでいたりとか、もうサスツルギの形がめちゃくちゃなのである。こういうのがどこまでも果てしなく続いていると、どうしようもなく腹立たしくなってくるのだ。

最近、無線が通じずブラックアウトの状態。アルゴスの位置確認も無線が通じなければ使えないので、我々が今どこにいるのかは推測の位置でしかわからない。ジェフが六分儀で位置確認を行なっているが、当分はこの結果を参考にいくしかない。ボストーク基地と交信できればアルゴスの情報をパリからレニングラード、そしてボストーク基地、そして我々探検隊の順に手に入れることができるのであるが、それもできない。しかし、コンパスを使った針路とりにビクターはかなりの自信をもっている。ボストーク基地からのウォッカのにおいをかぎつけているに違いない。

クカの足裏のパッドの割れが気になる。割れの下には新しいパッドが再生してきてはいるが、再生する分がすり減る量に追いつけばいいのだがと心配である。それほどこの地域の雪の結晶は鋭くとがっている。

延々と続くサスツルギ

一月二日　快晴　南西の風　毎秒八〜一〇メートル　マイナス二五度

サスツルギは今日も続く。ビクターが便秘気味だと不調を訴える。これは米の食べすぎからきていると言う。「ロシアでは米を食べたら便秘になると言われているんだ」と真顔で私に告げる。そんなバカな、「それだったら便秘は日本の国民病になるよ」と言ってやるが、何とも腑に落ちない様子。大食漢二人は、いつも一日朝と夜の二回も外へ出て大便をしていたのである。ビクターの場合は一回三〜五秒ですませていた。紙でふく必要がないほどで全く犬みたいな人である。その彼が便秘なんて信じられない。とにかく原因は何かわからない。彼は米が原因だと思いこんでいる様子である。

一月四日　晴のち地吹雪　南西の風　毎秒五メートルのち一五メートル　マイナス二六度

ダホの四十三回目の誕生日は嵐となる。一体誰がこの地域の悪天候を予想したであろう。このあたりは勢力の強い高気圧が永久的に存在し、降水量も年間四〇ミリほど（サハラ砂漠が年間三〇ミリほど）、快晴無風の白い砂漠地帯であるはずだ。それにもかかわらず、毎秒一五メートルほどのブリザード。全く南極というところは、何が起こるかわからない。予測していたこのあたりの深雪も全く見られず、サスツルギ帯が続いたり、この嵐が起こったり、気温もマイナス二〇度前後になったり（マイナス二〇度を上回ると暑いぐらい)、この地域としては異常ともいえる気候だ。最も過去にこの地域を観測したのは、三十年前のソ連隊だけであるから、何がふつうで何が異常かは断定しにくいが、一般で考えられていた常識とは、全く異なる気候及び雪の状態なわけである。

心配していたこの地域の深雪はどこへ行ってしまったのか。一体どうなっているのかと思い、ダホにたずねると、「表面から下一〇〜二〇センチはクラストした硬い雪で、その下一メートルはざらめ状の軟雪、従って我々の犬ぞりは軽いので、上部の硬い層を踏み破らずに進めるが、三十年前の雪上車での極点行の際は、この硬い層を雪上車が踏み破り、その下の一メートルの軟雪に苦しめられたのだろう」と説明してくれる。

この地域、雪上車よりも犬ぞりとスキーで行く方法がいい手段なのかもしれない、パトリオットヒルズ以来、ずっと心配していた深雪による犬の疲労の心配は杞憂《きゆう》にすぎなかった。硬い雪面を犬もそりも人間も、快調なペースで進むことができた。それにしても犬たちは、この高い標高を何の苦もなく走り続ける。全くすごい奴らだ。

私たちは犬ぞりを三台使い、各チームの担当者がジェフと私とウィルなのだが、三チームともその特徴が異なり、マッシャーの個性を反映している。ジェフのチームは小型のチームで、非常に行儀がよく、まるで軍隊のようにいつもきっちりしている。スピードは一番速い。ジェフの教育法も非常に厳しく、ジェフのチームはイギリス紳士といった感じである。

ウィルのチームは全くのヤンキーチーム、一番の大型チーム、自由放題、けんかはするし行儀は悪く、気分のいい日はスピードが異常に速く、悪い日は極端に遅い。ウィルの教育法は自由放任だ。私のチームはちょうどこの中間で、まあまあ行儀がよく大きさも中型チーム。私の教育法は厳しく優しくで三人それぞれ自分のチームがベストだと思っている。

もう四〇〇〇キロ以上そりを曳き続ける犬たちの体力には頭が下がる。ただやはり、連日四〇キロ以上の行動で、一日が終わるとどの犬もバタリと横になり寝入ってしまう。犬たちの足だけが心配である。このあたりの低温による雪質の変化が原因であるが、動物にとっては足は命である。立てないものには死が待っている。従って犬たちもいつも足をなめて、その手入れに余念がない。私たちも、傷ついた足にブーツをはかせてやったりする。しかし、そのブーツもすぐに穴があいてしまう。

南極で生まれてくる子犬をめぐって

一月六日　くもり　無風　マイナス一五～マイナス二〇度

ジェフのリード犬チュリがおめでたのようだ。パトリオットヒルズで私のチームのクカとたわむれているのを目撃してから二ヵ月、計算はうまくいく。父親はクカに違いない。チュリのお腹が目立つにつれて、ジェフの機嫌がますます悪くなってくる。ジェフと少し気まずい。ジェフはチュリを手放したくないのであろう。出産すれば赤ん坊の面倒を見なければならないし、チームには復帰できない。その気持ちがわかるだけ、自分もつらい。あの状況では防ぎようがなかった。仕方がない。何か私がジェフに悪いことをしたような、そんな気持ちになってしまう。

ウィルがジェフと同じテントなので、チュリの問題についてジェフと話し合ったようだ。四日のダホの誕生日、六人が一つのテントに集まった際この件について協議した。ジェフは「今、チュリがいなくなれば、一体どの犬がチュリの代役を務められるというのか」と述べる。

実際その通りであった。チュリは三チームの中で一番優秀な犬であった。特にゴール近くになれば地吹雪帯が待っており、チュリのリードがあればそれにこしたことはなかった。そこでビクターが「今まで通り俺が先頭を行けばいいじゃないか」と言う。みなもビクターに任せるつもりでいた。しかし、ジェフは「お産の直後に子犬を処分してしまえば母犬はふつう一週間ほど休養を与えれば職場復帰できる。自分はそうしたい」と述べる。

予期せぬお産の際には犬の数が増えて困るので、犬舎を持つマッシャーが仕方なく生まれた直後の子犬を処分するということはたまにある。しかし今回はただ一匹のメス犬チュリが妊娠、南極で子犬が生まれるという特別なケースで、アメリカやフランスですでにニュースにもなっており、みなが楽しみにしていることなのである。

特に欧米は動物愛護が異常とも言えるぐらい発達したところ。ジャン＝ルイやウィルは南極へ来る前に犬ぞりで横断ということで動物愛護団体の人から「殺してやる」というおそろしい脅迫文を何通も受け取ったということだ。こういう見地からチュリの子犬を処分してしまうというのはできない相談であった。ジェフ以外の五人とも、チュリのお産は喜んでいる。南極生まれの子犬を見ることができれば、こんなにうれしいことはないと思う。

「チュリなしでも何とかやっていける。やっていこう」

ジェフもみなの説得をのんでくれる。ジェフ自身もチュリの子犬を見たいはずである。ただこれから先の隊のことを考えた場合、チュリは絶対必要だと思っていたのである。四日のこのミーティングのあとも、ジェフと私の間には何となくわだかまりが残っていた。

ところが、この日の夕方、ジェフが私のところへ歩み寄ってきてこう言った。

「ケイゾー、最近ちょっと疲れてるように見えるぞ」

「そんなことないよ」

「自分の娘が妊娠させられた父親の気持ちがわかるか？　俺は怒っている。でもお前に対してじゃない、ただ怒ってるだけだ。だからお前は気にしないでくれ。子犬ができれば、お前も一匹日本に持って帰れよ」

とポンと肩をたたいてくれる。

「そう言ってくれて俺も少し気が楽になったよ。ありがとう」

と私は答えた。ジェフは周囲によく気をつかう人、そして正直な人だ。彼とは一九八七年九月以来のつき合いだが、いつも彼から何か教えられる。いい奴である。そういうわけで、チュリは次の食料補給のツインオッター機で我々よりひと足先にボストーク基地に送られることに決まった。

きょうは尿のサンプル収集の日。ビクターはジャン＝ルイに代わって各テントを尿のサンプルを回収して回る。ビクターはパトリオットヒルズで彼の科学機器のすべてを置きざりにされたので、ボストーク基地まではオゾン量の測定ができなくなってしまったため、尿のサンプル回収を手伝った。実によく動く超ハードワーカーである。ちょっと短気ではあるが、彼のエネルギーとパワーはどこからくるのであろうか。あれはきっとロシア人の、キングジョージ島でジェット機を着陸させたあのパイロットの気魄というか、気概というか、あれと同じなのだと思う。「俺に任せとけ！」と言わんばかりの男気は、日本の親分肌と共通するところがある。

しかし、実際のところは、ジャン＝ルイとビクターとの間に交換条件が成立していたということのようだ。尿のサンプル回収を手伝うことで、ビクターは南極から帰れば、フランスでジャン＝ルイから中古車をプレゼントされるという条件がついていた。自家用車を持つなんてソ連では大変なこと。ビクターは南極でのジャン＝ルイとのこの約束を決して忘れないだろう。

きょうは無風で気温はマイナス一五度とこの地域としては異常気温で春のような暖かさだ。地球の二酸化炭素増加による温室効果の影響なのであろうか。しかし無風の日なんてこの五ヵ月の間に何回あったであろうか。一回目は忘れもしないエルズワース山脈のフィッシャー・ヌナタック・デポに到着した時。あの時は本当に快晴・無風のすばらしい天気だった。

きょうは一体何を考えようかと悩み続ける。過去のこと、中学時代に初めてラブレターを書いた時のことなどを思い出す。あの子は今どうしているのだろうか……。

未来のこと、どこかの片田舎で自給自足の開拓村をこしらえて、犬も二十匹ほど飼って犬ぞりをやりながら野外学校のようなものを開く。あるいはもっと犬ぞりや自転車で旅をする等々、夢見ることは金もかからず自由でいい。でもきょうのこの夢想も今まで何回頭に描いたことであろうか。もうすっかり飽きてしまった。「次は何かないかなあー」と捜すのであるが、何も出てこない。もう考え尽くしてしまった。「よし歌おう」と歌いはじめると一小節で息がハーハー苦しくてやめる。「一体どうしたらいいのか」と横を見るとジャン＝ルイも何かブツブツ言っている。みんな同じなんだ、もう早くゴールしたい。

一月七日　晴れたりくもったり　西南西の風　毎秒〇～二メートル　マイナス二五～マイナス三二度

前方の地平線上にはずっと嵐の前ぶれのような低くたちこめる雲が存在している。この先は悪天候なのであろうか。いやそんなはずはない。ボストーク基地は一年中高気圧圏内で天気のいいところのはずである。昼からガクンと気温が落ちて温度計は日陰でマイナス三二度前後、雪が砂のようでそりの滑りが悪い。気温が低すぎるのだ。長毛のファジーの尻はもう凍った糞だらけ。肛門のところだけかろうじて穴があいているという感じである。走りながら糞をするのであるが、とてもやりにくそうである。糞がセメントのように尻の周りに固まっている。高脂肪のドッグフードなので、どうしても軟便になりがちで、こういうことになるのだ。またそこのところの毛を切ってやらねば。一日四〇キロ進んだとしてボストークまであと十日だ。

一月九日　くもり　マイナス二六～マイナス三〇度

休養日なのに太陽が顔をかくし、こういう日は寒さがきつく身にしみる。今日はダホの二回目の二・五メートルの穴掘り、前回の時は寒さで苦労したので今回は十分着こんで、腹いっぱいにして、そして二時間半の作業に取りかかる。今回は自分も加わりジェフ、ビクターそしてダホ先生の四人でやる。風上に二メートルほどの雪の壁をこしらえてジェフと自分が座る。穴の中にはビクターとダホ。ダホが穴の中の雪の壁二センチごとに専門の器具で雪のサンプルを採取、記録係のジェフに雪質とか目で見た様子等を伝え、ジェフがノートに書きとめる。前回と同じ要領だ。

採取した雪はビクターが持っている空の小さなプラスチック容器の中へ入れフタをし、私がそれを受け取って穴の外で順番に並べる。各人のジャケットの背中にはそれぞれの国旗がかけてあるので、外からその様子を見れば、これこそ国際協調による科学調査だ。計九五サンプルを採取。ダホにとっては夢のサンプルであり、この地域での二回の詳しいサンプリングを終え大満足のダホ先生だった。

この日は再補給の日、出産間近のチュリを南極点から再び飛来するツインオッター機に乗せ、ボストークへ送る。南極大陸最奥部にあたるボストーク基地に、妊娠したメス犬が訪れるということで、メスという言葉を聞くだけで一年近く氷の世界に隔離されている男所帯の基地の人々はみな興奮しているとか。三十年をこえるボストーク基地の歴史始まって以来の大珍事である。特にボストークのドクターは、日頃暇をもてあましているのか、受け入れ準備に大奮闘とのことである。

ツインオッター機は南極点で燃料を満載して飛来、我々がいるところを見つけていったん着陸。そして荷物を降ろしてそのままボストークまで飛び、そこで再び燃料を満載し再び一三〇〇キロ先の南極点へ戻る。こういう飛行計画をたてることで初めてこのツインオッター機による再補給が可能になった。

ボストーク基地へはソ連の砕氷艦アカデミック・フェデロフ号でミルヌイ基地へ運んだ燃料をすでにミルヌイ–ボストーク基地間を夏の間二回行き来するソ連の雪上車部隊に運んでもらっていた。南極の奥地へ飛行機を飛ばすには、燃料補給基地をどうするかということが大きな問題だ。燃料基地に燃料を運ぶのにたくさんの燃料を使わねばならず、それからまた奥地へ飛びそして帰ってくる燃料がさらに必要になってくる、という具合に、奥地へ飛べば飛ぶほど莫大な燃料代が必要となってくる。

南極半島先端を出発して以来たびたび世話になったツインオッター機とも今日でお別れ、これでいろいろトラブルの多かったアドベンチャーネットワーク社とも契約切れとなる。これから先は万が一の救援態勢はソ連が面倒を見てくれることになる。ソ連の協力はこの横断隊の成功のためには不可欠のものだった。

この日、我々のタイムゾーン（プンタアレナスタイム）をボストークタイムに合わせる。十時間時計を前に進める。これまで太陽の高さが低くなる夜（日は沈まないが）に太陽を背にして行動していたのが、これからは太陽の高さが高い昼に太陽を正面に行動することになる。顔面に直接紫外線を浴びるので、雪焼け、雪目に注意しなければならない。それに今までは行動中に気温が低く寝ている時に暖かくなっていたのが逆になってしまう。ボストーク基地の時間帯に合わせることで無線交信等を便利にするためなのだが、個人的には今まで通りの方がよかった。
ゴールに向かうにつれて、つまり緯度が低くなるにつれて一日の太陽の高度差は大きくなってくる。南緯八〇度付近では、二月中旬には太陽は再び地平線下に沈むようになる。そして、気温は急激にどんどん下がり続け、おそるべき、冬の到来となるのだ。このあたり、五月、六月にはマイナス七〇度、マイナス八〇度になるという。信じられない気温である。深呼吸をすると、肺が凍傷になり危険ということから、冬のボストーク基地の隊員は、外へ出る際は必ずマスクをつけるという。太陽のない暗黒の酷寒地、想像を絶する世界である。

一月十日　快晴　南西の風　毎秒〇〜二メートル　日なたマイナス一〇度　日陰マイナス三〇度
チュリの出産のニュースを無線で受けとる。しかし、残念ながら死産であったようである。チュリは一応四匹の子犬を産み落としたが、それをすべて食べてしまったという。若いチュリ、初めてのお産をこの厳しい環境下で迎え、何らかの無理があったのかもしれない。また、見知らぬ人々に囲まれ不安であったに違いない。きっと周囲の雰囲気から、自分の子どもを守らなければならないという気持ちが、子どもを食べてしまうという行為につながったのだと思う。そうとしか考えられない。期待していた子犬の誕生は実現できなかった。残念だったが、母体には何の問題もないようで、一同ホッとする。子犬はダメだったが、これでチュリはボストーク以降、チームに復帰することが可能になったわけだ。メス犬チュリの先導に、再びオス犬どもははりきってそりを曳いてくれるに違いない。

標高三五〇〇メートルの平穏と静寂と不安

一月十一日　快晴　西の風　毎秒五〜八メートル　マイナス三〇度〜マイナス三九度

朝、ビクターからマイナス三九度との報告を受ける。午前五時三十分に起きると下腹部が冷えたような感じで痛む。表へ飛び出すと下痢である。南極に来て以来、初めてのことだ。きっとビクターと二人食べすぎに違いない。

このあたりの日射しは強烈である。太陽を正面にして行動しはじめたので、背中が影となり冷たい。身体の前とうしろの温度差は二〇度はあるだろうか。時計を十時間進めたことによる時差ボケで昼間眠くて仕方がない。まぶたがおもりをぶらさげているように重い。そりのハンドルバーにつかまってほとんど眠りながらスキーをしている。「何か考えよう。よし、きょうは緑の森の中でハンモックでゆられながら鳥のさえずりを聞いているところを夢見よう」と思っているうちにコクリ。どうしようもなく眠い。次は温泉につかって一杯やってるところを想像してまたコクリ、頭の中で考えようとする話題がすべて眠くなるような方向に進んでしまう。どうも頭のネジがゆるんできたらしい。

一日の行動後もひたすら眠い。寝袋の中に入るや否や眠ってしまう。極点以降、乾燥していて暖かいテントの中で寝袋は湿ることを知らない。いつもドライで快適、極点までの中綿に氷がじゃりじゃりとたまった状態の冷たい寝袋のことを思い出すとゾッとする。最近ずっとマイナス三〇度台の気温が続いている。標高が高くなってきている証拠だ。標高も三五〇〇メートルに近いこの場所では、気圧が低く七〇度でお湯が沸く。夜の太陽は昼間に比べてずっと低くなった。影の長さも日増しに長くなってゆく。それにつれて何となく秋の寂しさを感じてしまう。大便をしに夜外へ出ると、あたりは静寂、平穏。犬たちは高度が低くなった黄色っぽい太陽の光を全身に受けとめるようにのびのびと寝ころんでいる。静かだ。これだけ静かだと逆に頭や耳の中がシーンと鳴っているような、うなっているような感じがする。何か静寂が自分の身体を圧迫しているように感じる。雪面がピカピカ輝き美しい。

一月十六日　晴　風速毎秒〇～二メートル午後毎秒五メートル　マイナス二九～マイナス三三度

無風の朝。マイナス三〇度台なのに暖かい。犬たちは少々疲れ気味。最近犬の爪の伸び方が速く、かなり長くなってしまった。極点までは全くそんなことは起こらなかったのであるが、やはりこの好天域で犬たちの栄養も十分体内に行きわたっているのに違いない。それで爪が伸びるのであろう。人間の爪や髪の毛の伸びる速さも寒さを感じるか否かでだいぶ違ってくる。

今はまだ暖かさを感じることができるのだが、ボストーク基地以降はまだ標高が少し上がるし寒さも増すであろう。そして海に近づくにつれてまた風も強くなってくる。マイナス四〇度の強風は今が快適なだけにつらいに違いない。この寒さをゴール到着前に経験しなければならないと思うと不安が脳裏をかすめる。地吹雪帯はまだ先であるがゴールする前に必ずその洗礼を受けねばならない。人間もそうだが、犬たちの体力低下も心配だ。

ジャン＝ルイがアルゴスの位置を無線で何とか確認しようと必死である。ボストーク基地との無線交信は良好なので何とかアルゴスの経度の確認をしたいわけだが、パリからモスクワ、そしてミルヌイ基地経由ボストーク基地へのアルゴスの情報伝達がうまくいっておらず、アルゴスは今現在その役目を全然果たしていない。

ジェフが一日の行動中数回そりを止めて六分儀で確かめているがどうしても誤差は出てしまう。ジャン＝ルイは自分がフランスから持ってきたアルゴスに全幅の信頼をおいているのだが、それがうまく作動していないことで最近イライラしている。我々が必要なのは経度なのである。緯度は進んだ距離からだいたいわかる。何としても東経一〇六度五〇分の線上に行かねばならない。少しでもズレるとボストークから離れたところを通り過ぎてしまうことになる。せっかくのハイテク機器もこのままだと無用の長物だ。

ボストーク基地へ

一月十七日　快晴　南西の風　毎秒一～三メートル　マイナス二五～マイナス三四度

雪が軟雪となってきた。ボストークに近づいた証拠である。犬の足が五～八センチほど雪にもぐる。非常にドライな雪で、二〇センチ下はざらめ雪、白い砂と言ってもいいぐらいである。リングのないスキーストックをつきさすとグリップのところまで簡単につきささってしまう。我々の正確な経度はまだ確認されていない。ビクターが無線に向かってロシア語でまくしたてるようにして連絡をとり、午後十時にボストーク基地からロケット弾を発射してもらうことにした。ボストーク基地はあと二九キ口先にあるはずなのでロケット弾の光を確認できるかもしれない。それほどもう目と鼻の先にあるのだ。夕食をすませたあと、午後十時に寒さにふるえながらビクターと二人テントの外で待機していたのだが、結局、ロケット弾を見つけることはできなかった。推測ではかなり近い経線上にいるはずなのだが。

休養中から八日が過ぎると徐々に身体が疲れてくる。身体の節々が痛い。ボストーク基地の話はもう耳にタコができるほどビクターから聞いて知っている。ロシアンサウナが一番の楽しみである。室温一〇〇度の暑いサウナの中で思い切り全身から汗を出してくつろぐことができるなんて夢のようだ。イーリーの森の中にあるホームステッドでの生活を思い出す。マイナス三〇〜マイナス四〇度の寒い日に熱いサウナに入り、汗をかき、サウナの前にある凍った湖に穴をあけて飛びこみ、水の中にしばらくつかるのだ。髪の毛は瞬時にバリバリに凍る。そしてまたサウナに走って戻るのだが、これが最高に気持ちいい。また、雪化粧をした夜の森の中、素裸で高くそびえる木々を見上げると、木々が自分に何か語りかけてくれるようなそんな気持ちにさせてくれる。自分が木と同格の存在になった気持ちにさせてくれるのだ。そんなことをふと思い出しては森の緑がなつかしくてたまらなくなる。

明日はボストーク基地、とうとうここまで来た。ビクターはもう心ウキウキ、数多くの友人たちとのご対面を心待ちにしている。彼の故郷と言ってもいいぐらいの場所なのである。

またダホにとっても雪氷学者としての夢の場所、中国の一科学者が、スキーでここまで歩いてやってきたということは本当にすごいことなのである。南極の雪を研究する人が、自分の目で見ながら自分の足で歩き、自分の手で雪のサンプルを採取する。身体全体で南極を感じ、そして雪の研究の総本山とも言うべきボストークまでやってきた。雪氷学者冥利に尽きるということだろう。

ダホはオーストラリアの南極観測隊の一員として雪上車でケーシー基地から調査旅行に出たことがある。この旅行は大名旅行であったらしい。暖かい場所が提供され、食事は作ってもらい、それもごちそうばかり。そんな贅沢な旅行から今回は一転して大冒険旅行。この南極に来るまでスキーをやったことのないダホにとっては苦労の連続であっただろう。しかし彼は忠実に雪のサンプリングを実施してきたし、夢のボストーク基地までやってきたのであるから、感激もひとしおであろう。

四〇トンの巨大雪上車の歓迎

一月十八日　うすぐもりのち晴　南西の風　毎秒五～六メートル　マイナス二六～マイナス三五度

とうとうもうひとつの南極点、ボストークに到達する日がやってきた。標高約三五〇〇メートル。まぶしい太陽を正面に、空の青さはあい色のように濃い青である。気温マイナス三五度、左手後方から毎秒五メートルの追い風が、我々を軽く押してくれる。〝Let's go to Vostoke〟犬たちも南極点到着の際と同じように我々の意気揚々とした会話を敏感に感じとり、いつもよりずっと速く走る。

ようやくアルゴスによる位置がわかり、ビクターのとっていた針路が正確だったことを知る。東経一〇六度五〇分の経線上を、真北へ進む。このまままっすぐ行けばボストーク基地にぶつかるはずである。

三六〇度地平線。サスツルギもなく、そりの荷も軽く、滑りは快調、快適な走行である。犬の足は、ドライな雪に一〇センチほどもぐるが支障はない。正午頃であろうか、前方に黒い点が動いているのに気づく。飛行機、イリューシン14である。ボストークへ着陸態勢に入っている様子だ。これでボストーク基地の位置がはっきりつかめた。針路を若干西へ向ける。〝ボストークはもう目の前だ〟と思っていると、突然紅白の機体、新型機アントーノフ28型機（ツインオッター機のソ連版）が右手前方の小高く盛り上がった丘の陰から飛び出すかのように姿を現し、我々を歓迎する。

これには一同びっくり。低空飛行で翼を左右にゆらしながらあいさつしてくれる。ボストーク基地から我々を先導するために飛び立ってくれたのである。まっすぐボストーク基地に向かって飛んでいく。もう基地を見逃すことはない。犬たちも興奮気味。だが一番興奮しているのはビクターだ。ウィルのチームがかなり遅れている。犬たちの足の状態がかなり悪いのかもしれない。

しばらくすると、前方から黒いかたまりがこちらに向かってどんどん近づいてくる。一体何だろう。巨大な建築物が動いているように見える。

ビクターが「ロシアントラックだ」と叫ぶ。四〇トンの巨大雪上車、ハリコフチャンカである。ミルヌイ基地からボストーク基地への物資輸送に使われる雪上車で、何かの資料写真で見た覚えがあった。黒い物体はさらに近づいてきてその巨大な鉄の車体を現しはじめる。やがて騒がしいエンジン音が周囲の静寂を打ち破るかのように聞こえてきた。我々から一〇〇メートル前方でストップ。こちらもいったんストップ。すると、巨大トラックの中から十五人ほどの人間が降りてくる。みな同じ黒いジャケットを着ている。

ひげ面の猛者たちがこちらへ向かってくる。ビクターはまっしぐらにそちらへ進む。ビクターが南極点以来ずっと心待ちにしていた仲間たちとの感激の対面である。基地のチーフ、サーシャとビクターはお互いの友情を確かめ合うようにガッチリが抱き合っている。ビクターの目には光るものがあった。広大な白い砂漠の真ん中をはるばる四六〇〇キロも歩いてやってきた友人をがっちり抱きかかえる一人の男の姿は感動的だった。これぞまさに男の友情。そばで見ていてこちらもぐっとこみあげてくるものがあった。

「ズドラフストゥヴィチェ（こんにちは）」ビクターから習った片言のロシア語であいさつ。グリスで汚れたぶ厚いグローブのような手で思いきり握手されると、手が万力で締めつけられたような感じである。ロシア人たちが身につけているものはウールだとか革製といった天然のもの。我々が着ているカラフルなハイテク繊維とはまるで違った重い感じの衣服で、それだけに彼らに余計男くささを感じる。ひと通りのあいさつを交したあと、巨大雪上車のキャタピラがまた動きはじめる。基地まで先導してくれるのだ。軟雪をものともせず、雪煙を舞い上がらせながら進むその猛牛のような姿はすさまじい。

二時間ほどで基地の正面へやってくる。ここでちょっとしたハプニング。「パパーン」基地から歓迎の打ち上げ花火があがったのである。犬というのは雷とか花火という爆発音をすごくこわがるのだが、この花火に三チームの犬全匹がUターン。来た道を引き返しはじめた。「お～い。極点に逆戻りはごめんこうむるよ」と犬たちを必死になだめる。花火を上げるのをやめてもらい、ようやく前進できた。

パンと塩、そしてウォッカの宴

午後四時、ボストーク到着。基地の前は黒山の人だかり。三十〜四十人の人たちが待っていてくれた。みな海賊や山賊のようないでたちである。二十〜三十年前に日本で使われていたようなカメラでパチリパチリ。はるばる歩いてやってきた我々に最大限の敬意を払ってくれているようだ。ここにいるロシア人はみな冒険とか探検をする人間が大好きでたまらないといった感じである。それはそうであろう。そうでなければこんな世界で一番寒く、世界から全く隔絶された南極の最奥地にやってくるはずがない。何しろここは一九八三年にマイナス八九度という今まで記録された地球上の最低気温を記録したところなのだから。

その後基地のメイン棟の前まで行く。棟には六ヵ国の国旗がかかげられていた。その棟の前でロシア人の伝統であり、また歓迎の印である、できたてのパンに塩をつけて食べる儀式を行ない、今までの旅の無事を感謝し、またこれからの無事を祈る。このパンのうまかったことといったら、もう最高。その後すぐに犬たちを居心地のいい場所を見つけてラインにつなぎかえ、そしてそりを発電棟の中に入れる。この棟は発電機があるので室温が高い。従って何でも乾かすことができるため、そりの補修にはもってこいなのだ。ここでそりの凍りついた部分を溶かして乾かしておき、いつでも補修できる状態にしておくわけだ。

それからようやくカクテル・パーティーの始まりだ。

ボストークの人々の歓迎は、心温まるものであった。ロックバンドが手づくりの楽器で、手づくりのコンサートを開いてくれたり、パワーハウス（発電棟）のチームがサウナを用意してくれ、小さなパーティーを開いてくれたり、無線棟では忙しい中、インマルサット衛星で六人に各国の家族と交信させてくれた。直通で大阪の両親を呼びだせたのにはびっくり。その声もはっきり聞こえ、ここが南極だなんて本当に信じられない。

ジャン＝ルイとウィルは、マスコミへの応対やら事務局とのやりとり等でかなりの時間を電話連絡にとられていたようである。ヒーローたちは大変である。

一年間、この白い砂漠の中で、厳しい環境の中で暮らしてきた三十〜四十人の男たち全員は、南極史上初の犬ぞりによるボストーク基地訪問を心から喜んでくれた。我々は、南極点とは違い、アットホームなロシア人の歓迎に本当にリラックスでき、いい休養をとることができた。

このボストーク基地ではロシア人とウォッカの非常に密接な関係を目のあたりにする。特別な機会には必ずウォッカのボトルが登場するのだ。まず到着後初めてメイン棟の中へ入るとチーフの部屋に通され、我々の到着を祝うウォッカが用意された。数が限られており、貴重なウォッカである。銘柄はストリーチナヤ。ロシア人のウォッカの飲み方は、酒の味をエンジョイするというよりも、ウォッカのもつ強烈なスピリット、刺激をエンジョイするといったほうがいいのかもしれない。ショットグラスにつがれたものを、ストレートで一気に飲み干してしまうわけだ。

乾杯の前に必ず口上があり、そして全員で乾杯する。これが何回もあるので、正直につき合っているとたまったものではない。たちまち酔いつぶれてしまう。しばらくするとチーフのサーシャが九八パーセントのウォッカ、スピリッツを自分の部屋から大切そうに持ち出してきた。ボストークの緯度七八度三〇分に合わせて水を加え七八パーセントのウォッカで乾杯となる。

ダホは中国のマオタイ酒というこれもまたアルコール度のきつい酒の飲み方を心得ているらしく、さほど驚きもしていない。盛んに「ケッゾ（ダホは私のことをいつもこのように呼ぶ）、お前は一番若いのだから、つがれた杯は飲み干さないといけない。ノー・プロブレム」と私を酔わせたいようだ。まるで日本人のノリ。こういう酒の飲み方はソ連も中国も日本も共通しているところがあるような気がする。今までこんな強い酒は飲んだことがないので、自分がどうなるのか好奇心からぐいっと飲んでみることにする。

口に含むわけにはいかない。一気に食道へ流しこむ。さもなくばのどが強いアルコールでやけてしまう。サーシャが九八パーセントのものをふつうのコップに半分一気に飲み干したのには驚いた。その様子をじっと眺めたあと、おそるおそる目の前のショットグラスを手にとってぐいっと飲んでみた。

強烈なアルコールに咳こむが、味よりもその強烈な刺激が全身をかけめぐる。のどがやけつくような感じ、そのあとはらわたがジカーッと熱くなる。この感覚がなかなかいい。

ボストークには四晩いたが、三晩は床についたのが午前三時という具合にロシアンウォッカとすっかりお友達になってしまった。

ボストーク基地ではテントではなく部屋をあてがわれベッドで寝ることになった。ベッドで寝るのは五ヵ月半ぶりだ。そのせいか、床についても基地の部屋が我々には暑すぎるのと、ベッドが柔らかすぎるのとでなかなか寝つけない。すでにすっかり氷の小人と化している我々にとっては、硬い氷の上とマイナス三〇度のテントの中が、一番居心地のいいところとなってしまった。

十三万年前の氷を見て考えたこと

一月二十一日　快晴　マイナス三七度

ボストーク基地は、氷のドリリング（氷を掘る技術）で有名な基地である。厚さ三〇〇〇メートルをこす氷の中には、地球の歴史や環境の変化等、さまざまな情報が秘められている。特に氷の専門家ダホにとっては〝夢の基地〟。連日ソ連のグレシオロジスト（氷河学者）、顔中ひげだらけのウラジミール・リベンコフと氷の話に花が咲く。この学者が生活している棟には、各深さごとのたくさんの氷のサンプルが収められている冷凍庫がある。そしてその冷凍庫のすぐ隣に研究に没頭する小汚ない研究室があるのだが、彼はこの研究室で寝起きしているようだった。

極点のアムンゼン・スコット基地で目を丸くしながらハイテク機器を見ていたのに比べ、ここではすべてが旧式、老朽化しており、我々にとっては逆に自然で違和感を感じない。研究者の仕事ぶりをじっくり見たり聞いたりすることができた。こんなに旧式の設備なのだが、それでもソ連の氷のドリリング技術は世界ナンバー1とのことで、ここボストークでは、二五〇〇メートルの深さの氷を採取している。二五〇〇メートルの深さの氷の年齢は、十三万年前とのことである。十三万年前の地球の歴史がすべてこの氷の中に冷凍保存されているわけだ。

また、このとてつもなく厚い氷も海に向かって少しずつ動いているのである。その氷の動き方も研究のひとつで、深さによりそのスピードはさまざまで、複雑な動きをしているようである。現在、このボストーク基地ではソ連・フランス共同のドリリング・プロジェクトが実施されている。これも国の壁をこえた国際協調による科学調査の推進の一環であり、平和な国境のない大陸南極のもつすばらしさの一例である。

もし南極の氷が溶けてしまうと、現在の海面は七〇メートルほど上昇し、世界の主要都市はすべて水没してしまうと言われている。前回の氷河期には、南極の氷床は現在の倍ほどもあり、現在はその氷が半分に減り、現在の海面の高さとなったそうである。

ウラジミールからサンプルのアイスコアの標本を顕微鏡でのぞかせてもらう。岩石の標本のようで、カラフルで美しい。何万年も前にこの南極に降った雪が氷化したものを目の前に見ていると何とも言えない神妙な気分になる。その姿に自分が生まれてきた地球の歴史を感じるからであろうか。我々人類の文明の歴史は、地球の歴史と比べると、ごく瞬間のできごとでしかない。また、人間の人生のことを考えると、全くはかなく感じてしまう。そのはかない人生も人によりさまざまであり、生まれた国によりさまざまである。そんなことを考えながら顕微鏡の中の氷の世界にしばらく見入ってしまう。自分のはかない人生を、よりハッピーなものにしたいと心から思う。

人生に疲れている人たちは、この南極の氷の大地を二〜三日歩いてみればいい。母なる地球の息吹を感じ、とるに足らない人間社会のわずらわしさなど、どこかに吹きとんでしまうに違いない。そしてこの大昔の氷の姿をのぞいてもらいたい。自分がこの地球の子どもなんだという、地球との一体感を感じるに違いない。これこそ現代社会の人たちにぜひとも必要なものだと思う。

ボストークの地平線いっぱいに広がる濃いブルーの空を見上げてジャン＝ルイと話をする。

「ケイゾー、人間の住める空間について考えたことがあるか」

「空間？　それはどういう意味？」

「今、我々は三五〇〇メートルの高さにいる。このすぐ手の届きそうな近くにある大空なんだが、もし我々がもう少し高い所まで上るとすれば、もうそこは人間の住めない世界となる。人間の住める範囲なんて、垂直方向には酸素が十分にある範囲、つまりせいぜい五キロほどの範囲しかない。

自分の立っているところから水平方向を見た場合は、我々生物は無限にどこにでも住めるような気がするけれど、垂直方向を見た場合は五キロの範囲だけなんだ。

もし地球の直径一万三〇〇〇キロを一〇〇〇万分の一にすると一・三メートルの球となるが、今、人間の住める範囲五キロを一〇〇〇万分の一にすると、わずか〇・五ミリとなる。こんなこと考えたことがあるか」

「いや、ない」

「我々はわずか〇・五ミリの膜のようなところでしか生きていけないわけだ」

この見方は、自分にとって非常に新鮮であった。そうなのである。広い空間と思いがちだが、我々は地球のごく薄い膜の中でしがみついて生きているような存在なのである。そしてこの膜の中の環境が、人間自身の手によって汚染されてきているのである。そう思うと、昨今の環境汚染の問題は深刻である。一体この地球はどうなるのであろうか。まだこの南極だけは無事のようであるが、目に見えないところで、特に今我々の頭上にはオゾンホールがあったり、氷の溶け出す量が増えていると言われたり、やはり影響が出てきているのだ。今、人類が何らかの手を打たなければ、とんでもないことが起こるかもしれない。この青い空からは信じられないが、現実はそうなのである。

第六章

六〇四〇キロのゴール

雪上車の轍《わだち》を走り

一月二十二日　快晴　南西の風　毎秒一～二メートル　マイナス三五～マイナス四二度

楽しく過ごしたボストークを離れる。これから一四三〇キロでミルヌイ基地である。最後のストレッチ。当面の目標は、五五〇キロ先の物資郵送の中継地点コムソモルスカヤ中継基地となる。ボストークより先は、到着の際出迎えてくれたソビエトの巨大四〇トン雪上車、五〇〇馬力のハリコフチャンカ二台が我々の万が一に備え、レスキューを担当してくれる。その二台は、すでにボストーク基地を出発してミルヌイへ向かっていた。我々の食料デポもこの雪上車が設置してくれるのでありがたい。

ミルヌイ―ボストーク間は、毎夏この雪上車が二回往復、主に建築資材や燃料等の重いものの物資輸送を行なっている。この巨大雪上車部隊ボストーク基地付近の深雪を何の苦もなく進み続けるのだが、この雪上車部隊の轍がボストークからミルヌイまでのほとんどのところで雪面にうっすら、時にはえぐられたように深く残っているので、我々にとっては非常にありがたい。コンパスの必要がなく、ミルヌイへの方向を知ることができるからだ。ボストーク―ミルヌイ・ハイウェーである。

またこの雪上車の轍の幅は、偶然我々のそりの幅とぴったりで、轍の深さが二〇センチぐらいであれば、ちょうどレールの上を進むような感じでその踏みかためられた轍を走ることもできる。これだとかなりスピードアップが図れる。しかしちょっとでも風があると、雪がその溝を埋めてしまうので、そうなると通行不能となる。深雪のところは一メートルも深くえぐられるように轍ができるのでこれは深すぎて通行不能となる。

このボストークーミルヌイ間の雪上車の轍は冬の到来の前にゴールしなければならない我々にとっては、スピードアップを図るために非常にありがたい存在であった。

ボストーク基地からゴールのミルヌイ基地までのテントパートナーは、ビクターに代わってダホとなる。東洋二人のイエローテント、ボストークまでのダホのテントパートナー、ジャン＝ルイからダホの生活情報を聞いていたので心の準備はできている。やはりパートナーが変わると生活のやり方がすべて変わるので、それに慣れるまでが大変だ。ジャン＝ルイ曰く、ダホは少々老人っぽいところがあるというのだ。南極に発つ前にアメリカに歯科医に歯を診てもらったところ、それが悲惨な状況で、一度に十本も抜かれてしまい、ダホはずっと入れ歯をしていたのである。それを夕食後に必ず磨かなければいけないのである。かわいそうなダホ先生。それと妙な学者っぽい咳払いがクセのようで、それが年寄りくさいようである。

「ダホ、そのクセはなおせ」とジャン＝ルイから言われていたようだが、なかなかなおらない様子である。

中国人は日本人とは似ているかと思いきや全く違う。やはり「中国四〇〇〇年の歴史の国」。彼の中国に対する誇りは相当なものである。これが昔学校で習った中華思想というべきものなのかもしれない。また食事にも少々うるさい。料理する時の火かげんから調味料の量、それを入れるタイミングまで、料理中のダホは真剣そのものである。その代わり最高の中華料理が味わえるのはこたえられない。ダホの食料ボックスの中には何やら秘密の調味料がたくさん隠されているようである。ダホの生まれ故郷は中国北西部の蘭州市。肉をたくさん食べる地方で米をあまり食べず、豚マンのような蒸しパンをよく食べるとのこと。この地方の人は、南部の米を食べる地方の人より身体がずっと大きいそうだ。実際ダホは、この横断隊の中で一八二センチと最も背が高い。

マイナス四〇度以下の強風の中を

一月二十六日　快晴　南風　毎秒五～七メートル　マイナス三七～マイナス四六度

冬が近づいているのか気温は下がる一方だ。太陽の傾き方も大きくなってきた。最近料理用コンロの調子が悪い。火力が弱いのである。これから気温が下がっていく地域で、我々にとってこれは一大事。寒いし、ものは乾かないし、食事の準備にも時間はかかるし、すべてが悪循環になってゆく。これは何とか防がなければならない。やはり酸素不足のせいなのだろうか。コンロのジェネレータをチェック。何とススがこびりつき真っ黒である。これでは調子が悪くなるのも無理はない。さっそく予備のものと交換。これからはまめに手入れしてやる必要が出てくる。

きょうは五〇キロ走る。しかも標高三五六〇メートルの、この横断行の中での最高点を通過。空気が薄い。犬も人間も疲れ気味。ダホはゴールまであと何日、何キロということを毎日計算している。よほど早くこの旅を完結させたいのであろう。私も他の隊員の気持ちも、また犬たちも同じ気持ちなのだ。

「早くミルヌイへゴールしたい」

それにしてもこの冬の到来の前兆と言うべきマイナス四〇度以下の強風は不気味だ。犬たちの疲れが気になる。夜も犬たちはこの冷風を身体に受けているわけで、ボストークまではあれだけのびのびと寝ていたのが今は丸く縮こまって寝ている。マイナス四〇度ぐらいならまだいいが、マイナス五〇度になり、そして強風が吹けば犬の苦労は大変である。雪に湿気がなくサラサラなので、雪は風で吹きとばされ、犬たちは雪をかぶることがないので。この低温の風が犬の体力を消耗させることになる。標高がすぐに一〇〇〇メートル以下ぐらいに下がってくれればありがたいのだが、この東南極の氷の台地は鏡もちのようなかっこうであるため、標高の低下はゴールのミルヌイから一〇〇キロぐらいのところまで行かないと見られないのである。犬のことを考えるとできるだけ先を急がねば。冬の到来との競争である。

最近クカの元気がない、食欲もあまりない、大丈夫であろうか。夜、自分のジャケットを彼の上にかけてやる。シヌークの足裏のパッドに少し傷がはいっている。ビヨルンのもそうだ。もう少しがんばってくれ。

犬たちの調子がよくない

一月二十七日　南の風　毎秒五~七メートル　マイナス四四度

出発して半年が経過したことになる。半年もこの厳寒の白い砂漠にいるなんて、自分たちは何でこんなバカげたことをやっているのであろうかと時々思う。我がチームは今、リード犬がいない。信頼できるクータンは極点までが体力の限界であった。クカ、シヌーク、ビヨルンが次に信頼できるリード犬なのだが、この三匹の身体の調子が悪いのである。他の犬たちはまだましなのだが、それでも調子がいいとはいえない。クカに関してはもともと元気を表に出さない犬なのだが、今は余計に沈み込んだ様子で心配していた。きょうとうとう彼はそりを曳くのを止めてしまった。仕方なくそりの上に乗せてやる。信頼できる元気のいいリード犬、今一番欲しいのはこういう犬だ。やはり元気がよく、それを表に出す積極的な犬というのは重宝する。周りの犬たちへの士気にも影響するのだ。その役目を果たしてくれそうなのはハービーやモンティー、キンタ、ファジーといったところなのだが、リードすることができるのはキンタぐらい。しかしキンタはまだ若いので、すぐに遊びたがってストレスの大きいリードのポジションに飽きてしまう。何かいい方法はないのか。きょうは一日中犬のことばかり考えて過ごす。いや考えざるをえない状況にあった。

二月一日　快晴　南風　毎秒二~四メートル　マイナス四五度

激寒風。マイナス四五度の弱風は指まで凍ってしまうような冷たさ。今まで凍ったことのなかったしょう油もどろどろのねっとりした液体に変わる。こんな低温なのにそりはけっこうよく滑る。なぜだかわからない。地平線の太陽の真下が白い火の玉のように輝いている。今夜はかなり冷えそう。

ボストークからの我々のルート上には、雪上車部隊のレーダー走行のための三メートルほどのアルミのポールが三キロごとにずっと立てられている。雪上車部隊はこのポールをレーダーで見つけて進んでゆくのだが、我々にとってもありがたい道しるべと距離計となってくれている。コムソモルスカヤまであと八〇キロ。ボストークから四七〇キロ進んだことになる。

ウィルのチームがかなり遅くなってきた。各チームの犬たちそれぞれに、マイナートラブルが発生してきているようだ。一刻も早くこの酷寒地帯を抜け出したい。

ダホは夜、いろいろとサイエンスの話を聞かせてくれる。この時のダホは科学者らしく顔は真剣そのもの。目の輝きが違う。この日はサイエンティスト（科学者）とプロフェッサー（理系の大学教授）との違いとは何かを講義してくれる。

「ケッゾ、科学者というのは、いつもその学問の先端にいて、さまざまなことを他から吸収して、また自ら何かを発見しなければならない。大学教授は別に何もしなくてもいい。その地位に甘んじてさえいればいいのだ」

ダホはいつまでも科学者でいたい、と目を輝かせて言っていた。それにしても十歳も年上の大学の先生に向かって自分はいつもえらそうな口をたたいているが、日本だったら無礼者なのに違いない。それなのにここ南極では、またこの横断隊の中では年齢、身分の差など全く存在しないのでありがたい。日本人ばかりのメンバーだと、こうはいかないであろう。年齢差、身分差で敬語を使うことになり、そのことでどこか意識するところが出てくるものだが、英語では名前も呼びすてだし、敬語の必要がないので、年齢がかなり離れていてもその差をあまり感じることがなく、気軽に親密感をもって接することができるので、その点で英語は便利だと思う。

ロシア人の底抜けの明るさに脱帽

二月二日　快晴　微風　マイナス四〇～マイナス四六度

とうとう太陽が夜には地平線近くまで沈むようになる。今までは夜中でも太陽が照っていたのが、太陽の高さが低くなり、テント内の冷え込みも一層厳しくなってきた。朝起きると、寝ている間に吐いた息がクリスマスツリーをさかさまにしたような形で霜となってテントの天井から何本もぶらさがっている。夜間にはその霜が寝袋の口のところにポタリポタリ、そのたびに目が覚めてうっとうしい。気温も一日中マイナス四〇度以下を示すようになる。

南緯七四度三〇分、飛行機の残骸、トラックの残骸の間をぬってコムソモルスカヤ基地に向かう。この地球上で最も辺境の厳寒の地では、廃棄処分となった機械類、着陸に失敗した飛行機などがそのまま放置されている。機械の墓場といった感じだ。何だか核戦争で絶滅した地球の姿のような気さえする。遠くに見える二軒の掘立小屋に向かって進む。世界最低気温を記録したのはボストーク基地だが、このコムソモルスカヤはボストークよりも寒いところとされている。ただここは気象観測基地ではなく、ミルヌイ-ボストーク間の輸送の中継点なので、気象記録がないだけの話である。

ボストークから十一日半のハイペースで五五〇キロを走破した。標高三五〇〇メートル、酸素量は五三〇〇メートルの高さの量しかないそうで息苦しい。この基地には一～二月まで六人の隊員が駐在する。掘立小屋一棟は、ダイニングルームと無線ルーム、もう一棟は発電棟である。昔に建てられた隊員の住居がもう一棟存在するが、すでに雪に埋まって、地下室のようになっている。サウスポール・

ステーションやボストーク・ステーション等、比較的大きなステーションを見てきたので、この小さなコムソモルスカヤ・ステーションは今までで一番家族的な雰囲気を味わうことができた。ここではゆっくり一日の休養をとる。あとミルヌイまで八八〇キロ。

考えてみれば、十一月末にティール山脈を通過して以来、目に見えるのは雪と空だけである。二ヵ月半の単調な景色にはもう、うんざりである。最近ではゴールのことばかりが頭に浮かぶ。コムソモルスカヤ－ミルヌイ間で困難な箇所は、コムソモルスカヤから五〇〇キロほど離れたところにあり、現在は閉鎖されているピエネスカヤ基地からゴールまでの三八〇キロの間である。強風で有名なこの地域、三〇〇〇メートルの平らな大氷原が徐々に高度を下げはじめ、南極中心部からの風や南極海を通過する低気圧による風がカタバ風（斜面下降風）となり、その加速度で時には暴風となる。この三八〇キロの地吹雪帯さえクリアーすれば、海に面した最終ゴール、ミルヌイ基地到着である。

このさいはての感のするコムソモルスカヤ基地でも我々は、六人の住民の温かなもてなしを受ける。テントを張ったあと基地のダイニングルームへ。古くさくこぢんまりした白熱灯の光の下、白いシーツがかけられたテーブルの上には数多くのショットグラスがすでにおかれていた。我々が到着するのを手ぐすねひいて待っていてくれたのがよくわかる。一九八五年、ゴルバチョフの禁酒令により、基地でも自由に酒を飲めなくなり、彼らの最大の楽しみは特別な機会だけに限定された。

今日がその特別な機会なのである。アルメニア・コニャック、ストリーチナヤ・ウォッカ、ワイン、酔いつぶれるまで飲むロシア式酒飲み会の準備はすでに整っている。その前に発電棟に用意されたサウナへ直行。狭い一畳ほどのサウナで、身体を洗うのに使えるお湯の量はたらいに三杯まで。頭を洗い、身体を洗い、裸になるだけでも気持ちいいのに、汗をかきお湯をかぶるなど、これほど贅沢なことがこの世の中に存在したのかと思えるほど、エクスタシーを感じる。

チーフのセルゲイが、いつもの乾杯の前の口上、ビクターが通訳だ。それにしてもロシア人は同じ名前の人がやたら多いので呼ぶ時にややこしい。ビクター、アナトリー、セルゲイ、サーシャ、アンドレ、バレンチン等々。ボストーク基地とコムソモルスカヤ基地だけでたくさんのこれらの名前に出会う。

ふと壁の方に目をやると、若い時代のゴルバチョフの写真がかけられてあった。

「ウラー（万歳）、乾杯」

饗宴の始まりだ。言葉は通じないが、心はひとつ。不便なキッチンでコムソモルカスヤのシェフが腕によりをかけて作ってくれたロシアン・ディナー、サラミ、サーモン、ボルシチ、じゃがバタ、どれもこれも最高。しかし今まで訪問した基地と同じように部屋の温度が我々には暑すぎて、急に気分が悪くなり、便所にかけこみ、せっかく腹におさまったごちそうをもどしてしまう。そしてまた飲む。ビクターをはじめロシア人の飲む量はすさまじい。饗宴がクライマックスに近づいてくると、手作りの酒の登場だ。こうなってくるとアマチュアドリンカーにとっては危険状態。この強烈なはらわたが焼けるような手作り酒だけは、乾杯を誘われても口に含む程度にしておく。ウィルはボストーク基地といい、このコムソモルスカヤ基地といい、底抜けに明るいロシア人たちの歓迎にあい、ロシア人に対する印象が一八〇度変わってしまったようである。ロシア人はアメリカ人にとって嫌悪すべき存在であるというような教育を子どもの時から受けてきたのだが、そのイメージが完璧に打破されたようである。

うす暗い部屋から外へ出る。ウォッカが全身に行きわたり身体の芯からほてっているため、マイナス四六度の大気が心地よい。久しぶりに見る夕焼けは美しかったが、何となく力のない太陽の輝きが寂しかった。あのギラギラと輝く、極点からボストーク間の太陽はどこへいってしまったのだろう。もう太陽も冬の顔になりつつあるようだ。犬たちは腹いっぱい食べて今は身体をまるめて眠り込んでいる。あと三週間弱でゴールなのだ。がんばろう。

六ヵ国六人の七ヵ月の旅にこそ価値がある

二月三日　くもり　微風　マイナス四九度

二日酔の朝、ロシアンティー（紅茶をジャムをなめながら飲む）で乾いたのどをうるおす。ビクターは昨夜は我が隊の代表として、最後までここの住民と付き合ってくれていたようで、昼頃まで眠っていた。きょうは休養日、明日からの最後の行軍の準備を整える。この基地の無線ルームでもウィルとジャン＝ルイはミルヌイ基地経由でパリとセントーポールの事務局と連絡をとるのに大忙し。女性ヌードポスターが一面にベタベタと貼りつけられた部屋の中で、今後の予定をみなで検討する。まわりはどこへ目をやっても女性の裸ばかり。これだけヌード写真がベタベタ貼られていると何の興奮も起こらない。もう我々は禁欲生活には慣れっこになってしまっているのかもしれない。今では性欲などほとんど感じなくて、食欲ばかり。食欲を感じるというのはまだ修行が足りないせいだろう。あらゆる欲から人間が解放されればきっと身体とこころはすごく楽になるのではないだろうか。こういう状態こそ悟りを開くということなのであろう。壁に貼られた一枚のとびきりの美女の写真を見つめながらふとこんなことを思ってしまう。

我々はとにかく冬の急速な接近のため、一刻も早くゴールしたいので、ゴールを二月二十四日に設定したいのだが、事務局サイドは三月三日にミルヌイ基地からのテレビ生中継をやるように各国に手配しているらしく、これは一体どうしたものかということに議論は集中する。もう気温は下がる一方でこれから風も強まり、犬のことを考えるとのんびり時間をつぶしながら三月三日にゴールするようなことは言ってられない。

ウィルとジャン＝ルイはメスナーの動向も気になっているらしく、どちらが先に横断を完結するかも問題らしい。なぜこんなことが問題なのか。やり方もルールも全く違う。世界初の無動力による南極横断が、どちらが先であってもそこに何の問題があろうか。南極は競争の場ではないと言っていたのはジャン＝ルイ自身だったのに。さまざまなスポンサーやマスコミへの対応で、世界初の栄誉を気にしているのかもしれないが、無動力といったって、二隊とも飛行機によるサポートも受けているし、世界初の横断はもう三十年前に終わっているのだ。

そんなことより六ヵ国六人が南極で苦難を共にしながら七ヵ月も暮らし、犬ぞりで横断できた。これこそ世界初と胸をはって言えることだ。メスナーを意識するなんてバカげている。結局ジャン＝ルイもウィルも事務局へのテレックスにはメスナー隊の動向に関しては何も書かずに、二十四日に到着したい旨だけを書いて送る。このテレックスの文面は「ツートンツートン」のモールス信号によってミルヌイへ送られ、そこからテレックスでアメリカやフランスの事務局へ送られる。なつかしいモールス信号の音は、目の前にある世界が、昔のモノクロ映画を見ているような錯覚を呼びおこす。無線機器も真空管方式。あの有人ロケットを宇宙へ打ちあげてしまう国の基地なのに、一体これはどういうことなのか。ソ連という国の不思議さを感じる。

この日の夜、このコムソモルスカヤの隊員のうち二人が、我々の使っているテントと寝袋で一晩外で寝てみたいと言いだした。彼らは地球上の最寒地において一度でいいから外で寝てみたかったらしい。その好奇心旺盛な二人をテントの中に案内し、使い方を説明したあと、私とダホは基地の中の二人のベッドで寝かせてもらう。その夜、隊員二人は寒さのため眠れず、私とダホは暑くて眠れなかった。私たちの身体が、十分低温に順応していることを実感する。

七台の巨大雪上車部隊と出会う

二月四日　くもりのち晴　北西の風　毎秒一〜二メートル　マイナス三九度

この日の朝、出発を前にして、これからの低温の強風帯に備えて、少しでも犬の寒さを和らげてやろうと、基地の古毛布を犬用にもらえないかとチーフのセルゲイに打診する。ロシア人たちはみな犬好きのようで、快く予備の毛布を分け与えてくれる。そしてゴールへ向かっていよいよ出発することになった。弱っていたクカをこの基地に残し、ここの住人が二月末に飛行機でミルヌイへ戻る時に一緒に連れていってもらうことにする。

これから最初の一週間は、今までと同じ状況だから寒さや風の問題は大丈夫として、そのあとの十日間が問題なのである。マイナス四〇度以下の地吹雪帯、想像するだけでも背筋がゾオッとする。この試練を乗り越えれば残り一〇〇キロで一五〇〇メートルも高度を下げ、ミルヌイ着となるのだ。

みなで基地の前で記念写真を撮ったあと、午前八時四十五分出発。手作りの歓迎、温かい基地の人たちの親切を我々六人がそれぞれに感じながら、住人たちと肩をがっちり抱きしめ合い別れを告げる。

「ミルヌイでまた会おう」

この日の午後零時三十分、地平線からもくもくと煙をはきながら急速にこちらへ接近してくるものがあり、一同びっくり。うわさに聞いていたボストークへ越冬のための物資を運ぶ雪上車部隊である。七台の巨大雪上車が巨大な鋼鉄のそりに物資を満載し、やってきたのだ。広大な大氷原に突然現れたこの雪上車部隊の姿は圧巻だ。彼らも我々に気づいたようで両者同時にストップ。

トラックの中からボストーク基地到着の時に初めて会ったロシア人と同じような黒い衣服の猛者たちが現れる。このルートをもう四十五回も往復している雪上車部隊の隊長アナトリーの顔はしわだらけで、長年にわたり南極の厳しさをいやというほど経験してきたそのすごさが身体全体からにじみでていた。その顔のしわの深さに、この苛酷な自然環境の中で猛者の集団をまとめあげるリーダーとしての風格を感じることができた。
一台の雪上車内に招かれおきまりの乾杯。この巨大雪上車部隊と犬ぞり隊という全く異なったグループがこの大氷原で出会い、そして今、お互い反対の方向へ離れていく。まるで夢の中の出来事のようだった。この雪上車部隊の隊長から明るい情報を手に入れた。この先、サスツルギ（雪の表層が風で削られてできるでこぼこの地形）はほとんどなかったということだ。それもこんな好条件は過去二十年間四十五回目にして初めてのことだそうだ。これが本当の話ならば最高である。強風帯の中で、高さ一〜二メートルのサスツルギ帯を通過せねばならないと思っていただけに、これは我々にとってすごくありがたい話だ。サスツルギの姿はもう二度と見たくもない。

二月七日　晴のち地吹雪　南東の風　毎秒八〜九メートル　マイナス三五〜マイナス四四度

事務局との連絡がとれ、ミルヌイゴール到着を三月三日に合わせてやることとなってしまった。各国のマスコミ陣がミルヌイへ来るのだが、すべて三月に合わせてやってくるように手はずが整えられてしまっているというのだ。こうなれば我々としてはとにかく一刻も早くミルヌイ近くまで行って高度を下げ、気温が上がるところまで行きたい。そしてそこから三月三日到着の時間調整をしていきたい。犬たちが心配だからだ。この低温の風からいち早く脱出させてやりたい。濃い酸素を吸わせてやりたい。こう思っていると、ウィルがピエネスカヤ付近で、フランスの撮影隊が来るのを待つといいだした。ジェフも私もマスコミや撮影隊など考えている時ではない、とにかく高度を下げないとダメだ、先を急ごうと主張。犬たちのことを考えれば、撮影隊のことなど気にしている時ではない。

結局結論は、とにかく二三〇キロ先のピエネスカヤまで一日四〇〜四五キロのペースで行き、その地域の天候の様子をまず見てから考えようということになった。その時の天候及び状況次第でどうするか決める予定だ。きょうは夕食に、ずっと使わずに残しておいた酢豚の素で酢豚を作る。酢豚といっても牛肉のかたまりを放り込んだ味だけの酢豚なのだが、ダホに大うけ。食後のデザートに甘納豆と緑茶、もう最高にうまかった。甘納豆は日本から持ってきたのだが、重いのでたくさんは持ってこられなかった。そのため今まで食後に一日二〜三粒を毎日感動しながら食べていた。身体が甘いものを要求するのだ。

そして寝る前に熱い紅茶を飲み、使ったあとのティーバックをおしぼり代わりにして顔をふく。これはビクターから教わった方法だがなかなかいい。お茶のエキスがお肌にいいそうである。ほんまかいな。

ダホはすごく話好きだ。中国のいろいろな話をよくしてくれる。中国残留孤児の話は印象的であった。

第二次世界大戦中、日本人が家の前に残していた孤児を中国人は不憫に思い、みな、大切に自分の子どものように育てた。事情があったにせよ子どもを捨てるということはあってはならないことだ。自分の子どもを捨てるようなことは中国人は絶対しないと日本人を暗に批判する。

そして日本軍が中国人に対してとった考えられないようなひどい惨《ひど》い行動のことを聞くと、何と言っていいのか、何も話せなくなってしまう。戦争なんてあってはならない。地球に住む同じ人間がどうして殺し合わなければならないのであろう。同じ種でテリトリーの問題で相手を殺すまで痛めつける動物が他にあるであろうか。

ダホは敦煌《とんこう》の話もよくしてくれたのだが、この旅が終わったらぜひダホの故郷、蘭州から敦煌の方へ旅したい。砂漠の暑い太陽の光を全身に浴びてシルクロードを旅する。ダホも敦煌は中国人にとっても夢の場所、一度は行ってみる価値のあるところと推薦する。以前は敦煌の石窟内の写真撮影はできたのだが、ある日本人が日本で敦煌の写真集を中国側に無断で出したため、それ以降石窟内での写真撮影は一切禁止になったという。一体誰のことであろうか。東洋人テント内では東洋の話で盛り上がる。欧米の連中には理解できない東洋人だからこそ通じ合う共通の話題がたくさんある。

この日はテント内で風の音がヒューヒューとうるさい、久しぶりに味わう不気味な音だ。嵐にだけはならないでくれと祈りつつ寝袋に入る。

六人のそれぞれの夢

二月十日　南東の風　毎秒一～四メートル　マイナス三六度

きょうは出発してから二〇〇日目、先行していた二台の雪上車が我々を待っていてくれ、パーティーを開くことになった。雪上車の姿が視界に入るや否や、犬たちは興奮して猛然とダッシュ。単調な景色にはマヒしているとはいえ、少しでも周囲と違ったものが目に入るといつもこの調子である。

ウィルとジャン＝ルイは次の探検のことをすでに考えはじめているようだ。ウィルは北極海を犬ぞりとカヤックで横断すること、ジャン＝ルイはフラム号によるナンセンの北極海漂流実験を再現するため、南極海で我々との無線中継点となってくれた機帆船ＵＡＰ号を北極海の氷の中に漂流させる。そして極点に近づいた時点で犬ぞりで船と極点を往復するというものである。

みなそれぞれ次の夢を頭に描いている。私も二人から一緒にやらないかと誘われる。北極は、南極にいる今、どんなところかいつか行ってみたい気はするが、自分としては犬ぞりレースに一度チャレンジしてみたい。ミネソタにいた頃、ベアグリースという八〇〇キロの犬ぞりレースをよく見にいったが、手始めにあれに出てみるのも悪くない。アラスカのアイディタロッドに友人のデーブ・オルソンのサポートとして行った時の感動は今も忘れられない。いつかはアラスカのレースにも出てみたいと思っている。

ダホは科学者としてこれからも進んでゆく。当面の二〜三年は南極で集めた雪のサンプルの分析とまとめの仕事が待っている。ビクターは科学者として探検家としてやっていくのであろうが、ソ連の今の情勢が少し気になるようである。ペレストロイカに彼は大賛成。この横断隊に参加することで西側諸国を訪問する機会に恵まれ、いかにソビエト国民の生活が貧しく苦しく、みなが耐えているかということを実感したようである。彼は共産党には属しておらず、自由な考え方をもっているが、一九一七年のロシア革命には誇りをもっているようである。ビクターもウィルとジャン＝ルイから次の探検に誘われているようであるが、さて彼はどうするのであろうか。ジェフはしばらくは自由に自分の好きなことに没頭したいようである。みな、それぞれの新しい人生がまた始まる。でも、この六人の友情は一生消えることはない。世界でこんなすばらしい体験をもっているのは我々だけなのである。

とうとう地吹雪帯に入った

二月十六日　地吹雪　風速毎秒一二メートル〜二八メートル　マイナス三五〜四一度

とうとう地吹雪帯に入ってきたようで、昨日から強風が吹き荒れる。視界は最悪。ダホの出発の準備が遅れる。我がチームが一番遅く出発完了、この嵐の中、仲間を待たせるのは大迷惑。じっとしていることほど苦痛なことはない。

ランチ時は前半戦の南極半島の時と同じようなみじめな昼食、簡単にチョコレートとドライフルーツを口にかきいれるだけ、寒くてじっとしていられない。この日とうとうピエネスカヤ基地に到着。この基地は今は閉鎖されているのだが、近くにソ連の移動ドリリング基地が来ているということなので、そちらの方へ向かう。十二年前に掘った穴にもう一度ドリルを突っ込み、氷の動きを見るという作業をしている。氷は表層に近いところは動いておらず、この辺りでは一四〇メートルの深さのところが動いているとか。よくもまあ、こんな寒い嵐の多いところで暮らしているものだと感心してしまう。氷掘りなんてどこがおもしろいのであろうかと思うが、彼らにとれば、南極をただ歩くなんてどこがおもしろいのかと思っているのに違いない。どちらもふつうでないことだけは確かだ。

ロシア人とサウナそしてウォッカはどうしても切っても切れない関係にあるらしい。この移動ドリリング基地で歓待された時もお決まりのコース。ここのサウナはおもしろかった。一メートル四方の透明ビニールの温室のような空間にスチームを送り込むという方式で簡単なもの、一人一人案内されて使わせてもらう。

ウィルはサウナを待つ間に乾杯にまじめに付き合ったためにすでに意識もうろう。サウナどころではない。自分の後にダホがサウナに入るが、身体を見るとガリガリ。出発した時に比べると一〇キロ以上体重が落ちているように見える。初めて会った時は腹が出ていたぐらいだったのに。体脂肪がかなり減ってしまったようだ。これでいつも寒い寒いと文句を言っていた理由がよく分かった。ホロ酔い気分でテントに戻る。ドリリング基地の建物の陰で強風をさえぎることができ、静かでありがたい。犬たちも風がないので眠りやすそうだ。

ジャン＝ルイは無線でフランス撮影隊と一時間も交信していたようだ。何としても早くこちらに来て撮影を開始させたい様子であるが、この天候じゃどう考えても無理、マスコミ嫌いのジェフはこの撮影隊にかなり嫌悪感をもっているので、来ない方がいいと思っているに違いない。

二月二十一日　東南東の風　毎秒一四～一六メートル　マイナス二二～マイナス二六度

マイナス三〇度より気温が上昇。高度がだいぶ下がったのであろう。でもまだ二五〇〇メートルぐらいはあると思われる。

きのう、無線でもウィルとジャン＝ルイがそれぞれアメリカ・ミネソタのローカル紙、パイオニアプレスのジャッキー、フランス撮影隊のロレンと話した後、次に私が日本の朝日新聞記者・近藤幸夫記者と話をすることができた。久しぶりの日本語だったのでうまく言葉が出てこなかった。天気が回復次第、我が隊まで飛行機でやってくるとのこと、再会が楽しみである。

この日は二日遅れのジェフの誕生パーティー、最後のパーティーとなるであろう。ビクターがいつも通り詩をプレゼント。ジェフは四十歳になった。几帳面なジェフはこの横断隊にはなくてはならない存在だった。彼のチームの犬たちは小柄であるにもかかわらず、実に力強くそりを曳いた。リード犬・チュリもよく働いてくれた。ジェフの性格をそのまま表わしているそんな規律ある勤勉なチームである。

そのチュリだが、最近の嵐で雪が身体にこびりつき、サイプル基地で死んだティムがしたように、足の内側から胸にかけてのすべての毛をむしってしまったのである。ジェフにとって愛娘のチュリのこの行動は、不思議だった。前半どんな地吹雪の時もチュリは毛をむしったことは一度もなかったのに、どうして今になってこういう行動をとったのであろうか。ジェフは心配で仕方ない様子、毛布でくるんでやったり、絶えず彼女の面倒をみてやっている。ここまでがんばってくれたのだからゴールの時はチュリに先導してもらいたいものだ。

七ヵ月ぶりの日本人

二月二十三日　地上付近地吹雪　東北東の風　毎秒一〇～一五メートル　マイナス二〇～マイナス

三四度
　一週間ほど続いた視界の悪い地吹雪が少しおさまった。きょうは撮影隊と報道陣がやってくる。午後三時、前方に彼らを乗せたアントーノフ28型機の機影を認める。撮影隊の連中に会うのは、極点で会って以来である。リードにキンタを置く。最近キンタはしっかりリードの役目を果たしてくれるのでありがたい。〝ジー（右へ）〟〝ホー（左へ）〟の合図もある程度理解している。
　先行していた雪上車の止まっているところまで進む。すでに報道・撮影陣は飛行機から降りて待っていてくれた。なつかしい顔がそこにはたくさんあった。モスクワで会った元ミルヌイ基地のチーフ、アルカディ。横断隊のソ連サイドの経理担当のガリーナおばさん、写真家のペア、フランス撮影隊のクルー、朝日新聞近藤幸夫記者もその中におり、彼とは出発地点のシール・ヌナタック以来、実に七ヵ月ぶりに対面した。
　彼は日本からまずモザンビークのマプトに向かい、それからソ連の科学調査船プロフェッサー・ズボフ号で南極に近づいたが、途中水に閉ざされてしまい、砕氷艦アカデミック・フェデロフ号に乗りかえ、やっとのことでミルヌイ基地に到着したそうだ。日本を発ってからもう一ヵ月も経ち、南極の遠さも実感したとのこと。彼はその時、ロシア人の防寒ジャケット、毛皮の帽子、ブーツを身にまとい、ひげ面だったので、日本人だとは全く思えず、日本語を聞いてびっくり。完璧にロシア人になりきっていた。あごひげは我々の無事を祈ってゴールするまでそらないと聞き、そういう日本的なことを日本語で耳にすることだけですごくうれしく、感激した。

六人のメンバーの中で自国語の会話が全くと言っていいほどできなかったのは私だけだったのであるから無理はない（他の連中には無線を通して話したり、基地に会話のできる人がいたりで、しゃべる機会あったわけである）。近藤記者とはミネアポリスからキングジョージ島まで行動を共にしたこともあるし、今度は南極の反対側で彼と出会えたことが何よりうれしかった。相変わらず私は、日本語がうまくしゃべれずたどたどしい。犬をつなぎテントを張り、すっかり話しこんでしまう。この時植村さんの奥さんの公子さんから心温まる手紙をもらい感激だった。

それには「十四年前、植村が北極圏一万二〇〇〇キロを走破した時は、余力を残して笑顔でゴールしたから、あなたもそうしなさいよ」と書かれてあり、ゴールを目の前にして旅を終えることばかり考えていた自分の気持ち、また寒さと吹雪で疲れていた自分の気持ちを励まし、がんばろうとばかり考えがちな窮屈な精神状態をリラックスさせてくれたありがたい手紙だった。それに日本食（ラーメンやスルメ）もいただき、ダホと二人でなつかしい味を楽しませてもらった。もうゴールまで一五〇キロしかない。何か信じられない気分である。

六〇四〇キロから考えれば、一五〇キロなどないに等しい。でも油断禁物、これから何が起こるかわからない。

ついに南極の反対側の海が見えた

二月二十六日　風速毎秒八～五メートル　マイナス一七～マイナス二五度

ミルヌイまであと九三キロ、二日もあれば十分感激のゴールが味わえるというのに、三月三日まで時間つぶしをしないといけないとは、何とも信じられない話だ。一世一代の世紀の感激が薄れしまうではないか。メンバー全員がそう思っているに違いない。しかしこの隊は、我々六人だけのものではないということを忘れてはいけない。サポートしてくれた多くの人たちみんなのものである。みんなが苦労して準備してくれ、そして応援してくれたお陰で、我々六人の今があるのだから、それに応えなければならない。あと五日ばかりのんびりいこう。撮影隊との行動が続き、ロレンはフィルムをまわし続ける。待機の時間がけっこうあり、寒い寒い。ジェフは相変わらずご機嫌斜めである。

下りの箇所が何回かあり、すいすい進む。標高は一〇〇〇メートルぐらいまで下がった。ゴールへの偉大なる下降である。午後六時二十一分、前方の地平線付近にかすかに海と氷山が見えるではないか。

「やったー。ついに南極の反対側にやってきたぞ」

思わずひざまずき、誰もがじっと無言で見入っている。声が出てこないのだ。どれだけこの情景を心待ちにしていたことか、この景色の変化はティール山脈で最後の山を見て以来もう三ヵ月半ぶりのことである。長かった。とにかく長かった。そう思っていると、鳥が上空を旋回、怪しげな訪問者を興味深そうに観察している。そう思っていると急降下し、また急上昇これを繰り返した。

人間以外の生物との出会い、前回はいつだったろうか。南極半島以来だ。犬たちもびっくりしたような様子で鼻をクンクンさせている。海の香り、生命のにおいを感じているに違いない。

すぐにテントに戻るつもりが

三月一日　地吹雪　毎秒一〇～三五メートル　マイナス一〇～マイナス一五度

ゴールのミルヌイ基地まで二六キロに迫った。六〇〇〇キロ余を歩いてきたことを思うと、もうゴールしたのも同然の距離だ。しかし、南極はそうやすやすとゴールさせてくれない。低気圧の通過で地吹雪の日が続く。

悪夢の南極半島を思い出す。当時はそれからまだ五〇〇〇キロの道のりが先に待っていたのが、今はもう二六キロ残すのみ。またマイナス三〇～マイナス四〇度の地吹雪帯を無事通過し、高度も下がり、この日は気温もマイナス一〇～マイナス一五度まで上昇、精神的にはずっと楽である。

海の影響で雪は重く湿っている。衣服についた雪もすぐに体温で溶けて、何もかもがぬれた状態になりうっとうしい。地吹雪のため視界が悪く、ゴールを目の前にして停滞せざるをえない状況にあった。この日の朝の毎秒一五メートルの強風は徐々に強まり、昼頃には毎秒二五メートルをこえる暴風となる。

我々はテントの中で、あと一日に迫ったゴールのことを考えては、七ヵ月間の思い出を語り合う。無線によるとミルヌイ基地も同じ天候だとか。テントのバタつきがうるさい。

撮影隊の乗ったハリコフチャンカが我々のキャンプ地より一五〇メートル離れたところにいた。正午すぎ、ビクターが、「雪上車はレーダーを使って、ひと足先に基地へ向かう」と報告してくれる。

このことを聞いた私は、ミルヌイ基地への伝言を雪上車に託すため、地吹雪の中、雪上車へ向かった（結局雪上車は嵐がひどくなりミルヌイには向かわなかった）。すぐにテントに戻るつもりであったので、マクラック（防寒ブーツ）もはかず、ウールの靴下一枚と、うすいゴアテックス地の防水靴下一枚を上にはき、ゴーグルもせず、ポリプロピレンの下着一枚とうすいフリースのシャツ（起毛状のシャツ）一枚の上にゴアテックスのウインドジャケット一枚という軽装でテントを出た。まだ視界はそれほど悪くなく、雪上車の姿もテントからうっすら見えた。キャンプ地と雪上車の間には、連絡を取り合う際、迷子にならないよう一五メートル間隔でスキーが雪面につきさしてあったがこれもはっきり見えた。これほどの天候は、今までいやというほど経験しており、そこに「これぐらい大丈夫、何ともない」という油断があったことは否めない。何の問題もなく雪上車までたどりつく。撮影隊の連中と少し言葉を交わしたあと、犬にえさを与える時間でもあり、犬をつないでいるナイトラインが雪で深く埋まり、犬たちが身動きがとれなくなることが気になり、キャンプ地に戻ろうとした。

視界ゼロ、前にもうしろにも行けない

事故はこの時に起こった。天候は急速に悪化してきており、もう雪上車からキャンプ地のテントは全く見えなかった。立ててあるスキーも一本目がかすかに確認できるだけ。地吹雪に降雪も伴い、視界はかなり悪かった。毎秒三五メートルの暴風が斜め右うしろから身体を押すように吹きつけ、力を抜くと一瞬のうちに飛ばされてしまいそうだ。

一本目のスキーまで二十秒でたどりつく。風はゴオーという音と共にジャケットをばたつかせる。一本目から二本目のスキーが確認できない。前方は白闇（ホワイトアウト）で何も見えなかった。十歩進めば二本目は見えるだろうとそのまま十歩進む。「アレ。見えない。これはちょっとまずいな」と思い一本目のスキーの所に戻ろうとうしろを振り返る。すると今さっき通過した目印のスキー板が見えなくなっていた。巨大な雪上車も影も形もなく、何も見えない。まるできつねにつままれたように呆然と立ちすくむ。風上に顔を向けた瞬間顔面に雪がぶち当たり、それが溶け顔はびしょぬれ、それがすぐに凍りつく。まともに目もあけられない。「ゴーグルをしてくればよかった」と後悔する。

これはまずいと直感的に思ったが、少し待てば視界が晴れる瞬間があると思い、そのままその場に座り込む。強風のため立っていられないからだ。五～六分待つが何も見えない。「逆戻りして一本目のスキーまで戻ろう。そうすれば巨大な雪上車の影が見えるかもしれない」と思い、十歩歩いたところを五歩、右斜めうしろから吹いていた風向きを頼りに、五歩一本目のスキーの方向へ戻る。何も見えない。もう二歩。何も見えない。「くそ、一体どこにあるんや、すぐ近くにあるはずや」、また五歩進む。何も見えない。ホワイトアウトの中、風上へまっすぐ進むことは困難なこととわかっていても、二～三歩ならそんなに方向がズレるはずはない。しかし何も見えない。

「一体どうなってるのや」動けば動くほど平常心が失われてゆくのがわかる。「これは左前方からの風に押され右前方へ動いたに違いない」と自分で自分を納得させては、「動いてはいけない」という心の中からの声を無視して再び十歩左前方へ動く。何も見えない。「くそ、近くにあるはず、絶対に見つけてやる」と半ば意地になってくる。こうなれば最悪の精神状態だ。マクラックをはいていないので足先が冷えてくる。「いかん、足を冷やしてはダメだ」とその場でかけ足をし雪面をけりつける。この動作の間も、暴風に数メートルは飛ばされていたに違いない。しかし、その時はそんなことを考える余裕はなかった。

ムダとはわかっていても「助けてくれ」と大声で叫んでしまう。風邪は強まる一方で、その場に頭をかかえてうずくまる。

絶対絶命の危機、ゴールまであと一日なのに……

スキーを見失って十五分は経過したであろうか。「もうこれ以上動いてはいかん」と心の奥底からの声を聞く。前後左右どこを向いても真っ白。ミルクに入った洗濯機の中でかきまぜられているようだ。「落ち着け、とにかくこれ以上動いては助かるものも助からなくなる」

その反面「みんなが私がいなくなったことに気づけば捜索活動を開始するであろう。そんな迷惑はみんなにかけたくない。何とか自力でこの窮地を脱したい」という気持ちもこみあげてくる。しかしもはやどうにもできない状態であった。白い大地にはいつくばって、雪面をたたく。

悔しい思いだけが頭をよぎる。何とか風を避けようと穴を掘ろうとするが、硬い雪で手では到底掘れない。風雪は私の身体を吹き飛ばさんかのように吹きすさぶ。「ゴールまであと一日。何とブザマな姿、何であの時雪上車を出てしまったのか、何で一本目のスキーから動いてしまったのか」後悔ばかりが脳裏に浮かぶ。もはやどちらの方向にキャンプ地があるか、どこに雪上車があるのか全くわからない状態であった。

開き直って、気を落ち着かせ

もうこうなっては開きなおって対策を考えるしかない。「今は何をすべきか」これを考える。

とにかく気を落ち着かせる必要があると感じ、大声で笑ってみる。空笑《から》いでもいい、人間つらい時に大声を出して笑ってみると何となく晴れやかな気持ちになるものである。そして、バカ笑いのあとは歌を歌う。悲しい歌はダメで、景気のいい歌である。〝軍艦マーチ〟やら、昔のアニメのエイトマンの歌を大声で風に負けじと歌う。そうしているうちに心が落ち着いてきて、開きなおりの気持ちが前面に出てくる。

とにかく、自分の今おかれている状況を分析、そして、この状況にどのように対応していけばよいかが順序だって考えられるようになってくる。

暴風を避けるには穴を掘る。雪が硬くて手では掘れない。何かポケットの中に掘る道具はないか。ウィンドジャケットのポケットの中には掘ることに代用できるものは入っていない。ズボンのポケットには何か入っていたであろうか。こういった思考の順序で最後に、ウインドパンツのポケットの中に犬のチェーンやクリップが凍り付いた時や修理の時に使うプライヤーの存在に気づく。これだと思い、その二〇センチほどの小さなプライヤーを取り出し雪面をたたくように穴を掘りはじめる。

次は体温保持のために極力身体をぬらしてはならない。雪がパウダー状なので少しでもすき間があるとそこからどんどん雪が入りこみ、体温で溶け、衣服の中がぬれるので、それを極力防ぐ必要がある。ズボンのすそ、手袋の上端、ジャケットのすそなどを締めることにより雪の侵入を防ぐ。そう思っているそばから、プライヤーを取り出したあとズボンのファスナーを締めるのを忘れていたため、ポケットの中は雪がすでにぎっしりつまっており、氷のかたまりと化していた。ちょっとのすき間も見逃してはならない。

そして次に足に気を向ける。ウールの靴下とうすい防水ソックスだけだったので、徐々に冷たくなってきている。これはもう絶えず動かす以外方法がなかった。帽子で足を包もうと考えたが、頭からの熱量の喪失は大きいのでこれはやめた。

パニック一歩手前で平常心をとりもどし

パニックの一歩手前だった自分の気持ちも、ここまできてようやく平常に戻った。ジャケットの胸ポケットにふたかじりほどの大きさのチョコレートを忍ばせてあったのに気づく。

「よし、絶対に生きのびるぞ。こんな経験は一生のうちにめったにできるものではない。このチャンスを大切にしよう。この機会を楽しませてもらおうじゃないか」

と何となくサバイバルゲームに挑戦するような気持ちとなる。風上に頭を向け、はいつくばってプライヤーで雪面を掘る。硬くてなかなか掘れない。掘れても横なぐりの雪ですぐ埋まる。それをかき出してまた掘る。とにかく掘るしか自分の生きる道はないと掘り続ける。足が冷えてくるとその場でジャンプして足をけり上げ血液を足に送る。その間にも風で身体が四、五メートル風下へ飛ばされ、はいつくばって見失った穴を捜し回るということもたびたび起こった。しかし、この身体を暖めるためのジャンプの最中、足元に黒いものを見つける。犬の糞である。そしてうっすらと雪上車の通ったあとが残っているのに気づく。このことはそれまで全くわからなかった自分の今いる場所を少しでも特定することに役立った。犬の糞があることはここを犬ぞりがすでに通ったということである。しかも雪上車の走ったあともあるのであるから、自分は今、雪上車より風上側つまり後方にいるのである。どれだけ後方かはもはや見当もつかないが、自分が動き回った際の歩数から考えて、それほど遠くは離れていないはずである。この事実はその時の自分にとって仲間がいる方向が特定でき、自分を勇気づけてくれる大発見であった。その後、雪上車のあとをたどれるかもしれないと思ったが、これはその先一メートルほどですぐ消えてしまっていてできなかった。

あたりはうす暗くなり始めていた。この頃、夜は午後九時くらいから午前四時三十分頃まであった。もうすでに自分が行方不明であることはキャンプ地で確認され、捜索活動が開始されているであろう。しかし、日が暮れて暗くなれば、捜索はいったん打ち切られるに違いない。夜になれば次の朝がくるまで待つしかないことはわかっていた。

そしてこの日の夜は今までの人生で一番長い夜になるだろうと覚悟した。

捜索活動が開始されたが

一方、五人の仲間たちの方だが、まずビクターが、雪上車内でゴールのミルヌイ基地との無線交信を終え、午後五時頃、私が雪上車を出たあとにキャンプ地に何とかたどりついた。そして全員が各テントにいるかチェックした。我がテントパートナーのダホが「ケッゾはいないよ。雪上車に用事があると言って出かけたきりだよ」と告げる。雪上車に私が残っていないことを知っているビクターは、「それじゃジェフと一緒にいるに違いない」とジェフのテントへ向かうが、ジェフからは「ケイゾーはここには来ていない」との返答、ウィルのテントも同じで、この段階で私の遭難が確認された。

この瞬間、とにかく全員テント内でいったん待機が告げられた。そして全五人重装備に着かえる。腹に携行食をつめこみ、雪上車へ目印の十本のスキー板の間にロープをはりながら移動。雪上車内で撮影隊の人間も含めて全員で作戦会議。午後四時三十分から五時の間に私が雪上車を出たことは周囲の話からわかっていた。問題は日が暮れるまでにどこから捜し始めるかであった。

ビクターはこの地吹雪の中、絶対に風上には向かえないと主張、したがって雪上車の付近ではなく、キャンプ地付近を捜すべきだと意見を述べ、全員がそれに同意した（実際は全く反対の方向、つまり、雪上車のうしろ一二〇メートルほどのところで発見された）。

雪上車に一人を残し、（万が一私が自力で雪上車に戻った時のため）スキー板にはりめぐらせたロープを伝って再びキャンプ地に移動、そして停めてあるそりのハンドルバーに五〇メートルのレスキューロープの先を固定し、午後六時捜索活動が開始された。雪上車のソ連の隊員、及び撮影隊のメンバーも加わり、五メートル間隔で十人がロープに沿って並び、円を描きながら捜索する。円の中心を移動させながら、四地域を捜索したが手がかりはなかった。午後九時視界が一メートルにまで落ち、自分の足もとしか見えない状況となり、また日も暮れ始め、午後十時捜索はいったん打ち切られた。

その後雪上車を移動させその強力なライトを利用しようとしたが、雪上車の近くで雪洞を掘ってサバイブしている可能性もあるとして、雪上車を動かすとその下敷きになる危険もあり、結局は夜が明けるのを待って捜索開始となった。

全員重装備のままテントの中で一睡もできなかったと述懐する。雪上車のチーフでありボストーク基地のチーフでもあったサーシャも、雪上車の中で途方に暮れた様子でじっと一点を見すえて私の生還を祈っていてくれたそうだ。彼はこの南極で地吹雪の中、迷子になり、命を落としたロシア人を何人も知っていた。ジャン＝ルイは、その夜一晩中私のチームの犬たちが猛烈な嵐の中クンクン鳴いていたとあとで教えてくれた。動物のカンで私の遭難を感じていたのであろうか。

他のメンバーも私の無事を祈り続けてくれていたそうだが、ふと不吉な考えが頭に浮かぶことがあったそうだ。最悪の状況、つまり、ゴールのミルヌイ基地に私の凍った遺体を寝袋で包み、日本の国旗でくるんで運ぶという情景がふと頭に浮かんでは、「そんなこと考えてはならない。ケイゾーは絶対どこかで生きている」とその不吉な情景を頭の中から追い出そうと努力したそうだ。それほどこの日の暴風雪はひどかった。ただ気温がマイナス一〇度前後と高かったので、そのことだけにみんなが私の生存の可能性を模索した。他の状況は、つまり私が軽装で外へ出ており、ビバーク（野宿）に必要なものはすべてテントの中に残していたという状況は非常にみんなの気持ちを暗くさせた。

しかし、七ヵ月もの間共に行動してきた仲間たちの全神経は、時がたつにつれて夜が明けさえすれば絶対にケイゾーを見つけるというその一点に集中されていったらしい。

横穴をやっとの思いで掘り

さて、その後私は何とか七〇センチほど真下に穴を掘り、その下は硬くて掘れなかったので今度は横に掘りはじめた。足の入れ場が欲しかったからだ。時間はわからないが、日没から考えれば十時頃であったと思う。たて穴のところはすぐに雪で埋まるので、雪をかい出してはまた奥を掘るというやり方だった。映画「大脱走」の穴掘りのシーンを思い出してはそのテーマ曲を口ずさむ。

穴の中は何の音も聞こえない静寂そのものだ。このビバークの間で最も苦労したのは小便の時だ。もらしてしまってはズボンの中がぬれてしまう。どうしてもファスナーを開きパンツに手をつっこまなければまならない。そのためにはどうしても手袋を脱がなければならず、そのたびに雪によって手がぬれる。風下に向かってやるのだが、ひと苦労だ。手袋も少しずつ湿ってくる。とにかくぬれることだけは極力避けないといけない。ようやく横穴に足を入れるスペースを作り、屈葬のような姿で横になる。十秒で上半身は雪で埋まるが、足だけは横穴に入っているのでその空間の中で動かせる。雪詰めとなった状態で上半身は動かせない。口から首にかけて、腕で小さな空間を作り、その空間の中で呼吸をしていた。吐息がウインドジャケットの首のところからジャケットの内側に入り、内部がしめりそれが凍り、氷となって付着しはじめ、それが徐々に増えてくるのがこわかった。

またウインドジャケットが雪で押され身体にぴったりくっつくことにより、薄いシャツ二枚しか下に着ていなかったのでシャツとウインドジャケットの間の空気の層がなくなり、雪の冷たさがじかに身体に伝わってくる。じっとしていると、その冷たさが身体の中へと染みこんでくるような感じがした。


「**二晩は絶対に生き延びるぞ**」


寒くてたまらなくなると雪をはねのけ外へ出て身体を動かした。そしてまた穴に戻りじっとしている、という行動を繰り返した。穴の中の静寂の中、心臓のドクッドクッという音だけが聞こえる。

「きっと母胎にいる赤ん坊もこんなななのだろう。でもずっと暖かく居心地がいいに違いない」

穴の中で考える。

「あー、なんてこんなことになってしまったのか」と自分の心のすきに腹が立つ。人間の生命なんてこの大自然からすればちっぽけなもの。ちょっとした気持ちのゆるみで、簡単につまみとられ、ポイと捨てられる。「二晩は絶対に大丈夫、生きのびるぞ」と自分に言いきかせる。ジェフとテントパートナーを組んだ時、彼がいつも口癖のように言っていたことを思い出す。

「自分の命は決して自分一人のものではない。家族のものであり、友人のものであり、恋人のものであり、自分の周囲にいる人たちすべてのものなんだ。だから、自分の命だからどうでもよいと考えるのは大きな誤りだ。周囲の人たちのことを考えれば、そう簡単に死んではならない」

穴の中でさまざまな人間の顔が頭に浮かんでは、この言葉の重みを感じた。今ここで私がくたばれば、この遠征隊は失敗という結果になるし、それよりもみんなが悲しむ。二年半近い歳月をかけてみんなでここまで力を合わせてやってきた苦労が水泡に帰す。決して死ねなかった。絶対に死ねないんだという重大責任が課せられたのだった。ダホもビクターもかつて南極の地吹雪の中、九死に一生を得ている。そんな話を思い出しては、「絶対に生きる」と心に誓う。

風さえおさまれば、キャンプ地が雪上車が見えるはずだ。その時を待つ以外仕方ない。やがて右足母指球《ぼしきゅう》あたりの感覚がなくなっているのに気づく。いつも雪をけるように足を動かしていたので、ウールのくつ下が破れて穴があいているような感覚だった。凍傷にやられたかなと思ったが、とにかく足と指先は動かし続けた。植村直己さんの本で凍傷を防ぐのに足の指先を動かし続けたと読んだことを思い出す。

否定的な考え方は一切排除した。ミルヌイでの歓迎パーティーのことや、ウォッカの乾杯、ゴールでみんなと抱き合うシーン。日本のたたみの上で大の字に寝ころがる姿、あつかんで一杯。明るいことだけを頭に描いた。

黄色の信号弾が見えたが動かず

夜半すぎであったろうか、一筋の明るい黄色の光が地吹雪の中、サッと大空を横切った。自分は幻覚を見たのだろうかと思ったが、すぐに彗星に違いないと考えなおす。そうだとすれば、こんな嵐の中あれだけの光を放つのだから、とてつもなく巨大な彗星なんだろうなあと思っていると、風下側に信号弾が真上に打ち上げられ、あたりがパーッと明るくなる。仲間が打ち上げてくれたのだ。ということは、さっき空を横切ったのはロケット弾に違いない。

信号弾が打ち上がった方向に走ってゆけば、仲間のところへ今すぐにでもたどりつける。しかし、この明るい光は五秒ほどで消えてしまうので、五秒以内に打ち上がったところまで走ってゆかなければ、吹きさらしのところに再び放置されることになる。何発か連続して打ち上げてくれればよいが、果たして何発彼らが持っているのかわからない。一発だけかもしれない。二発かもしれない。

そう思っていると、また一発が打ち上げられる。走ってゆきたい。一体どっちへ向かって走ってゆけばいいのか。信号弾が打ち上がった場所なのか、それとも、信号弾が風に流されて、放物線を描いて落ちていく方向を目指せばよいのか。それもわからなかった。それに、打ち上げの場所までの距離も、この嵐の中での目測はあてにならなかった。すぐ近くのようにも思えるし、一〇〇メートル以上離れているようにも感じた。これらのことを考えると、今走っていくのはリスクがありすぎると思い、走っていきたい気持ちをぐっとこらえて、この苦労して掘った穴の場所にとどまることにした。

結局四回の信号弾が打ち上げられ、そのあと再び暗闇が自分の周囲を支配した。しかし、この夜半すぎの信号弾のお陰で、仲間が捜してくれているんだということを、自分の目で確認でき、夜が明ければきっと捜し出してくれると、またまた勇気づけられた。

しかし考えてみれば、自分はだいたいの仲間のいる方向を確認できたが、仲間たちにとれば今の私のいる位置は全く見当もつかない状態なのである。明日の朝、風上側から捜索を開始してくれという祈りに近い気持ちが自分の心の中を支配する。

やがて夜が明けはじめた。天候は昨日と変わらず、最悪の状況だったが、一夜を明かしたことは大きな自信につながった。体力も十分に残っていた。ジャケットのフードの周囲には吐いた息が凍りついて氷のかたまりが付着し前が見にくい。ジャケットの下もかなり氷がはりついてきた。

捜索隊も夜が明けると同時に行動を開始する。今度は雪上車を中心に前後九ヵ所、九つの円内を捜索。最初、雪上車前方つまり風下側では何の手がかりも得られず、後方の風上側の四区域を捜しはじめる。四〇トンの巨大雪上車も、その前部はもうほとんど雪で埋まっていた。何もかも埋め尽くすこの嵐は本当にすさまじい。捜索隊全員がずぶぬれになりながらも必死で捜索した。

「ケイゾー、ケイゾー」の連呼だったようだ。全員がつらい長い夜を過ごした。風圧でひん曲がったテントの支柱を背中で支え、「無事でいてくれ、生きていてくれ」と祈り続けていたそうだ。

私のほうは長い夜になるであろうと覚悟していたにもかかわらず、時があっという間に過ぎ去ったのは意外であった。やはり気が張っていたのに違いない。

午前五時頃であったろうか、穴の外に出ると若干風が弱まったのか、まっすぐ立つことができた。しかしもうかなり明るかったが、視界は相変わらず絶望的。風はゴオーとうなっていた。再び穴の中に横たわる。風向きが少し変化し、横穴の方にも雪が入りはじめたので、風よけの高さ三〇センチほどの壁を風上の方向に作る。

かすかに人の声が聞こえる

そして再び耳をすましていると、かすかに人の声のようなものが聞こえたのだ。「まさか、風の音に違いない」と思いつつも淡いを期待を胸に外へ出たが、やはりムダだった。何も聞こえない。穴の入口の周囲にポケットの中にあった色のあるもの、ナイフや、ひも、スキーストックのリング、すべてを置く。少しでも捜索隊が見つけやすいようにするためだ。南極では、すぐ目の前にあるものが、何百メートルも離れたところのものに見える錯覚を起こす時がよくある。この穴のふちに置いたスキーポールの黒いリングも、穴のふちから見ると数十メートル先の雪上車の影のように見え、歓喜の声を張り上げたことが何度かあった。本当に雪上車に見えるのだ。そして、穴から首を出して確認すればただの黒リング。がっくりくる。

細い声は穴の中では確かに聞こえるのだが、外に出ると何も聞こえない。これを四～五回繰り返したあと、ついに「ケイゾー」と叫んでいるのをはっきり聞き取る。「来た、助けが来た」と上半身にどっかりのった雪を払いのけ外へ出る。

何も見えない。しかし聞こえる。仲間はすぐそばまで来ている。穴の周辺にいた目印の小物を一メートルおきに声のする方向に置き、少しでも仲間に近づこうとする。穴を見失うわけにはいかない。ヘンゼルとグレーテルがパンくずをまいて森の奥へ行ったという幼い時読んだ本の思い出がふと頭をよぎる。穴から五メートルほど先へ行く。

「ここにいるぞ、生きてるぞ」

この時前方に、ウィルかジャン＝ルイのオレンジのジャケットがちらっと見える。この一瞬、「助かった」と初めて思った。そして大声で叫ぶ「ここにいるぞ、生きてるぞ」。向こうもわかったような声が聞こえた。それと同時に、オレンジ色の見えた方へ一目散に突っ走った。

この一五メートルほどの距離は時間を超越した空間の中を泳いでいるような、夢の中を走っているようなそんな感じがした。オレンジ色を抱きしめる。ウィルだった。後方から仲間たちがかけ寄る。

「サンキュー、サンキュー、ソーリー」こう言うしかなかった。仲間たちは私の身体を抱きかかえる。

「足は大丈夫か、寒くないか」と聞いてくれる。厚い氷のはりついたジャケットのフードのすき間から、みんなの目が光っているのがわかる。感動だった。私の目からもとめどなく涙があふれ出た。嵐の中みんなずぶぬれになって、どこに落ちているかもわからない私のちっぽけな命を必死で捜し出し、救ってくれたのだ。この場に六ヵ月の国や言葉の違いなどどこにも存在しなかった。みんなが人間として、ひとつに結ばれていた。

あとで聞いたのだが、私が見つけられたときは、この日八番目の捜索区域の捜索をまさにうち切ろうとしていた時だったらしい。そのレスキューロープの端から一五メートルほど離れたところに私がいたわけで、ロープの先端にいたジェフがかすかに、私の声を確認してくれたようだった。もし私があれ以上動き回っていれば、もう見つけられなかったであろう。とにかく生と死のぎりぎりの境にとどまっていたことになる。あそこで見つけられたことは、今思えば本当にラッキーとしか言いようがない。

私がいた穴はもう雪で埋まり、何事もなかったかのように、平らなもとの雪の大地に変わっているであろう。穴を掘るのに使った命の恩人のプライヤーもポケットの中にあったものすべても穴の周囲に残してきてしまった。

十三時間の孤独な世界、南極の大自然に抱かれて、人間の生命を感じ、生きることのすばらしさを実感した十三時間であった。

二二〇日のゴール

白い大陸が我々に与えてくれた卒業試験、六人の氷の小人たちは、見事合格。そしていよいよ、南極半島最先端シール・ヌナタックを出発して二二〇日目、ゴールのミルヌイ基地に到着する日が来たのである。一九八九年九月から数えると二年半の年月が経っていた。

三月三日　くもりのち晴　南東　毎秒六メートル　マイナス四度

嵐はこの日の早朝まで吹き荒れた。気温もマイナス五度まで上がり、何もかもがぬれた状態だった。

一昨夜の疲れもすっかりとれ、外を眺めると、くもってはいたが、南の空には青空も見えた。そりも犬たちもすべてが雪の下だった。風は止み、今日のミルヌイ基地到着は問題ない。さっそく外へ出て雪堀りにかかる。

きのうの早朝に発見され、いったん暖かい雪上車の中に収容された私は、熱いお茶をすすりながら天国にいるような気分を満喫した。足先も白っぽかったがすぐにピンク色をとりもどし、水ぶくれになることもなく、凍傷の手前で助かった。きのう一日ゆっくり休養し、今日のミルヌイ基地への凱旋《がいせん》には全く支障ないほど回復した。犬たちを雪の中から掘り出し、一匹一匹と目を見つめながら語り合う。

「よく走ったなあ。もうきょうで終わりや、もう走らんでいいよ。ミルヌイでゆっくりしような。ありがとう」

こう言って抱きしめる。犬たちがいたからこそここまで来られたのだ。我々六人の仲間として、文句も言わず黙々とそりを曳き続けてくれた犬たちのかわいさ、勇敢さ、その力強さが、我々を励まし続けてくれた。真のヒーローは犬たちである。犬たちも海の香りを感じているのかしきりに鼻をクンクンさせている。我々の声の調子やリラックスした様子から、ゴールが近いのを知っているに違いない。

〝ハップ〟のかけ声でいっせいにスタート。深雪だがそりの荷は空荷に近く軽いので、犬たちは何の問題もなく走る。遠くに青い海が見える。白い氷山が見える。

ミルヌイ基地では、ゴールの模様を全世界に生中継しようと各国のテレビ報道陣が待っているという。彼らも先日の地吹雪でミルヌイ基地に到着することができず、モロジョージナヤ基地とミルヌイ基地の中間地点に飛行機が不時着、きょうになってようやくミルヌイ基地にたどりつくことができたらしい。このゴールの生中継の実現も奇跡的と言っていいくらいであった。日本からはTBSの人が二人やってくると聞いていた。朝日新聞の近藤記者等、新聞報道関係者はすでにアカデミック・フェデロフ号でミルヌイ入りしていたのだが、万が一TBSの人の到着が間に合わなければ、朝日新聞の記者が違う系列のTBSの放送にレポーターとして登場する予定になっていたらしかった。アメリカABC放送のレポーターはミネソタのローカル紙の記者ジャッキーがやる予定だったとのこと。こうなっていれば前代未聞のハプニングになったことであろう。

眼下に見えるミルヌイ基地からやがて一台の小さな雪上車が我々の方向に向かってまっしぐらにやってくる。そして二〇〇メートルほど離れたところでストップ。中から真っ赤な防寒ジャケットを身にまとった女性が出て来た。ビクターの婦人ナターシャだ。はるばるレニングラードからテレビ取材陣と一緒にミルヌイ基地までやってきたのだった。ビクターがそれを見るや否やまっしぐらに赤いジャケットの方へ走ってゆく。ナターシャもビクターの方へ走ってくる。そしてやがて二人の熱き抱擁。まるで映画の一シーン、感動的なシーンであった。

午後七時のゴールの生中継に合わせて小休止をとりながら進む。

白い氷のモンスターの背中を、のみの行進のように歩み続けてきた六人と犬たち。人間も犬も関係なく、ひとつの家族に思える。午後七時、ミルヌイ基地へ通じる一〇〇メートルほどの急坂を駆け上る。七ヵ月間同じそりでパートナーだったジャン＝ルイは、〝ハップ、ハップ〟と興奮して犬たちにかけ声を繰り返す。そのため私は声を出す必要もなく、こころの中で「ありがとう」とつぶやきながらじっと犬たちを見守る。急坂を上がったところで、ミルヌイ基地の人々の歓声と黒山の人だかり。ボストーク基地で会った人、コムソモルスカヤ基地で会った人もいる。リードのアローとビヨルンは、興奮して黒い人だかりの方へ行く。フィニッシュと書かれた横断幕のところまであと一〇メートル。ビクター、ジェフ、ダホ、ウィルはすでにゴールしている。基地の人が、アローとビヨルンを先導してくれようやくフィニッシュ。ウィルとジャン＝ルイはもう報道陣にもみくちゃだ。私は犬たちを先導して座らせる。スキーを脱いで、みなと抱き合い、シャンペンで乾杯。ボストーク基地でしたのと同じようにできたてのパンに塩をつけて食べ、旅の無事を感謝する。とうとう終わった。
「もうこれで終わりだよ。もう走らんでいいんだよ」と一匹一匹に頬ずりをしてやる。犬たちは冷静だった。周囲のお祭り騒ぎをよそにじっと海を見ていた。氷山を見ていた。その目は、走り抜いたんだ、横断隊を成功に導いたんだという自信と誇りに満ちあふれていた。

「さよなら、南極」

三月八日　くもり　マイナス七度

南極からいよいよ離れる日が来た。ソ連の科学調査船プロフェッサー・ズボフ号に乗りこむこととなる。我々がゴールする直前までミルヌイ基地の前の海はぎっしり氷が詰まっており、ズボフ号は全く接近できなかったそうなのだが、あのゴール前日の地吹雪の風で、その氷が一夜にして消えてしまったらしい。これによりズボフ号が基地より二〇〇メートルほどのところまで接近でき、ライフボートを艀《はしけ》として荷物、犬、すべてを何回にも分けてズボフ号へと運ぶことが可能となった。冬が急接近していることもあり、再び氷でおおわれてしまう前に脱出しなければ、半年間このミルヌイ基地に釘づけとなってしまうところであった。このミルヌイ基地脱出の際においても、我々は本当に幸運に恵まれたわけだ。あのバックアイスが一夜にして消え去ったことは奇跡的なことだったと人々は口々に言っていた。

プロフェッサー・ズボフ号は、一年間のボストーク、ミルヌイ基地での勤務を終えて帰国する隊員たちと我々南極横断隊関係者を乗せ、一路オーストラリアのパースへ向かった。

「さよなら、南極」南氷洋に浮かぶ白い氷山を眺めては、二二〇日間の思い出にふける。幼い時に夢みた南極のイメージは、この白い氷山、ペンギン、鯨といった南氷洋の姿であった。そして、今回、他の五人の仲間と実際に自分の足で歩き、目で見て、身体とこころで感じてきた南極の本当の姿は、いかなる生命の存在も許さない、厳しくまた厳しいがゆえに限りなく美しい、地球が何百万年もかけて作り上げた白い砂漠であった。

南極を犬ぞりで旅するなんて、犬ぞりをやる人間にとれば夢のまた夢の話。でもそれが実現できたなんて、そして、七ヵ月間もこの南極の懐の中で暮らせたなんて信じられない。六ヵ国六人のそれぞれの夢がひとつとなって、それが実現したのだった。国際隊でのトラブルも皆無に等しかった。やはり、みながお互いの違いを尊重しあったからであろう。どこかで妥協することも大切だった。意地の張り合いが一番悪い。そしてあとは他人への思いやりの気持ちである。最終的には「愛」というところにたどりつくのではないだろうか。

七ヵ月の旅は特に後半はこの旅が永遠に続くかのように思えるほど長かった。準備期間を含めてさまざまな障害や困難を乗り越え夢を実現できた、その満足感、充実感が今とても気持ちいい。この気持ちはパアーっと燃え上がる炎のようなものではなく、燃え上がったあとに残る熾火《おきび》のような感じで我々一人一人の心の中でずっと赤く熱くくすぶり続けるであろう。この決して消えることのないこころの中の熾火、この熱い熾火のパワーは、きっと次なる夢の実現への大きな原動力となってくれるに違いない。

ミルヌイ基地が遠く離れてゆく。南極に別れを告げることをあれほど楽しみにしていたのに、今は何となく寂しさがこみあげてくる。ひょっとしたら、私はこの南極に恋してしまったのかもしれない。一生にたった一度のすばらしい体験をありがとう。心の底からこの白い大陸への畏敬の念、感謝の気持ちがこみあげてくる。またいつか戻ってくるかもしれない。いや必ず戻ってくる。

その日が来るまで、

「シィーユー、オルヴォワール、ダスビダーニヤ、再見《ザイツエン》、さようなら、南極さん」

未来へ続く道

アラスカへ

一九九一年九月、私は南極大陸横断が終わった半年後、アメリカの事務局でボランティアをしながら待っていてくれた秋本恭江さんと結婚した。七年間も離ればなれで過ごしていた二人のことだけに、両親は大喜びだった。友人のレストランで、調印式のようなシンプルな結婚式を挙げた。

アメリカのミネソタ州での犬ぞりレースを終えたことで、資格を得た私は、一九九三年三月、夢にまでみたアイディタロッド一八〇〇キロ犬ぞりレースに友人の犬を借りて挑戦した。このレースで、アンカレッジからベーリング海に面したノームまで走ったことで、アラスカの自然の魅力に改めて惹き込まれた。

「本場のアラスカで自分の犬を育てて、この手つかずの大自然の中を駆け巡りたい」

そんな思いが沸々と湧いてきた。

十月のトレーニング開始から、レースが終わるまでの半年間、恭江さんとともにアラスカで犬ぞり三昧の生活を送った。私のこの思いを彼女であれば受け止めてくれるに違いないと思い、「アラスカで暮らそう」と言うと、当たり前のことのようにうなずいてくれた。

そして一九九四年四月、私たちはアラスカへ渡った。

まずは住むところを確保しなければならない。犬を育てるためには広い土地が必要だった。条件に合う家がなかなか見つからない。不動産業者に勧められたのは四〇エーカーの土地だった。家も水道も電気もないただの森だったが、犬を飼っていくには最適の場所のように思えた。その土地を紹介する資料の中に「マッシャー（犬ぞりを扱う人間）の天国」という文言が目に入った。四〇エーカーとは四万八〇〇〇坪だが、その広さがどれくらいのものかは見当もつかなかった。ただ、犬ぞりをしていくための条件は全て揃っていた。私たちはその土地を手に入れ、町で四〇ドルのファミリーキャンプ用のテントを買った。広大な森の中の小さなテントが私たちの新居となったが、恭江さんはこの生活をすんなり受け入れてくれた。「七年間離れていたのに一緒に過ごせるのだから」と、笑顔まで見せてくれた。

まずは飲料水用の井戸を掘って水を確保し、犬をつなぐ場所を森の中に設定した。いつまでもテントで暮らすわけにはいかない。以前の土地のオーナーから、自ら建設中だった小さな家を、超格安で売ってもらうことにした。我々の敷地内に移動させ、住めるような状態にまで手を入れることに決まった。家を移すための場所を整地し、基礎を完成させた。無事、家の移動を完了させた後は、内装を整え、バスルームやトイレを増設した。

何もない森に、家とドッグヤードの場所を開墾したわけだが、全体像を想像しながらの木々の伐採作業は大変だった。冬が来るまでに生活の場を完成させなければならない。二十四時間明るいアラスカの夏、二人は休みなく開拓者生活に明け暮れた。

犬との暮らし

自分のケネルを持つという夢がかない、犬との暮らしが始まった。今まで他人の犬をトレーニングしたり、世話をしたりしてきたときとは異なる。責任という点で意識の持ち方が全く違うのだ。三六五日犬との生活があり、その中で自分の思うようなチームをつくっていかなければならない。私はこの奥の深い作業に魅力を感じた。犬ぞりが楽しいというだけでは続かない。自然の中での犬との暮らしが、自分たちのライフスタイルになるぐらいの気持ちが必要だった。

一匹ずつ異なる性格、個性、肉体的な特徴の把握は当然のことで、出場するレースにあったチームを作り上げていくのは一朝一夕でできることではない。

子犬が生まれればその素質を見抜いて、磨いてやらなければならない。信頼関係を築くことはとても重要で、生後三日目からスキンシップを欠かさず、人間の感触を覚えさせる。餌を与え、栄養を管理しながら、年齢や時期に応じたトレーニングメニューを組む。マッシャーがしっかりとしたポリシーを持って臨まなければ、決してよいチームはできない。いくら血統的に一流のスーパードッグを集めたとしてもトップクラスには入れないのだ。犬たちとの固い信頼関係があって初めて一流の仲間入りができる。これこそが、犬ぞりの難しさでもあり、おもしろさでもある。

実は、恭江さんは犬が怖くて苦手だった。子どもの頃、犬に吠えられたことが原因だった。犬の世話などできるはずないと思い込んでいたのだが、犬たちとの生活にはすぐに慣れ、あっという間に犬たちと仲良くなり、トレーニングも一緒に手伝ってもらえたことはとても助かった。始めは十数匹だった犬も一番多い時は四十五匹となり、私たちは子どもを育てるのと同じように、たっぷりの愛情を注ぎ、生活のすべては犬が中心だった。

一六〇〇キロを走りぬく長距離犬ぞりのレースはとても過酷だ。走るルートも大自然の懐の中だけに難所はいたるところにある。でも、最も大変なことは、一日の平均睡眠時間が一時間程度という状態が二週間近く続くことだろう。

南極大陸横断のときは十二時間走って十二時間休めたが、犬ぞりレースはそうはいかない。六時間走って六時間休む。そのうち、四時間以上かけて犬のケアをする。餌やりはもちろんのこと、足の裏を一本ずつチェックして軟膏をぬったり、足首を冷やさないようにリストバンドをつけたり、マッサージを施したり、やることは山ほどある。十六匹のチームだと六十四本の足があるわけで、あっという間に時間がたってしまう。段取りが悪ければ、六時間休むとしても、結果的に数分しか眠れなかったということもある。そんな休憩を一日に二回とる。レースの後半になれば、睡眠不足から幻覚が見えることもあるし、居眠り運転となり道に迷ったりすることもある。犬と同様、マッシャーにも強靭な体力と精神力が必要だった。

一九九五年、二度目のアイディタロッドに出場したときのことだ。レースの後半のベーリング海の海氷上を走っている時、どうしようもない睡魔が襲ってきた。マイナス四十度の向かい風だった。海氷から陸地に上がった後、次のチェックポイントまで、入り組んだ村の中を通り抜けなければならない。道を間違えたり、障害物にぶつかったりする危険もあり、気を引き締めていたつもりだったが、ソリの後ろに立ちながら、いつの間にか居眠りしていた。

ところが、ふと、目が覚めると、村のチェックポイントに辿り着いているではないか。まるで、夢を見ているようだった。先頭を走るリーダー犬にベテランのテッドを置いたことが成功につながった。テッドは非常に独立心が強く、飼い主である私にさえあまりなつかない。ただ、スピードと忍耐強さは抜群で、向かい風の嵐の中でも、前のチームが残していったかすかな匂いをかぎわけて、真っ暗闇の村の中を走り抜けたのだ。普段はクールなテッドだったが、信頼関係はしっかりとできていた。テッドの気質を最大限に活かせたレースとなった。

しかし、その先で悲しい出来事が起こった。若きリーダー、ペイデイの様子がおかしい。そりに乗せ、必死に介護するものの、呼吸の状態は治らない。猛吹雪の中、「セーフティまであと少し、頑張れ！」と繰り返し祈るように声をかけるが、一向に変わらない。やがて危篤のような状態となり、すぐにソリを止めた。彼女の気道を確保し、口を押さえ、鼻から息を吹き込み、人工呼吸を施したが呼吸は戻らない。必死で心臓マッサージを続けたが、奇跡は起こらなかった。

「ペイディ！」

激しい風と雪が容赦なく襲い続ける中、私はただ呆然と魂の抜けたペイディの亡骸をみつめているしかなかった。

嵐に閉じ込められた末の、防ぎようのない不可抗力の死ではあったが、ルール上、レースから離脱せざるを得なかった。ゴールまであと三十五キロでの棄権となった。ペイディの死とゴールに辿りつけなかった悔しさで、胸が詰った。

ノームの町で私のゴールを今か今かと待っていた恭江さんは、レース状況を伝えるボードにあった私のチームの情報が突然消されたことに、非常な不安を覚えたらしい。「何かの間違いじゃないの」と何度もボードを見たが、情報がアップされることはなかった。

レースからの離脱は、これまでの苦労を考えると、あり得ないことだった。

でも、事実として受け入れなければならない。疲労困憊のまま、迎えの小型飛行機でノームの町に到着した。そして、待っていてくれた恭江さんにフィニッシュできなかったことを伝えた。

すると返ってきたのは、「何事も経験だから」という気丈な言葉。その言葉に癒され、救われ、その夜はノームのホストファミリーの暖かなベッドで熟睡した。

アイディタロッドでの敗因の一つは、二度目の参加だったため、少しでもいい成績を勝ち取ろうという気負いがあったことだ。

ペイデイの死に報いるためにも、もう一度挑戦し、ノームまで完走しなければならないと、翌年のアイディタロッドに向けて準備を始めたが、弔い合戦のような自分の意気込みに違和感と戸惑いを覚えた。無心の自然体で出場しなければ、いい結果にはならない。心の葛藤に襲われ、アイディタロッドに出たいという気持ちが、徐々に薄れていった。

新たなる挑戦

アイディタロッドのリベンジは見送ったが、もうひとつの一六〇〇キロの長距離レース、ユーコン・クエストに挑戦しようと考え、一九九七年二月のレースにエントリーすることにした。

ユーコン・クエストはアイディタロッドに勝るとも劣らない過酷なレースだ。二月に開催されるため、その気温の低さと何度も続く山越えを繰り返さなければならなかった。チェックポイントの数が少ないため、積荷も重い。地元では、完走するととても名誉なことと賞賛された。

初挑戦なので、念入りな準備が必要だった。数人のベテランマッシャーから情報を収集し、それに応じたトレーニング・メニューも考えた。

一九九六年九月から犬たちのトレーニングを開始。準備期間はあっという間に過ぎた。

一九九七年二月、夢の舞台、ホワイトホースのダウンタウンのメインストリートに、数千人の観客がひしめき合う中、二十五番スタートで、十四匹の犬たちとスタートを切った。

ユーコンからアラスカに続く広大なウィルダネスの中を、マイナス五十度近くにもなる厳冬の二月に走りぬくことは、命の危険さえある。しかし、厳しい中にこそ美しさもある。夜間に走っているときに見るオーロラは素晴らしい。満天の星空、日中晴れた時のダイヤモンドダストや木々の樹氷の輝きに心癒される。

静寂の中、聞こえてくるのは、犬の息づかいとソリの軋む音だけだ。そんな世界にいると、まるで自分が周囲の自然と同化しているような気持ちになる。二週間近い犬たちとの共同作業の冒険レースは、マッシャーにしかわからないスリルとおもしろさがあった。

後半の難所も乗り越えることができ、無事フェアバンクスのフィニッシュラインにたどり着くことができた。タイムは、十二日十六時間十二分で、五位。初出場の十六チーム中トップでのゴールとなり、思いがけず、新人賞をもらうことができた。

何よりも嬉しかったことは、朝の四時だというのにゴールの祝福に、たくさんの人たちが駆けつけてくれたことだ。ゴールした後に、恭江さんが駆け寄ってきてハグをした。このような感動を二人で味わえたことは何よりも幸せだった。長距離レースは、走っている最中、なんでこんなしんどいことをやっているのだろうと思うこともあるが、ゴールした瞬間にそんなことは全て忘れてしまい、しっかり次のレースのことを考えている。長距離犬ぞりレースとは、一旦ハマると抜け出せなくなる。それほど、魅力溢れる人犬一体の極北のスポーツだ。

石川和則氏との出会い

二〇〇一年、ロシアの旅行会社が、世界最大の原子力砕氷船ヤマル号で北極点に向かうクルーズを売り出した。その探検ツアーリーダーが、一緒に南極を横断したビクター・ボヤルスキーだった。そのヤマル号を日本の旅行会社がチャーターしたので、ビクターから私に、「船内レクチャーを担当する講師兼ガイドをやってくれないか」と仕事のオファーがきた。「八月に北極点？　氷が溶ける夏に極点まで行けるとは、これはおもしろそう」と、二つ返事でそのオファーを受け入れ、ロシア・ムルマンスクから、この世界最大の原子力砕氷船に乗り込んだ。

北極海上の二週間の船旅だった。

航海中のある日、デッキで海に向かって大声でカンツォーネを歌っている男性がいた。髭もじゃで、他者とは違うオーラを放ちながら北極の空に響き渡る声の持ち主を見て、「日本人っぽくないな、一体何者だろう」と思いながら、彼の背後に佇んだ。そして、彼が歌い終わると同時に拍手を送った。彼は振り向き、私がいたことにとても驚いたが、さっと名刺を出し、「石川です」と名乗った。名刺には、たくさんの会社名が書かれていて、そのいずれもの会社の代表取締役であることを知った。

「会社の社長さんなのに、こんな長旅に出ても平気なんですか？」

「ええ、私が冒険に出ている間、仕事は信頼できる社員に任せているので問題ありません」

すごい人もいるものだと驚いた。石川さんは、企業家でもあり、冒険家でもあるという。世界十大冒険に挑戦し、そこで得た感動を社員に伝えたいというのだ。

この出会いが私の人生に大きなかかわりを持つことになるとは、その時は夢にも思わなかったが、冒険を楽しむことを知っている二人の距離はあっという間に縮まった。これまでの体験の数々を話しながら酒を酌み交わした。

これをきっかけに、石川さんの冒険のガイドをするようになった。

　彼は、社長として多忙な毎日を送っているなか、冒険に挑戦するために、自宅から会社まで、毎日自転車で通ったり、社長室にトレーニング機器を置いたり、少しでも時間を見つけ、心身両面に磨きをかけていることを知り、驚いた。

　私が日本に一時帰国したときには、石川さんが率いるＤＡＣグループ主催の講演会に招かれ、犬ぞりで南極大陸横断したときの話をしたこともある。

　また友人として、恭江さんと一緒に石川さんの自宅を訪れると、石川さんの妻の稠子さんが、手料理を振る舞ってくれるなど、家族ぐるみで親交を深めた。

　二〇一一年二月には、石川さんと稠子さんがアラスカの我が家に遊びに来てくれた。実は、この訪問には大切な理由があった。

　石川さんはポール・トゥ・ポールを達成するために、南極へ行きたいと考えていた。南極大陸の内陸に入り極点を目指すには、米国の旅行会社ＡＮＩを使うしかなかった。民間で唯一、内陸滑走路とキャンプ地を運営しているため、石川さんにＡＮＩを紹介した。彼は再三極点へのスキー行の申し込みを試みたものの、年齢や経験を理由に断られていた。代わりに私がＡＮＩのトップに連絡をすると、ひとつ条件が出された。四月に北極点までスキーで歩いて到達すれば、申し込みを受け付けるという。ちょうど北極点へのスキーのガイドの予定があり、石川さんにそのことを伝えると、即決で参加を表明。私がガイドすることとなった。そして、九州の松本愛明氏と共に北極点に立ち、翌年一月の南極点にも、北極点メンバーに現ＤＡＣ顧問の大重信二氏が加わり、到達に成功し、私は石川さんのポール・トゥ・ポール達成の場に立ち会うことができた。石川さんは、北極でも南極でも、何度も社員への感謝の気持ちを口にされていた。自らが挑戦することで、困難を乗り越えるその背中を見せる。冒険で得た勇気や感動は社員のおかげだと常に感謝している姿をみて、こんな社長が日本にいるのだと驚かされた。冒険にはさまざまな魅力がある。冒険するたびに、大自然の偉大さ、友情の大切さ、人生の豊かさを感じる。

石川さんは次代のＤＡＣグループを担う仲間にも冒険の醍醐味を味わってほしいと考えた。そして、創立五十周年事業の一環として世界七大陸最高峰に登頂する「セブン・サミッツ・プロジェクト」を実施することを、南極点から戻った時に決められた。社員の中から有志を募り、その挑戦を応援するという。その破天荒なアイデアに感動し、協力を約束した。

二〇一四年六月、ＤＡＣセブン・サミッツ・プロジェクトの一つだった北米最高峰デナリに石川さんとアウトドア仲間のイーライ・ポッターと共に登頂することができた。憧れだった冒険家植村直己さんが眠るデナリは、アラスカに住む私にとって、いつも近くて遠い山だった。その頂に、自分の足で立っている。どこかで眠っている植村さんのすぐそばにいるという感動は忘れることはない。

デナリを登山中のテントの中で石川さんは北海道仁木町での新規ワイナリー事業「ＮＩＫＩ Ｈｉｌｌｓプロジェクト」の話を私にしてくれた。

「圭三、都会で忙《せわ》しなく働いている社員が、大自然の素晴らしさを身近なところで味わえたら、素晴らしいと思わないか？　北海道で社員のための研修所を作ろうと思う。その地域創成も考え、ワイナリーも作りたい」

北海道仁木町へ

デナリ登頂後、日本に帰国した際に、石川さんは私を北海道仁木町に案内してくれた。荒れた畑に、草がぼうぼうと生い茂っている。何もない広大な土地だった。

「この土地一帯を購入して、あの丘の上に研修所とワインの醸造所を作ろう。斜面にはブドウの木を植えるのだ。ここでできたワインを世界中の仲間に届けようじゃないか」

荒地に近い土地を見ながら、そう語る石川さんを見て、「これはおもしろいかもしれない」と、アラスカに行く時と同様、生来のフロンティア・スピリットが奮い立った。日本に住むのなら、アラスカを小さくしたような北海道に住もうと漠然と考えていたことから、仁木に来ることを決めた。

二〇一五年五月、アラスカから北海道仁木町に赴き、ここでの暮らしが始まった。

新天地に立った時の不安と期待が入り混じった気持ちは、これまで何度も味わったが、今度は、それが日本の北海道というところが新鮮だった。最初の現場スタッフは、石川社長の思いに賛同してやってきた磨直之さん・麻美子さん夫妻、元ＤＡＣ社員の関沢繁雄さん（彼らは前年の十月から来ていた）、梅田明さん、山田昌弘さん、そして私の六人だった。最初は、朽ちた葡萄棚の杭や針金を撤去したり、木を切り草を刈り、土を耕起したり、土壌作りなどをした。その後は、新しい杭を打ち針金を張り、垣根スタイルの葡萄畑に作り変えた。その作業に並行して醸造所と研修所の建設が進められた。一つずつ形が見えてくるのはワクワクする喜びでもあった。

仲間への感謝

私の課題はたくさんあった。日本での社会人としての経験はないに等しいため、オーナーの石川代表から組織運営のヒントをいただきながらも、組織の運営は経験から学んでいくしかない。ＤＡＣグループの地域振興プロジェクトの推進と健全な経営をするために監査役をＤＡＣホールディングス前山敏行さんが担い、東京と仁木町を行き来しながら、今でも実務面で助けていただいている。

冬は雪で覆われ作業もできなくなるため、最初の二冬は、アラスカや南極に戻って、アドベンチャーツアーガイドをして過ごしたが、今は、冬の仕事も増え、常駐している。

ワインづくりを担当している磨夫妻は、東京から移住し、世界に通用するワインづくりに精魂込めて取り組んでいる。日本ソムリエ協会名誉顧問の熱田貴氏にアドバイザーになっていただいているが、磨さんにとってても心強い存在であろう。

ワインは、作るだけではない。どうやってこのワインを売るのか。最初は、ＤＡＣの社員の方々の協力を得て、販売促進やイベントに使っていただいた。今では研修施設を利用いただき、多方面にわたっていつも応援してもらったり、原卓也さんを中心にＤＡＣ総務部門にも多大な協力をいただいたりしている。

ＮＩＫＩ Ｈｉｌｌｓワインは、毎年のコンクールで賞に入り、一流ホテルや一流レストランに納入されるようになり、ファンは増えた。販売担当の伊藤隆裕さん、松本大樹さんの営業努力でブランド力もどんどんアップしてきている。醸造部門のリーダーは磨さんだが、伊藤ゆりかさん、ニュージーランドから真理子・ウィズランドさんも入って三人でやってもらっている。

畑は地元出身の山田昌弘さんがリーダーとなり、関沢繁雄さん、山田祐介さん、遠藤妙美さん、倉岡佑樹さんの五人となり、広大なヴィンヤードと果樹園を担当してもらっている。ガーデンは、ヘッドガーデナーの福森久雄さんがリーダーで、玉田直哉さんと最初は二人で、仁木の風土に合ったナチュラルガーデンをデザイン、設計し、造成から始まり、今では花咲き乱れる、芝生の緑が輝く美しいガーデンとなった。昨年から町田好さんも加わり三人で美しいガーデン造りを担当してもらっている。

総務部門は、梅田明さんが副支配人で、大黒奈津子さん、住吉野々花さん、那須からの助っ人、田子加奈子さんで、研修所管理を含めてさまざまな業務をこなしていただいている。

ＤＡＣ顧問の太田みどり先生は、女性ならではの視点から、きめ細やかなアドバイスをいただき、スタッフの相談役にもなってもらっている。磨夫妻に昨年麻陽ちゃんが誕生、麻美子さんは、太田先生の娘で、現在子育て奮闘中。厨房料理担当と施設管理には長野成明シェフも入っていただき、ＮＩＫＩ Ｈｉｌｌｓは現在十八人の社員を抱える組織に成長している。

ＮＩＫＩ Ｈｉｌｌｓの森づくりは、冒険家でもあるＣ・Ｗ・ニコル氏にアドバイザーになっていただいた。人間が少し手入れしてやることで、森の姿が変わっていくのがとても興味深い。

都会生活を送るおとなや、育ち盛りの子どもたちが、自然の中でいきいきと輝きながら過ごせれば、どんなにいいだろう。周囲の自然を教室に、アドベンチャー体験プログラムを作り、さまざまなアウトドア・アクティビティを通じて、多くの人に自然との対話をしていただく。その対話を通じて、自然と共存することの素晴らしさをわかってもらいたいし、自然の中でリラックスしてもらい、明日へのエネルギーを充電してもらいたいと思う。次の世代を担う若い世代にも、そういった自然体験を通して、冒険心に溢れ、チャレンジ精神の旺盛な若者になってもらいたいと思う。

私は、DACグループ石川和則代表が社会貢献のために作ったDAC未来サポート文化事業団の活動にも力を注ぎ、子どもたちの未来を応援したい。それが私に与えられた使命かもしれない。これからも変わらず、常に自然体で、私らしく生きていきたい。仁木の丘には夢がある。夢を追い続けて、未来へ続く道をエンジョイしながら歩んでいきたい。

復刊に寄せて

石川和則

私は、一九八九年韓国・ソウルで行なわれたパラリンピックで得た感動を契機に、米ハワイ州マウイ島のハレアカラ山自転車登頂レース「サイクル・トゥ・ザ・サン」に参加し、四十歳のアマチュア記録を更新した後、中国のタクラマカン砂漠横断、エベレストへの挑戦、アフリカ大陸の最高峰キリマンジャロに登頂するなど、数々の冒険に挑戦していました。

二〇〇一年八月、北極に向かうロシアの原子力砕氷船ヤマル号の船上で果てしなく続く海原に向かって、カンツォーネを気持ちよく歌い終えると、背後から拍手が聞こえました。振り向くと、そこには一人の青年が立っていました。彼が、冒険家・舟津圭三氏でした。

今から三十年前、犬ぞりで南極大陸を横断する国際隊の一人として若き日本人が参加し、成功したというニュースは今も鮮明に覚えています。その舟津圭三氏との偶然の出会いに感激し、船上で冒険の醍醐味を語り合ったのが、友情を深めたきっかけです。

その後、舟津氏にガイドを依頼し、二〇一二年、南極点に歩いて到達、二〇一四年に北米大陸最高峰デナリ登頂に成功しました。舟津氏の止むことのない好奇心と、どんな苦難も乗り越える力、常に冷静な判断と決断力を目の当たりにし、共に味わった経験はかけがえのないものとなりました。

本書の復刊にあたり、改めてページをめくると、たとえ時代は変わっても、彼の成し遂げたことに感動を覚えました。人間が生きるための普遍的なテーマがたくさんあり、後世に伝えたいという使命感にかられました。

私が代表を務める一般社団法人ＤＡＣ未来サポート文化事業団があります。日本の未来を切り開く子どもたちが、夢と希望と好奇心を持った豊かな人間になってほしいとの願いを込めて設立しました。そこから全国の子どもたちに少しでも冒険の素晴らしさを届けたいと思い、復刊に協力させていただきました。

二〇二〇年、文部科学省による教育改革が行なわれます。これまでの教育は学んだことをきちんと理解しているかどうかという知識や技能に対する評価に重点が置かれていました。これからは知識や技能の習得だけでなく、それをもとに自分で考え、表現し、判断し、実際の社会で役立てることが求められます。文部科学省が提示する主体的、能動的に学習に取り組むアクティブラーニングは、発見、問題解決、体験、調査を含んだ学習であり、グループディスカッションやディベート、グループワークも有効な方法とされています。これらの全ては冒険に必要な要素です。

本著を通じて子どもたちが、深く知りたいと興味を持ったことに、わくわくする気持ちを見つけ、自らの身体を活かして一歩踏み出してくれることを願っています。

二〇一四年、私は北海道余市郡仁木町に自社の研修所をつくるために訪れました。そこには素晴らしい自然と、限界集落という現実がありました。この地を夢と希望のある町に創生できないかと思い、研修所だけでなく、ワイナリーを計画し、森を再生させることを考えました。何もないゼロからの開拓です。ここで、都会で働くたくさんの人たちが土に触れ、森で深い呼吸をし、大自然の恵みを感じてほしいと願いました。また、ワインを通じてこの町を世界とつなぐことができるのではないかと思いました。この事業を一緒に成し遂げる人物を考えたときに真っ先に思い浮かべたのが舟津氏です。アラスカから仁木町にお招きし、私の夢を語りました。そして、舟津氏がこの事業に参加することになったのです。

ここでは舟津氏とDAC未来サポート文化事業団が中心となり、子どもたちのための冒険体験を行なうことを計画しています。この本をきっかけに目標に向かって挑戦する子どもたちを応援することができれば幸いです。

感謝をこめて

舟津恭江

私が、舟津と出会ったのは、二十三歳のときです。企業に勤めながら、目的に向けて常に一生懸命努力する彼の姿を見て、平凡な私にはない輝きを感じていました。

ある日のこと、舟津がサハラ砂漠を自転車で横断する計画を知り、私は無謀にも挑戦したいと思ったのです。今まで自転車と言えば、いわゆるママチャリにしか乗ったことがありません。男性五人だけよりも女性が加わることでスポンサーもつけやすくなるという理由で、素人の私をチームに招いてくれました。それまで積極的に運動もしていなかった私は、毎日毎日、訓練を続けました。そして、サハラ砂漠自転車横断に成功したのです。会社を辞めてまで挑戦したことに、私の両親はおとなしく従順だった娘に何が起こったのかととてもびっくりしていました。

その後、舟津は世界を舞台に野外自然学校やそり犬のトレーナーとして働いていました。私は日本で何がやりたいのか見つけることができないまま、派遣などの仕事をしながら過ごしていました。きっと舟津は今も輝いているのだろう、その輝きを少しでも繋げておきたいと、文通を続けていました。

一九八九年、舟津が犬ぞりによる南極大陸横断チームの一員として参加することとなり、二〇日をかけて挑む冒険を見送りたいと思い、私はアメリカへ渡りました。見送った後、日本へ帰るための航空券も用意していましたが、この冒険がいかに大変なことであるか、また、アメリカにある事務局で人手が足りていないことを知り、ボランティアスタッフとして、手伝うことにしました。舟津はてっきり日本に帰ったと思っていたので、南極に入る直前に私が事務局にいることを知り、とても驚いたそうです。なにしろ、「アイアム ヤスエ」程度にしか英語を話せなかったのですから……。私自身、大胆な行動に至ったことは意外でしたが、輝いている人を応援することで、何かが変わるかもしれないと感じていました。

南極で、舟津が遭難した日、私は偶然休みを取っていて、その事実を知ることはありませんでした。翌日、事務局に出向くと、見つかってから連絡しようというスタッフの配慮があり、舟津が遭難したが助かったということを告げられました。幾度も危険な場面はあったと思うのですが、彼ならば大丈夫、必ず目標を成し遂げ、元気な笑顔で帰ってくるという確信があったので、一度も心配することなく応援に専念できました。

一旦、アメリカから戻ってきて、仲間の後押しもあり、結婚しました。結婚後、アラスカに移住し、キャンプ生活をしながら森で暮らし、犬ぞりの犬を何十匹も育て、自分たちで家を造りました。よく、大変だっただろうと言われるのですが、当時の私は、好きなことを尊敬する夫とともにできることは大きな喜びであり、楽しみでした。夫は犬ぞりのレースやガイドの仕事で、何ヵ月も家をあけることになりますが、七年間離ればなれで暮らしていたことを考えれば、短い時間だと感じました。

ご縁があって、石川夫妻がアラスカに遊びに来てくださったり、夫が石川さんの冒険のガイドを務めたりするなか、仁木町に来ないかというお話をいただき、帰国することになりました。今は仁木町で夫との二人暮らしです。その暮らしの中でも、目標を持ち、それに向かって突き進む夫の姿を見て、「この人は、やっぱりすごいなあ」と今も尊敬の念が湧いてきます。

これからの人生、まだまだ冒険は続くことでしょう。そのひとときをＮｉｋｉ Ｈｉｌｌｓ Ｗｉｎｅｒｙで過ごし、この地を訪れる人々に私たちが味わった自然の醍醐味を一緒に体験できれば幸いです。とくに子どもたちに冒険の素晴らしさを伝えることは夫の夢でもあります。ですから、本書の復刊はとてもうれしく思っております。

本書の復刊に導いてくださった皆様に感謝し、また、この本を手にしてくださった皆様の夢と希望が実現することを願っております。いつからでも輝ける人生を始めることができることを信じて、応援しています。

口絵写真
（南極）1990 International Trans-Antarctica Expedition
（アラスカ・仁木町）佐藤日出夫

編集協力
一般社団法人　ＤＡＣ未来サポート文化事業団
〒１１０-００１５
東京都台東区東上野４-８-１　TIXTOWER UENO　１５Ｆ
電話　０３-６８６０-３９５１
info@miraisupport.or.jp
https://miraisupport.or.jp/

取材協力
ＮＩＫＩ Ｈｉｌｌｓ Ｗｉｎｅｒｙ
〒０４８-２４０１
北海道余市郡仁木町旭台１４８-１
電話　０１３５-３２-３８０１
https://nikihills.co.jp/

舟津圭三（ふなつ・けいぞう）
1956年大阪市生まれ。神戸大学経済学部卒業。日本国内、アメリカ、サハラ砂漠などを自転車で旅する。85年、冒険家・植村直己も在籍した米国ミネソタ州ボエジャー・アウトワードバウンド校に勤務。その後、国際隊の一員として犬ぞりとスキーによるグリーンランド縦断、南極大陸横断に成功（世界初）。朝日スポーツ賞受賞。91年からは1600キロの長距離犬ぞりレースに取り組み、ジョン・ベアグリース、アイディタロッド、ユーコン・クエストの３大レースを完走、新人賞を受賞。94年、アラスカ州内陸ツーリバーズに移住、開墾生活を行ないながら、恭江夫人と45匹のソリ引き犬と暮らす。2001年8月、北極点に向かうロシアの原子力砕氷船ヤマル号の船上で広告会社DACグループ代表の石川和則氏と出会う。石川氏とともに2011年北極点、2012年南極点にスキーで歩いて到達。2014年6月には北米大陸最高峰デナリに2人で登頂。デナリ登山中に石川氏より北海道仁木町でのNIKI Hillsプロジェクトへの参加を打診され、2015年より、NIKI Hills Winery総支配人として赴く。現在、北海道仁木町在住。他にDAC未来サポート文化事業団理事として、これからの時代を担う健全なる青少年の育成にも力を入れる。主な著書に『アラスカ犬ぞり物語』など。

犬ぞり隊、南極横断す

二〇一九年七月七日　初版発行

著　者　舟津圭三
発行人　森　忠順
発行所　株式会社セルバ出版
〒113-0034
東京都文京区湯島一-一二-六　高関ビル五B
電　話　〇三-五八一二-一一七八
FAX　〇三-五八一二-一一八八

発　売　株式会社創英社／三省堂書店
〒101-0051
東京都千代田区神田神保町一-一
電　話　〇三-三二九一-二二九五
FAX　〇三-三二九二-七六八七

印刷所　協友印刷株式会社

Printed in Japan　ISBN978-4-86367-501-8

犬ぞり南極大陸横断を終えて

新たなスタートを切る

北米最高峰デナリ山をバックに（左からフォーレーカー、ハンター、デナリ）

ユーコン・クエスト犬ぞりレースのアメリカンサミット越え（カナダ）

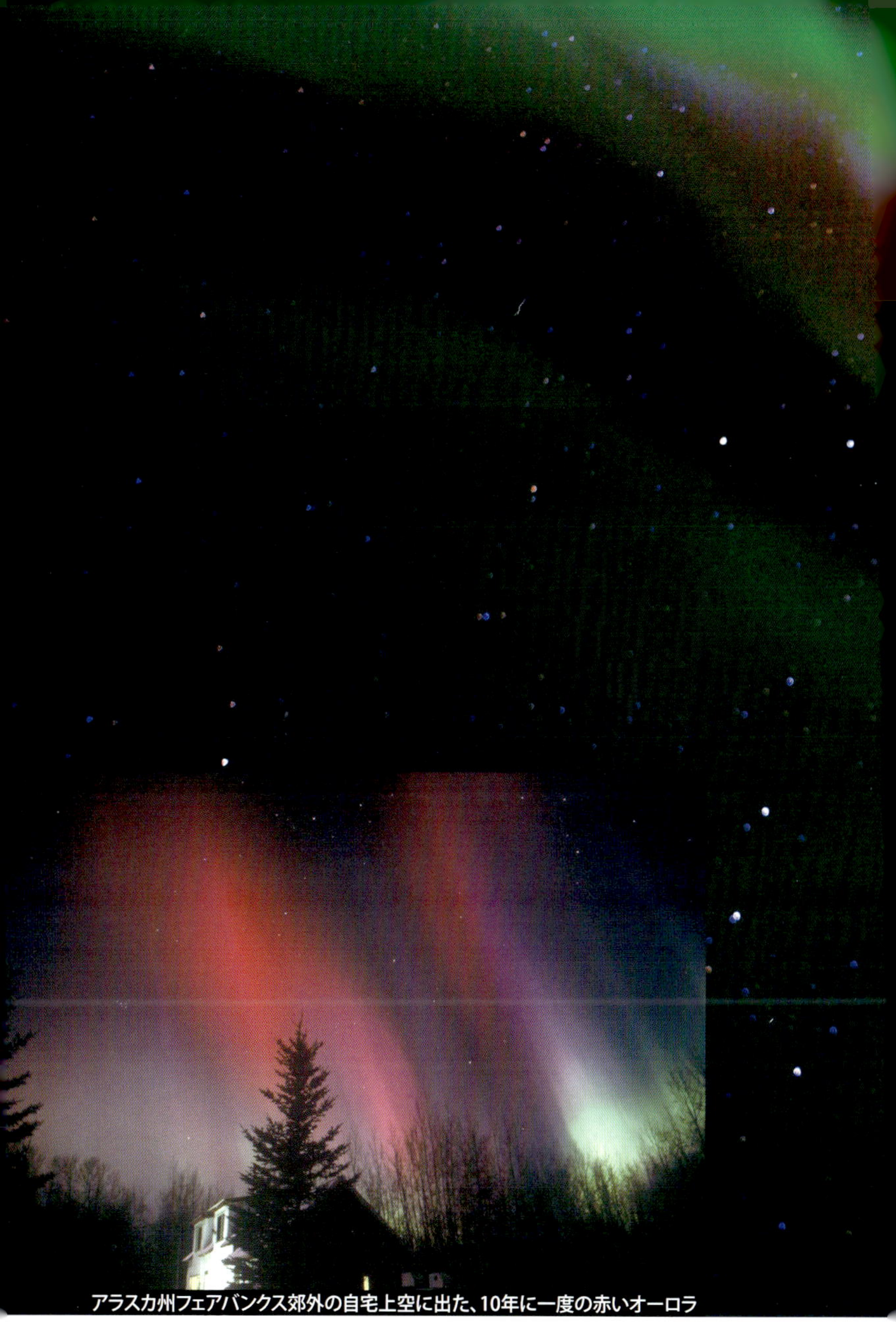
アラスカ州フェアバンクス郊外の自宅上空に出た、10年に一度の赤いオーロラ

ツーリバーズの自宅付近での犬たちのフリーラントレーニング

アイディタロッド1800キロ犬ぞり
レースのゴール（ノーム村）

ロシア原子力砕氷船を北極点で引っ張る

カナダ〜アラスカの原野を行く（ユーコン・クエスト1600キロ犬ぞりレース）

マイナス48度の自宅の寒暖計

北極点寒中水泳

ロシア原子力砕氷船「ヤマル号」での石川社長との出会い
（北極海の真ん中にて）

８歳ずつ年の差がある４人組で南極点到達

2014年６月デナリ山登頂後、タルキートナ村でのパーティー

NIKI Hills Winery 2015年5月より仁木町へ赴く

石川ファミリーとサンクゼールの久世夫妻と

ヴィンヤードの土壌づくり、岩を取り除く

ヴィンヤードの除草

木を切り出しゲートを作る

醸造所内でのワインの試飲

オーナーハウス建設予定地にて、
太田顧問も交えての記念撮影

2016年の初のワインぶどうの苗植え

さくらんぼの花の下を歩く

多様性豊かな森をつくるために冒険家・小説家CW.ニコル氏と共に。

恭江（妻）、石川氏、熱田貴氏（日本ソムリエ協会名誉顧問）、CWニコル氏、舟津

一般社団法人DAC未来サポート文化事業団の活動
学校や地域での講演や自然と触れ合う子どものためのイベントを行う。

冬のNIKI Hills

G20観光大臣会合視察団がNIKI Hills Wineryを訪問　スタッフ一同で歓迎